CW01521554

LONDRES
EN QUELQUES JOURS

Damian Harper

Dans ce guide

L'essentiel
Pour aller droit au but et découvrir la ville en un clin d'œil.

Les basiques
À savoir avant de partir

Les quartiers
Se repérer

Explorer Londres
Sites et adresses quartier par quartier.

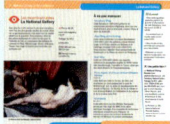

Les incontournables
Pour tirer le meilleur parti de votre visite

100% londonien
Vivre comme un habitant

Londres selon ses envies
Les meilleures choses à voir, à faire, à tester...

Les plus belles balades
Découvrir la ville à pied

Envie de...
Le meilleur de Londres

Carnet pratique
Trucs et astuces pour réussir votre séjour.

Hébergement
Une sélection d'hôtels

Transports et infos pratiques

Notre sélection de lieux et d'adresses

 Voir

✖ **Se restaurer**

🍷 **Prendre un verre**

⭐ **Sortir**

🔒 **Shopping**

Légende des symboles

📞 Numéro de téléphone	🐾 Animaux acceptés
🕐 Horaires d'ouverture	🚌 Bus
P Parking	⛴ Bateau
Non-fumeurs	⊖ Métro
@ Accès Internet	⊖ Métro aérien
📶 Wi-Fi	🚋 Tramway
🍴 Végétarien	🚆 Train
Familles bienvenues	

Retrouvez facilement chaque adresse
sur les plans de quartiers

**Relève de la garde
à cheval**

7 Plan p. 32, D2

Plus accessible que la re
de de Buckingham P
arde à cheval a li
vant l'entrée of
face de Banqu
és descendus de
ussi à 16h, au
ie un peu moin
ve de la garde 11h lun

Horse Guards Parade

Londres
en quelques jours

Les guides En quelques jours
édités par Lonely Planet sont
conçus pour vous amener au
cœur d'une ville.

Vous y trouverez tous les
sites à ne pas manquer, ainsi
que des conseils pour profiter
de chacune de vos visites.
Nous avons divisé la ville
en quartiers, accompagnés
de plans clairs pour un
repérage facile. Nos auteurs
expérimentés ont déniché
les meilleures adresses dans
chaque ville : restaurants,
boutiques, bars et clubs...
Et pour aller plus loin,
découvrez les endroits les plus
insolites et authentiques de
la capitale anglaise dans les
pages "100% londonien".

Ce guide contient également
tous les conseils pratiques pour
éviter les casse-tête : itinéraires
pour visites courtes, moyens
de transport, montant des
pourboires, etc.

Grâce à toutes ces infos,
soyez sûr de passer un séjour
mémorable.

Notre engagement

Les auteurs Lonely Planet
visitent en personne, pour
chaque édition, les lieux dont
ils s'appliquent à faire un
compte-rendu précis. Ils ne
bénéficient en aucun cas de
rétribution ou de réduction
de prix en échange de leurs
commentaires.

L'essentiel 7

Explorer Londres 21

Vaut le détour

Londres selon ses envies   173

Les plus belles balades

Envie de...

Carnet pratique   209

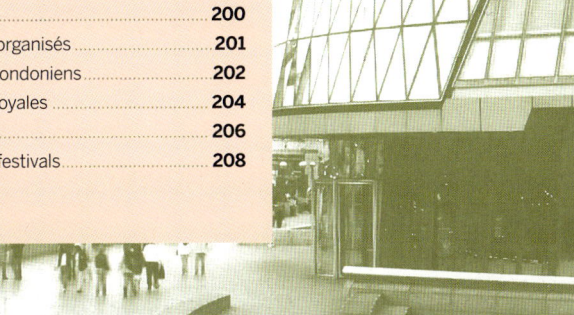

L'essentiel

Bienvenue à Londres !

Londres saura charmer les visiteurs de tous horizons, avec ses prestigieux musées, son architecture éblouissante, sa famille royale, ses parcs magnifiques et son énergie communicative. Cette capitale chargée d'histoire est aussi à la pointe en matière de culture et de création. Mais si son dynamisme cosmopolite lui offre une dimension véritablement internationale, Londres n'en reste pas moins une ville intrinsèquement britannique.

Le Millennium Bridge (p. 111), conçu par l'architecte sir Norman Foster et le sculpteur sir Anthony Caro, et la cathédrale Saint-Paul (p. 82)

Londres
Les incontournables

Le British Museum (p. 64)

Avec cinq millions de visiteurs par an, le British Museum est la curiosité touristique la plus prisée de Londres. Immense collection d'objets, de peintures et d'antiquités, on pourrait y passer une vie entière sans réussir à en faire le tour.

La National Gallery
(p. 44)

Ce musée exceptionnel compte parmi les plus grands du monde. Il présente les œuvres d'artistes aussi prestigieux que Léonard de Vinci, Michel-Ange, Turner, Monet, Renoir et Van Gogh, notamment.

La Tour de Londres
(p. 86)

Cette impressionnante forteresse chargée d'histoire est un des monuments britanniques les plus empreints de légende et de superstition.

La Tate Modern
(p. 104)

Symbole de modernité et de renouveau architectural, cette galerie d'art contemporain est logée dans une ancienne centrale électrique et jouit d'une situation exceptionnelle, au bord de la Tamise.

Le Victoria & Albert Museum
(p. 126)

Vous pourriez passer tout votre séjour dans ce magnifique musée de South Kensington consacré aux arts décoratifs et être toujours autant sidéré par sa variété et sa richesse.

Le Natural History Museum
(p. 130)

Avec son tyrannosaure animé, son immense squelette de diplodocus, son jardin botanique et son architecture gothique digne d'un conte de fées, ce formidable Muséum d'histoire naturelle fera le bonheur de tous.

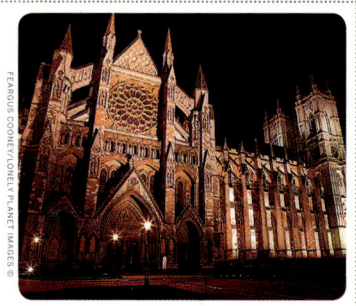

L'abbaye de Westminster
(p. 24)

Les amateurs d'architecture médiévale seront aux anges dans cette sublime abbaye, lieu de couronnement des souverains anglais. Arrivez de bonne heure pour éviter l'affluence.

Houses of Parliament (p. 30)

Il n'est rien de plus beau ni de plus typique que la vue sur Big Ben et les Houses of Parliament depuis la Tamise, en particulier quand le soleil darde ses rayons sur leur splendide façade.

La cathédrale Saint-Paul
(p. 82)

Ce chef-d'œuvre d'architecture, monument emblématique, mérite une visite. Après la montée jusqu'au sommet du dôme, vos efforts seront récompensés par la vue époustouflante.

Buckingham Palace (p. 28)

Les admirateurs de la famille royale et les amateurs de luxe et d'apparat seront comblés par la visite de ce somptueux palais, résidence officielle de la reine.

Kew Gardens (p. 40)

Voici le seul endroit à Londres où il est possible d'admirer une pagode chinoise du XVIIIᵉ siècle et un temple japonais au milieu d'un des plus beaux jardins botaniques au monde.

Hampton Court Palace (p. 120)

Au bord de la Tamise, l'ancien palais Tudor remarquablement préservé d'Henri VIII, et ses jardins, constituent une formidable oasis au milieu de l'agitation urbaine. Prévoyez d'y consacrer une journée.

100% londonien
Vivre comme un habitant

Conseils d'initiés pour découvrir le vrai Londres

Après les sites incontournables, faites plus ample connaissance avec Londres en partant à la découverte de la vie nocturne branchée, des quartiers littéraires, d'un parc légendaire, des bords de la Tamise, des boutiques indépendantes et de l'esprit bohème.

Petite promenade dans Soho (p. 46)

▶ Places historiques
▶ Vitalité artistique

Au cœur du West End, le quartier de Soho est un condensé de culture, de vitalité, de charme et de diversité. Commencez par Chinatown, puis poursuivez à travers les places historiques, les boutiques, les petites rues et les marchés, avant d'aller prendre un verre dans un bar de Soho.

Flânerie littéraire dans Bloomsbury (p. 68)

▶ Squares georgiens
▶ Patrimoine littéraire

De grands noms de la littérature (Virginia Woolf, T.S. Eliot, Ted Hughes, etc.) ont laissé leur empreinte dans ce quartier à jamais associé aux cercles littéraires. Passez-y une journée pour vous imprégner de son atmosphère romanesque, et terminez par un verre dans un pub historique.

Une soirée à Shoreditch (p. 100)

▶ Pubs et discothèques
▶ Dîner tardif sur le pouce

Interrompez votre circuit touristique à l'heure où le soleil se couche sur Shoreditch, et vivez une soirée inoubliable. Cette partie de la ville est très animée le soir, grâce à ses *gastropubs*, ses clubs et ses anciennes maisons victoriennes reconverties en bars, qui attirent les foules autour de minuit.

Shopping à Chelsea et Knightsbridge (p. 134)

▶ Boutiques originales
▶ Art et architecture

Les élégantes rues de Chelsea et Knightsbridge offrent un choix pointu de commerces, des librairies spécialisées aux boutiques de mode dernier cri. Faites un tour chez Harrods, admirez les magnifiques édifices, puis allez vous détendre dans un des pubs les plus typiques de la ville.

Un samedi à Notting Hill (p. 146)

▶ Marché
▶ Vie de quartier

Rendez-vous à Notting Hill le week-end, quand l'ambiance bat son plein.

Soho Square (p. 47)

Toute l'animation se concentre autour du marché de Portobello. Consacrez votre journée au shopping ou au lèche-vitrines, avant de vous offrir un bon dîner puis un verre dans un des pubs du quartier.

Promenade dans Hampstead Heath (p. 160)

▶ Vues panoramiques
▶ Architecture

Abandonnez l'effervescence urbaine pour le parc le plus célèbre de la ville. Commencez votre visite par le plus beau cimetière de Londres, avant de prendre un peu de hauteur pour profiter de la vue sur la capitale et de traverser Hampstead Heath. Admirez quelques joyaux d'architecture locale, puis détendez-vous autour d'un repas et d'un verre.

Les coulisses de Greenwich (p. 164)

▶ Déjeuner sur le pouce, dîner, prendre un verre
▶ Culture locale

Les jolies rues de Greenwich invitent à l'exploration. Oubliez les sites touristiques et imprégnez-vous du charme unique de ce quartier : aventurez-vous sous la Tamise, visitez le marché de Greenwich, dînez dans une brasserie et prenez un verre au bord du fleuve.

Londres
en 4 jours

1er jour

Faites un premier arrêt à **Trafalgar Square** (p. 50) pour admirer l'architecture et la vue imprenable sur Whitehall et Big Ben. De là, les **Houses of Parliament** (p. 30), l'**abbaye de Westminster** (p. 24) et **Buckingham Palace** (p. 28) sont accessibles à pied. Les amateurs d'art pourront faire un crochet par la **National Gallery** (p. 44). Si le temps le permet, allez manger un sandwich dans le verdoyant **St James's Park** (p. 34).

Traversez le **pont de Westminster** (p. 179) jusqu'à Waterloo et, muni de votre billet prépayé pour le **London Eye** (p. 110), offrez-vous un tour de grande roue afin d'admirer la vue panoramique sur la ville. Flânez le long de South Bank jusqu'à la **Tate Modern** (p. 104). Ensuite, prenez la **cathédrale Saint-Paul** (p. 82) en photo depuis l'élégant **Millennium Bridge** (p. 111) et ne manquez pas le **Shakespeare's Globe** (p. 110).

La **cathédrale de Southwark** (p. 110) mérite un coup d'œil et si le **Borough Market** (p. 118) est ouvert, n'hésitez pas à vous acheter un petit en-cas. Prenez un verre dans l'historique **George Inn** (p. 116), dans Borough High St, ou réservez des places de théâtre pour le **Globe** (p. 117), le **National Theatre** (p. 117) ou l'**Old Vic** (p. 118).

2e jour

Cœur de la finance londonienne, le Square Mile abrite deux monuments incontournables : la **cathédrale Saint-Paul** (p. 82) et la **Tour de Londres** (p. 86). Ce quartier, le plus ancien de la ville, regorge d'églises et de bâtiments historiques, au milieu desquels s'élèvent également des édifices modernes. Si vous avez le temps, faites un tour au **Museum of London** (p. 92) et profitez de la vue sur l'emblématique **Tower Bridge** (p. 92).

Admirez le ballet des voitures à **Piccadilly Circus** (p. 50), avant d'aller explorer le quartier trépidant de **Chinatown** (p. 46) et l'historique **Soho** (p. 46). Ensuite, dirigez-vous vers **Covent Garden Piazza** (p. 51) pour regarder les artistes de rue et les boutiques. Vous pourrez aussi visiter l'immense **British Museum** (p. 64) ou suivre un circuit organisé sur le patrimoine littéraire du quartier (voir p. 68).

Faites une pause sur l'herbe du **Green Park** (p. 35) ou du **St James's Park** (p. 34), à l'heure où le West End s'illumine. Jouez des coudes au **French House** (p. 47) le temps d'un verre, dînez dans l'un des grands restaurants du secteur et réservez vos places bien à l'avance pour une comédie musicale à succès du "quartier des théâtres" de Londres.

Votre temps vous est compté ?
Nous avons concocté pour vous des itinéraires détaillés qui vous permettront d'optimiser le temps dont vous disposez.

3e jour

Visitez le **Victoria & Albert Museum** (p. 126) ou le **Natural History Museum** (p. 130), avant de vous balader dans **Hyde Park** (p. 138) et **Kensington Gardens** (p. 138). Pour faire le plein de grandeur historique, rendez-vous à l'**Apsley House** (p. 139), la **Wellington Arch** (p. 139), le **Royal Albert Hall** (p. 144), l'**Albert Memorial** (p. 139) et le **Kensington Palace** (p. 138). **Notting Hill** (p. 146) mérite largement un petit détour, tout comme **Knightsbridge** (p. 134), qui abrite le célèbre grand magasin **Harrods** (p. 135). Réservez une table au **Zuma** (p. 141) ou au **Launceston Place** (p. 140).

L'architecture et les berges de **Greenwich** (p. 162) sont célèbres dans le monde entier, tout comme son inimitable ambiance de petit village et ses pubs chaleureux. L'Observatoire royal (p. 167), le **National Maritime Museum** (p. 167) et l'**Old Royal Naval College** (p. 168) sont proches les uns des autres et peuvent facilement être visités en même temps.

Le soir, rendez-vous à **Shoreditch** (p. 100), où vous trouverez des bars originaux et des clubs animés.

4e jour

Consacrez votre matinée à la visite des **Kew Gardens** (p. 40) : admirez l'architecture des superbes serres victoriennes, l'étonnante pagode chinoise du XVIIIe siècle et l'incroyable variété d'arbres et de plantes. Ne manquez pas d'emprunter la passerelle suspendue qui offre une vue magnifique. Pour finir, allez déjeuner à l'**Orangery** (p. 41).

Continuez vers le sud-ouest, à la découverte des splendeurs du **Hampton Court Palace** (p. 120). L'après-midi sera nécessaire à l'exploration de cette superbe création Tudor au bord de la Tamise, mais n'oubliez pas de profiter des jardins avant d'y pénétrer. Après la visite, vous pourrez prendre un bateau pour regagner le centre de Londres.

Délicieuse cuisine internationale, vie nocturne animée, concerts et pubs formidables : **Camden** (p. 148) réunit tous les ingrédients pour une soirée sympathique et bien remplie (le quartier est très vivant le week-end).

Les basiques

**Pour plus d'informations,
voir Carnet pratique (p. 209)**

Monnaie
Livre sterling (£). 100 pence = 1 £

Langue
Anglais (et plus de 300 autres)

Visa
Les citoyens de l'UE peuvent séjourner
librement. Les ressortissants de nombreux
pays (dont le Canada) n'ont pas besoin de
visa pour des séjours de moins de six mois.

Argent
Nombreux DAB. Principales cartes
de crédit acceptées partout.

Téléphone portable
Achetez une carte SIM locale si vous
avez un téléphone européen ou bien un
téléphone avec carte prépayée.

Heure
Londres est à l'heure GMT ; lors du passage
à l'heure d'été (entre fin mars et fin octobre),
Londres a 1 heure d'avance sur l'heure GMT.

Prises et adaptateurs
Le voltage standard est 230/240 V, 50Hz.
Prises avec trois fiches rectangulaires.
Adaptateurs pour les appareils électriques
européens et américains en vente partout.

Pourboire
Dans les taxis, il est d'usage d'arrondir à la
livre supérieure ou jusqu'à 10%. Dans les
restaurants, on laisse 10 à 15% de pourboire
(sauf si le service est inclus).

❶ Avant de partir

Budget quotidien

Moins de 60 £
- ▶ Lit en dortoir 10-30 £
- ▶ Privilégier marchés et plats du jour pour se nourrir
- ▶ Beaucoup de musées et monuments gratuits ou peu chers

De 60 £ à 150 £
- ▶ Chambre double 100 £
- ▶ Dîner (2 plats) avec verre de vin 30 £
- ▶ Places de théâtre 10-50 £

Plus de 150 £
- ▶ Chambre dans hôtel quatre étoiles/de charme 200 £
- ▶ Dîner (3 plats) dans grand restaurant, vin compris 80-100 £
- ▶ Trajets en taxi 30 £
- ▶ Meilleures places dans les théâtres 65 £

Sites Web
Lonely Planet (www.lonelyplanet.fr).
Présentation de Londres, informations,
forum.

Visit London (www.visitlondon.com). Guide
officiel de Londres (en anglais).

Time Out (www.timeout.com/london). Très
bon agenda local (en anglais).

À prévoir
Trois mois avant Réserver des places
pour les spectacles à succès (surtout le
week-end) ; réserver une table dans les
restaurants réputés ; réserver des billets
pour les expositions incontournables ;
réserver une chambre dans un hôtel prisé.

Un mois avant Consulter l'agenda sur www.
timeout.com pour connaître les spectacles
de théâtre alternatif, les concerts, les
festivals et réserver des billets.

Quelques jours avant Consulter la météo
sur www.tfl.gov.uk/weather

2 Arriver à Londres

La plupart des visiteurs arrivent à Londres en avion (aéroports d'Heathrow ou Gatwick). Néanmoins l'Eurostar, qui arrive à la gare St Pancras, est une alternative de plus en plus en vogue.

🚌 Depuis la gare St Pancras International

Six lignes de métro ; taxis dans Midland Rd, près des arrivées de l'Eurostar.

Destination	Meilleur moyen de transport
Covent Garden	Piccadilly Line
Kensington	Piccadilly Line jusqu'à Earl's Court
La City et South Bank	Northern Line
Regent's Park et Camden	Northern Line

✈ Depuis l'aéroport d'Heathrow

Destination	Meilleur moyen de transport
Covent Garden	Piccadilly Line
Kensington	Piccadilly Line jusqu'à Earl's Court
La City et South Bank	Piccadilly et Jubilee Lines jusqu'à London Bridge
Regent's Park & Camden	Heathrow Express puis métro (Northern Line)

✈ Depuis l'aéroport de Gatwick

Destination	Meilleur moyen de transport
Covent Garden	Gatwick Express puis métro (Victoria Line)
Kensington	Gatwick Express puis métro (District Line)
La City et South Bank	Train jusqu'à London Bridge
Regent's Park & Camden	Train jusqu'à King's Cross puis métro (Northern Line)

3 Comment circuler

Gérés par Transport for London (www.tfl.gov.uk), les transports publics londoniens sont excellents mais onéreux. Le métro est le moyen de transport le plus pratique ; l'Oyster Card (p. 214) est la formule la plus avantageuse. Voir p. 213 pour plus d'informations.

Métro, métro aérien et DLR

Le métro (*underground* ou *tube*), le métro aérien (*overground*) et le DLR sont les moyens de se déplacer les plus rapides et pratiques, mais pas les plus économiques. L'Oyster Card (p. 214) permet de bénéficier de tarifs intéressants.

Bus

Le réseau de bus est très étendu mais lent, sauf pour les courts trajets ; les tarifs sont intéressants avec une Oyster Card. Il existe aussi des bus de nuit et certaines lignes circulent 24 h/24.

Taxi

Les chauffeurs de *black cab* connaissent Londres comme leur poche, mais les tarifs sont élevés, sauf si vous vous déplacez en groupe.

Vélo

Vous trouverez des vélos Barclays partout dans le centre-ville ; un moyen de transport idéal pour les courtes distances.

🚗 Voiture et moto

En tant que touriste, vous n'aurez probablement pas l'utilité d'une voiture à Londres et tout est fait pour dissuader les automobilistes : stationnement hors de prix, "taxe d'embouteillage", bouchons, prix élevé de l'essence, contractuels omniprésents et pose fréquente de sabots. Si cela ne vous décourage pas, de nombreuses solutions de location de voitures sont proposées, comme les automobiles en libre service ou les agences internationales classiques (telles Avis et Hertz, voir p. 215).

Londres
Les quartiers

Regent's Park et Camden (p. 148)
North London est réputé pour sa vie nocturne, ses parcs, ses berges agréables, ses marchés et sa cuisine internationale.

Musées de Kensington (p. 124)
Un des quartiers les plus huppés de Londres avec trois grands musées, des hectares de verdure, et des boutiques et des restaurants de premier ordre.

◉ **Les incontournables**

Victoria & Albert Museum

Natural History Museum

Buckingham Palace ◉

Natural History Museum ◉◉

Victoria & Albert Museum ◉◉

Abbaye de Westminster (p. 22)
Le cœur royal et politique de Londres : faste, solennité et histoire dans toute leur splendeur.

◉ **Les incontournables**

Abbaye de Westminster

Buckingham Palace

Houses of Parliament

Vaut le détour
◉ **Les incontournables**

Kew Gardens

Hampton Court Palace

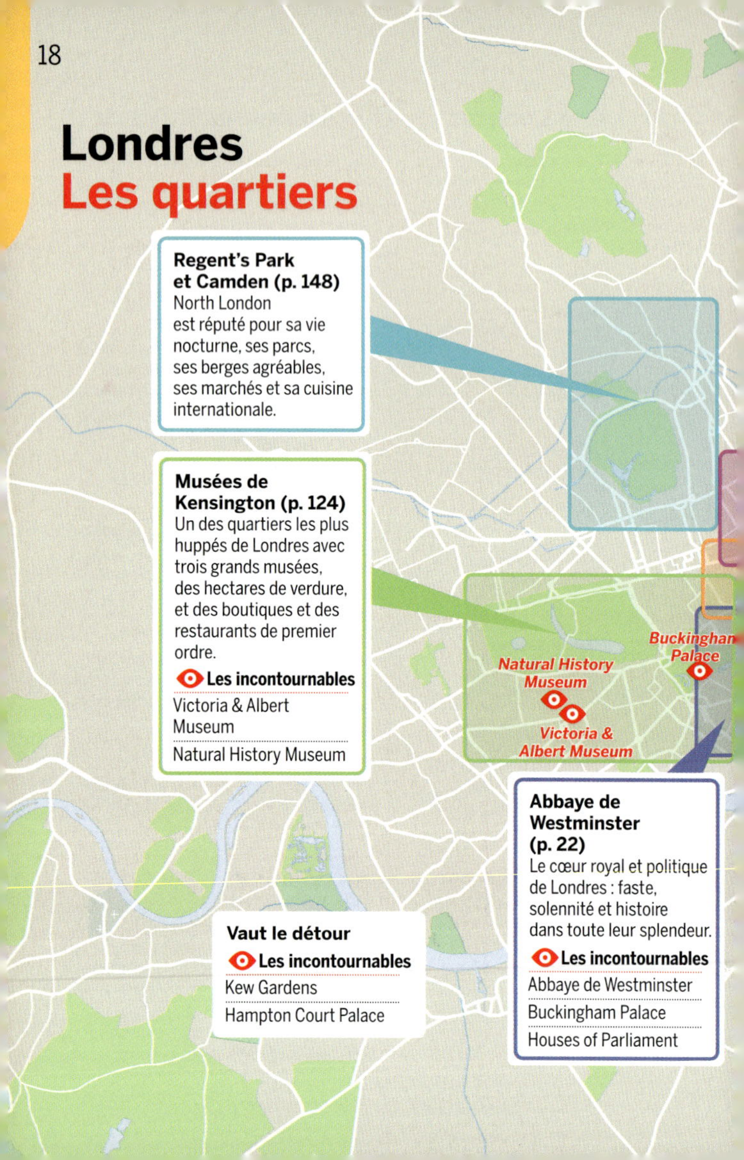

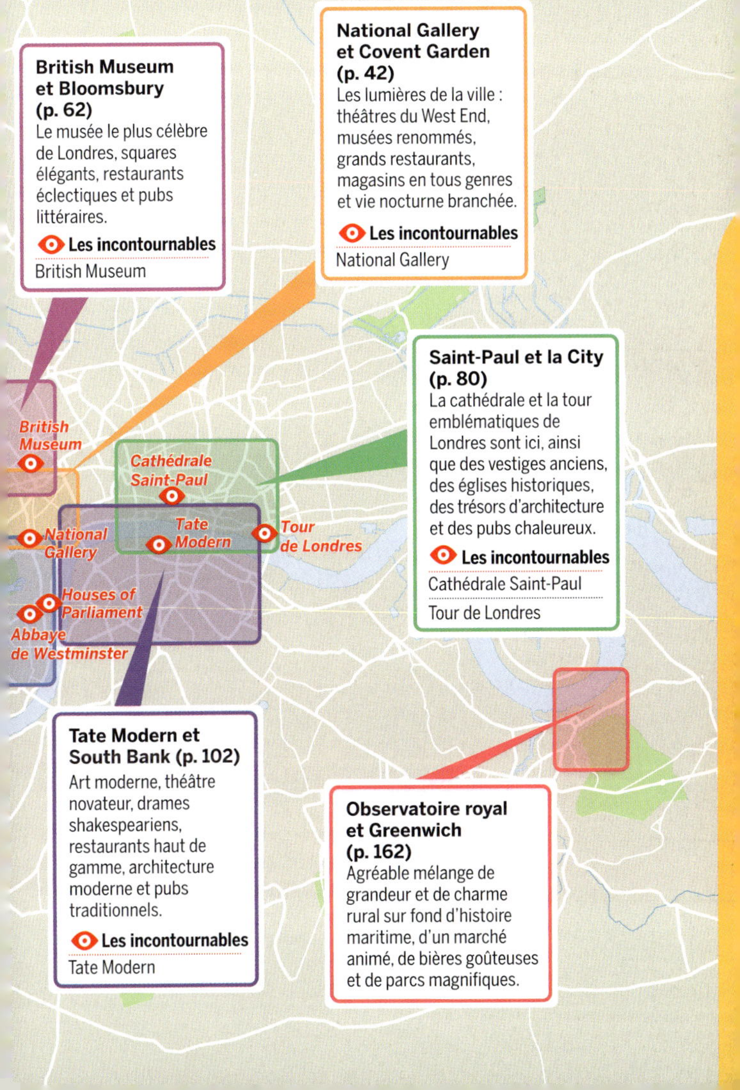

**National Gallery
et Covent Garden
(p. 42)**
Les lumières de la ville :
théâtres du West End,
musées renommés,
grands restaurants,
magasins en tous genres
et vie nocturne branchée.

⊙ **Les incontournables**
National Gallery

**British Museum
et Bloomsbury
(p. 62)**
Le musée le plus célèbre
de Londres, squares
élégants, restaurants
éclectiques et pubs
littéraires.

⊙ **Les incontournables**
British Museum

**Saint-Paul et la City
(p. 80)**
La cathédrale et la tour
emblématiques de
Londres sont ici, ainsi
que des vestiges anciens,
des églises historiques,
des trésors d'architecture
et des pubs chaleureux.

⊙ **Les incontournables**
Cathédrale Saint-Paul
Tour de Londres

*British
Museum*
⊙

*Cathédrale
Saint-Paul*
⊙

*Tate
Modern*
⊙

*Tour
de Londres*
⊙

⊙ *National
Gallery*

⊙ *Houses of
Parliament*

⊙ *Abbaye
de Westminster*

**Tate Modern et
South Bank (p. 102)**
Art moderne, théâtre
novateur, drames
shakespeariens,
restaurants haut de
gamme, architecture
moderne et pubs
traditionnels.

⊙ **Les incontournables**
Tate Modern

**Observatoire royal
et Greenwich
(p. 162)**
Agréable mélange de
grandeur et de charme
rural sur fond d'histoire
maritime, d'un marché
animé, de bières goûteuses
et de parcs magnifiques.

Explorer

Londres

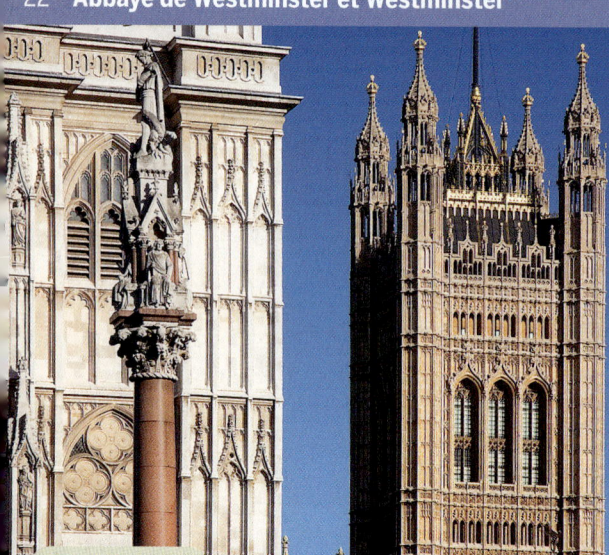

Explorer

Abbaye de Westminster et Westminster

Westminster est le siège politique de Londres. Les manifestations officielles qui s'y déroulent donnent lieu à un grand déploiement de fastes, avec convois de carrosses dorés, défilés grandioses et, dans le cas de l'ouverture du Parlement, homme en noir frappant sur la porte à l'aide d'un sceptre orné de joyaux. Les touristes affluent pour contempler Buckingham Palace et le palais néogothique qui héberge le Parlement.

L'essentiel en un jour

☼ Faites la queue de bonne heure à l'**abbaye de Westminster** (p. 24) pour éviter l'affluence. Vous y resterez une bonne partie de la matinée, afin d'admirer l'architecture impressionnante et d'explorer les cloîtres. Puis assistez à la **relève de la garde** (p. 34) à 11h30 et faites un tour aux **Houses of Parliament** (p. 30), pour jeter un coup d'œil à la façade grandiose, pour une visite guidée ou pour suivre les débats publics. Les amateurs d'art pourront ensuite faire un détour par la **Tate Britain** (34). Pour le déjeuner, optez pour le **Vincent Rooms** (p. 36) ou le **Cinnamon Club** (p. 37).

☼ Remontez Whitehall vers le nord pour profiter de la vue et, si vous ne l'avez pas visité à l'occasion de la relève de la garde, continuez vers l'ouest le long du Mall, pour aller explorer les salles officielles de **Buckingham Palace** (p. 28 ; ouvert d'août à septembre). Accordez-vous une pause à **St James's Park** (p. 34), avant d'aller faire du shopping à Piccadilly, chez **Fortnum & Mason** (p. 38) et dans la **Burlington Arcade** (p. 38).

☽ Dînez à **Inn the Park** (p. 37), puis allez voir un film à l'**Institute of Contemporary Arts** (p. 37), ou bien poursuivez la soirée dans un des formidables bars, pubs, théâtres, cinémas et clubs de West End (voir chapitre National Gallery et Covent Garden, p. 42).

👁 Les incontournables

Abbaye de Westminster (p. 24)
Buckingham Palace (p. 28)
Houses of Parliament (p. 30)

❤ Le meilleur du quartier

Architecture

Abbaye de Westminster (p. 24)
Westminster Hall (p. 31)
Buckingham Palace (p. 28)
Houses of Parliament (p. 30)

Cérémonies royales

Relève de la garde (p. 34)
Relève de la garde à cheval (p. 35)

Se restaurer

Vincent Rooms (p. 36)
Cinnamon Club (p. 37)

Comment y aller

⊖ **Métro** Westminster et St James's Park (sur Circle Line et District Line). La Jubilee Line s'arrête aussi à Westminster.

⊖ **Métro** Embankment (sur Circle Line, District Line, Northern Line et Bakerloo Line) ou Charing Cross (sur Northern Line et Bakerloo Line). La Victoria Line s'arrête à Victoria.

Les incontournables
Abbaye de Westminster

Les amateurs d'architecture religieuse médiévale seront aux anges dans cette sublime abbaye où sont couronnés les souverains anglais. À l'intérieur, chaque recoin est chargé d'histoire. La chapelle d'Henri VII est l'un des plus beaux monuments de Londres et l'un des mieux préservés. Vous pourrez également y admirer la plus ancienne porte du Royaume-Uni, le "coin des poètes", la "chaise du couronnement", des cloîtres du XIVe siècle, un jardin vieux de 900 ans, des sarcophages royaux, et bien d'autres merveilles.

Plan p. 32, D4

www.westminster-abbey.org

adulte/enfant 16/6 £

9h30-16h30 lun-ven, 9h30-18h mer, 9h30-14h30 sam

Westminster ou St James's Park

Le chœur de l'abbaye de Westminster

À ne pas manquer

Transept nord sanctuaire et chœur
Le transept nord est souvent surnommé "allée des hommes d'État". D'imposantes sculptures et plaques en marbre rendent hommage à des hommes politiques et de grandes figures nationales. On y trouve notamment les statues de Gladstone et Disraeli, chacun Premier ministre sous Victoria, qui, malgré leurs dissensions politiques, se tiennent aujourd'hui côte à côte.

Sanctuaire
Au cœur de l'abbaye, le sanctuaire est l'endroit où se déroulent les couronnements, les mariages royaux et les funérailles. Le maître-autel très travaillé est l'œuvre de George Gilbert Scott (1897). Devant l'autel s'étend un précieux dallage en marbre datant de 1268, orné de motifs très élaborés.

Chapelle d'Henri VII
Cette chapelle spectaculaire est dotée de voûtes en éventail, de bannières héraldiques colorées et de stalles en chêne. Le sarcophage d'Henri VII et de sa reine, Élisabeth d'York, se trouve derrière l'autel. En face de l'entrée, vous pourrez admirer la "chaise du couronnement" de presque tous les monarques depuis la fin du XIIIᵉ siècle.

Tombe de Marie, reine d'Écosse
Deux petites chapelles s'élèvent de part et d'autre de la chapelle d'Henri VII et abritent les tombes de monarques célèbres : celles d'Élisabeth Iʳᵉ et sa demi-sœur, Marie Iʳᵉ Tudor, à gauche, et à droite, celle de Marie Iʳᵉ Stuart (reine d'Écosse), guillotinée sur l'ordre de sa cousine Élisabeth et avec le consentement de son fils, le futur Jacques Iᵉʳ Stuart.

☑ **À savoir**

▶ L'abbaye attire les foules ; prévoyez d'arriver tôt le matin pour être parmi les premiers dans la queue.

▶ Participez à la visite guidée de 1h30 (☎ 7654 4834 ; 3 £) animée par des bedeaux et partant de la porte nord.

▶ Prenez un audioguide, gratuit avec votre billet d'entrée à la porte nord.

✗ **Une petite faim ?**

Vous trouverez boissons et en-cas au **Coffee Club**, dans le cloître de l'abbaye. Vous pourrez les consommer dans le paisible College Garden, mais pas à l'intérieur des bâtiments.

Non loin de l'abbaye, le **Vincent Rooms** (p. 36) est une excellente adresse où déguster une cuisine européenne délicieuse à prix doux.

Chapelle d'Édouard le Confesseur

L'endroit le plus sacré de l'abbaye se trouve derrière le maître-autel ; l'accès y est limité pour préserver le sol du XIIIe siècle. La tombe de saint Édouard, qui fonda l'abbaye, a été modifiée après sa destruction pendant la Réforme. Les visites guidées des bedeaux permettent de l'approcher.

Coin des poètes

Le transept sud abrite le "coin des poètes" où reposent de nombreux écrivains illustres. Le premier à avoir été enterré ici est Geoffrey Chaucer, suivi par Tennyson, Charles Dickens, Rudyard Kipling... Admirez les fresques de 700 ans sur le mur.

Cloîtres

Permettant l'accès aux bâtiments monastiques, les cloîtres, édifiés principalement entre le XIIIe et le XVe siècle, étaient autrefois occupés par des moines. Ces cloîtres permettent aussi de pénétrer dans la salle capitulaire, la salle du coffre et le musée de l'abbaye, situé dans la crypte.

Salle capitulaire

La salle capitulaire présente un des carrelages médiévaux les mieux préservés d'Europe et des vestiges de peintures murales religieuses. La Chambre des communes y a siégé pendant la seconde moitié du XIVe siècle, et elle abrite une porte considérée comme la plus ancienne du Royaume-Uni (950 ans).

Salle du coffre

Voisine de la salle capitulaire et du cloître est, la salle du coffre est un des rares vestiges de l'abbaye d'origine. Elle renferme les trésors et les objets liturgiques de l'abbaye. Notez les énormes coffres, autrefois utilisés pour ranger les objets de valeur de l'Échiquier.

Musée de l'abbaye

Attenant à la salle du coffre, ce musée expose les masques mortuaires de générations de monarques, des effigies en cire représentant Charles II et Guillaume III, ainsi que des armures et des vitraux.

College Garden

Pour atteindre le **College Garden** (⊙10h-18h mar-jeu avr-sept, 10h-16h mar-jeu oct-mars), un jardin vieux de 900 ans, passez par Dean's Yard et les Little Cloisters, dans Great College St. Il occupe le site du premier jardin de l'hôpital de l'abbaye, établi au XIe siècle pour cultiver des plantes médicinales.

Tombe de sir Isaac Newton

Le "coin des hommes de science" occupe le côté ouest du cloître et abrite notamment la tombe de sir Isaac Newton. Une section voisine est appelée "allée des musiciens". C'est ici que reposent les compositeurs baroques Henry Purcell et John Blow.

Comprendre
Histoire de l'abbaye de Westminster

L'abbaye de Westminster présente différents styles architecturaux mais est considérée comme le plus bel exemple de "premier gothique anglais" (1180-1280). L'église d'origine fut édifiée au XIe siècle par le roi (puis saint) Édouard le Confesseur, qui est enterré dans la chapelle située derrière le maître-autel. Henri III (règne 1216–1272) commença les travaux sur le nouveau bâtiment sans les achever. La nef de style gothique français fut achevée en 1388. L'immense et magnifique chapelle d'Henri VII fut ajoutée en 1519.

Monastère bénédictin et dissolution
À l'origine, l'abbaye était un monastère de Bénédictins. De nombreuses caractéristiques témoignent de ce passé collégial (la salle capitulaire octogonale, le chœur et les cloîtres). En 1540, Henri VIII sépare l'Église anglicane de l'Église catholique et dissout le monastère. Le roi prend la tête de l'Église d'Angleterre et l'abbaye acquiert son statut "spécial royal" (administrée directement par la Couronne et exempte de toute juridiction ecclésiastique).

Site du couronnement
À l'exception d'Édouard V et d'Édouard VIII, tous les souverains anglais ont été couronnés ici depuis Guillaume le Conquérant en 1066, et la plupart des monarques depuis Henri III (mort en 1272) jusqu'à George II (mort en 1760) y ont aussi été enterrés.

Le chœur
Conçu par Edward Blore au milieu du XIXe siècle, le chœur est une sublime construction or, bleu et rouge de style gothique victorien. Il remplace le chœur d'origine du monastère bénédictin mais n'a conservé aucun point commun avec celui-ci. Il est aujourd'hui réservé au chœur de Westminster.

Mariage royal
Le 29 avril 2011, le prince William a épousé Catherine Middleton à l'abbaye de Westminster. Le couple a choisi l'abbaye pour le cadre relativement intime du Sanctuaire : à cause du chœur, la plupart des quelque 1 900 invités n'ont rien pu voir de la cérémonie !

 Les incontournables
Buckingham Palace

La résidence officielle de Son Altesse la reine
Élisabeth II (Lilibet pour les intimes) est un
étonnant palais de style georgien, où les ors
côtoient le luxe qui s'attache à la royauté.
Construit en 1705 pour le duc de Buckingham,
il sert de résidence à la famille royale depuis 1837.

Plan p. 32, A4

www.royalcollection.
org.uk

Buckingham Palace Rd

adulte/enfant 18/10 £

9h30-16h30 fin juil-fin
sept

St James's Park,
Victoria ou Green Park

Buckingham Palace

À ne pas manquer

Salles officielles

La visite commence par la salle des gardes et se poursuit dans la salle à manger officielle ; on découvre ensuite le salon de réception bleu (avec un magnifique plafond cannelé signé John Nash), le salon de réception blanc où sont reçus les ambassadeurs étrangers, et la salle de bal. La salle du trône abrite les deux sièges roses de Leurs Majestés, marqués des initiales "ER" et "P".

Galerie des tableaux et jardins

Longue de 76,5 m, la galerie des tableaux présente des œuvres d'artistes aussi illustres que Van Dyck, Rembrandt, Canaletto, Poussin, Canova et Vermeer. La visite des jardins est un autre grand moment : admirez les quelque 350 espèces de fleurs et de plantes, profitez de la vue magnifique sur le palais et jetez un coup d'œil sur le lac.

Galerie de la reine

Au cours des 500 dernières années, la famille royale a accumulé peintures, sculptures, céramiques, meubles et bijoux. La splendide **galerie de la reine** (adulte/enfant 9/4,50 £ ; ⏱10h-17h30) présente une partie des trésors du palais, à travers des expositions temporaires. On y accède par Buckingham Gate.

Royal Mews

Au sud-ouest du palais et à une courte distance à pied se trouvent les **Royal Mews** (écuries royales) (adulte/enfant 8/5 £ ; ⏱10h-17h avr-oct, 10h-16h lun-sam nov-déc), une ancienne fauconnerie reconvertie en écuries où l'on prend soin des chevaux et de somptueux carrosses de la famille royale. Ne manquez pas le carrosse en or de 1762 et le carrosse en verre de 1910.

☑ À savoir

▸ La relève de la garde est un spectacle très prisé ; arrivez à l'avance pour avoir une bonne place.

▸ Si vous l'achetez directement à la billetterie du palais, votre billet vous donne le droit de revisiter le palais gratuitement pendant un an ; il suffit de le faire tamponner lors de votre premier passage.

▸ Les billets combinés pour la galerie de la reine et les Royal Mews coûtent 16/9 £ par adulte/enfant.

▸ Les audioguides sont inclus dans le prix du billet pour toutes les visites guidées.

✖ Une petite faim ?

À l'intérieur du palais, le **Garden Café** (⏱9h45-18h30), sur la terrasse ouest, domine la pelouse et le lac.

Dans le St James's Park voisin, l'**Inn the Park** (p. 37) jouit d'une vue magnifique et sert une délicieuse cuisine britannique.

Les incontournables
Houses of Parliament

La Chambre des communes et la Chambre des lords sont logées dans le somptueux palais de Westminster. La Chambre des communes est l'endroit où les membres du Parlement (MP) se rencontrent pour soumettre et discuter de nouvelles lois, et pour interroger les ministres. Pendant les sessions, les visiteurs sont autorisés à assister aux débats dans les deux chambres. Mais même de l'extérieur, le superbe bâtiment de sir Charles Barry, flanqué de la tour de l'horloge emblématique, vaut largement le coup d'œil.

Plan p. 32, E4

www.parliament.uk

St Stephen's Entrance, St Margaret St SW1

entrée libre

pendant les sessions parlementaires

Westminster

Houses of Parliament

À ne pas manquer

Les tours
C'est incontestablement la tour de l'horloge, ou **Big Ben**, qui fait la renommée des Houses of Parliament. Ben, la cloche suspendue à l'intérieur, doit son nom à Benjamin Hall, commissaire chargé des travaux quand la tour fut achevée, en 1858. Cette cloche de 13 tonnes annonce le début de la nouvelle année depuis 1924.

Westminster Hall
Un des éléments les plus remarquables du palais de Westminster est le Westminster Hall. Édifié en 1099 puis surmonté d'un toit entre 1394 et 1401, il est considéré comme le "dernier plus bel exemple de charpente médiévale anglaise".

Chambre des communes
La disposition de la Chambre des communes est inspirée de celle de la chapelle St Stephen, où siégeait autrefois la Chambre, dans le palais de Westminster d'origine. La Chambre actuelle, conçue par Giles Gilbert Scott, a remplacé la précédente, détruite par une bombe en 1941.

Chambre des lords
La **Chambre des lords** (⏰14h30-22h lun-mar, 15h-22h mer, 11h-19h30 jeu, 10h jusqu'à la fin de la session ven) peut être vue depuis la "galerie des visiteurs". L'intérieur gothique très élaboré a valu à son architecte, Pugin (1812-1852), une mort prématurée due au surmenage.

Visites guidées
Le samedi, pendant les vacances parlementaires, il est possible de participer à une **visite guidée** (☎réservations 0844 847 1672 ; adulte/enfant 15/6 £) de 1 heure 15 des deux Chambres, du Westminster Hall et d'autres bâtiments historiques.

☑ À savoir
▶ Le meilleur moment pour assister à un débat est le mercredi, pendant les questions au Premier ministre (mais c'est aussi le plus fréquenté).

▶ Pour connaître les questions qui seront débattues le jour de votre visite, consultez le panneau à côté de l'entrée ou le site Internet www.parliament.uk

▶ Il n'est pas rare de devoir attendre 2 heures avant de pouvoir accéder aux Chambres ; prévoyez du temps.

✗ Une petite faim ?
Le **Jubilee Café** (⏰10h-17h30 lun-ven, 10h-18h sam), près de la porte nord du Westminster Hall, sert des boissons chaudes et des en-cas.

Élégant et cosy, le **Cinnamon Club** (p. 37), tout proche, est un délicieux restaurant indien.

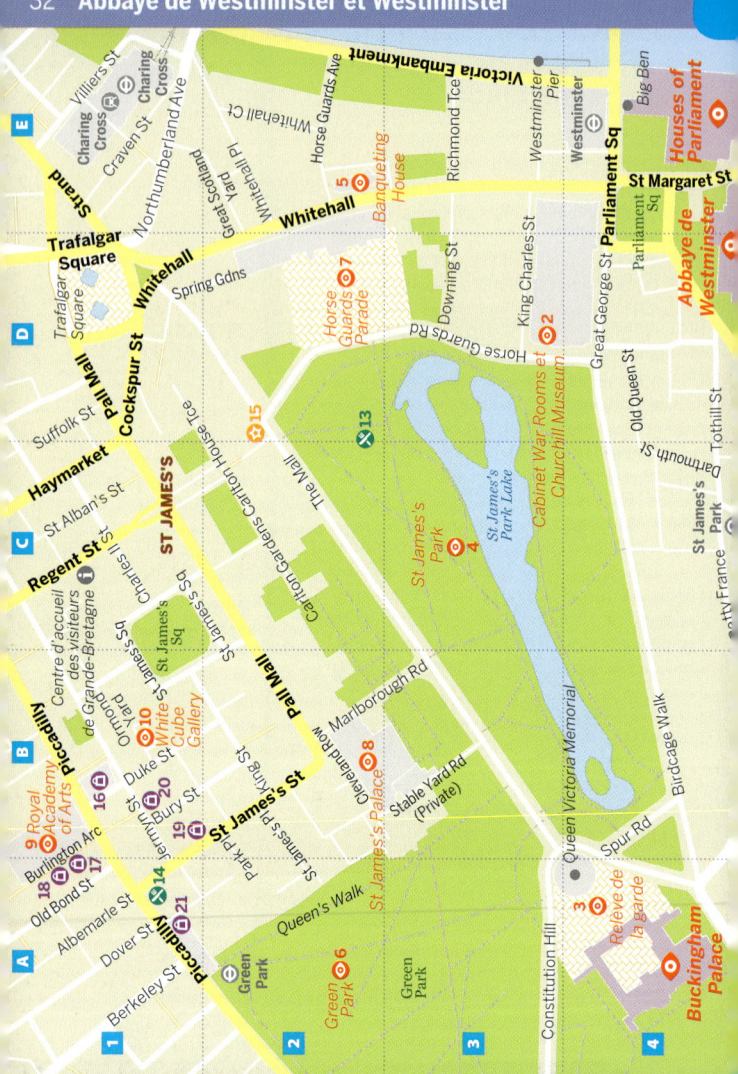

E

Charing Cross
Villiers's St
Craven St
Charing Cross
Northumberland Ave

Strand

Whitehall Ct
Whitehall Pl
Great Scotland Yd
Horse Guards Ave
Victoria Embankment

Westminster Pier
Big Ben
Houses of Parliament

Banqueting House 5

Whitehall

St Margaret St
Parliament Sq
Parliament Sq
Great George St

Abbaye de Westminster

D

Trafalgar Square
Trafalgar Square
Whitehall
Spring Gdns
Horse Guards Parade 7
Downing St
Horse Guards Rd
King Charles St
Old Queen St
Tothill St

Cockspur St
Pall Mall

2

Suffolk St

C

Haymarket
St Alban's St

Regent St

ST JAMES'S

Carlton House Tce
The Mall

15
13

St James's Park Lake
Cabinet War Rooms et Churchill Museum

St James's Park 4

St James's Park

Petty France

B

Centre d'accueil des visiteurs de Grande-Bretagne

Piccadilly

St James's St
Jermyn St
Ormond Yd
Duke St
Bury St
St James's Sq
King St

Charles II St
Carlton Gardens

The Mall
Pall Mall

Marlborough Rd
Stable Yard Rd (Private)

St James's Palace 8

Queen Victoria Memorial
Birdcage Walk
Spur Rd
Relève de la garde 3

Buckingham Palace

White's Cube Gallery 10
16
20
19 14
St James's St

Royal Academy of Arts 9
Burlington Arc
18
17
Old Bond St
Albemarle St

Piccadilly 21

A

Dover St
Berkeley St

Green Park

Green Park 6

St James's Palace St
Cleveland Row
Queen's Walk

Green Park

Constitution Hill

1
2
3
4

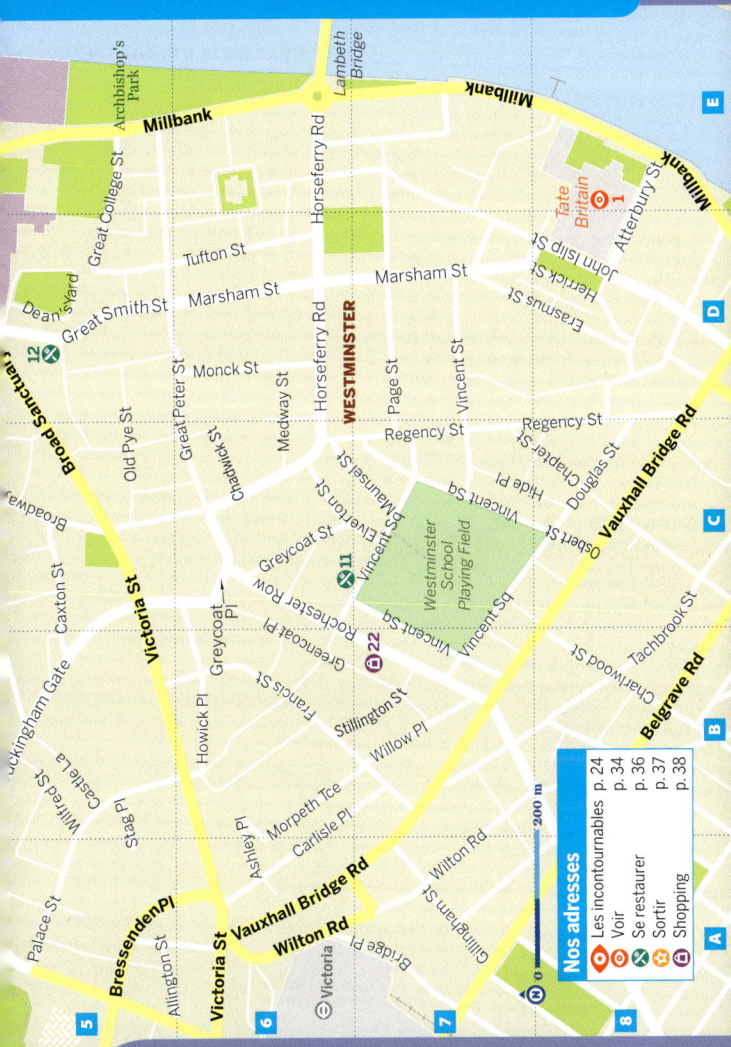

Lambeth Bridge

Millbank

Millbank

Archbishop's Park

Millbank

Horseferry Rd

Tate Britain **1**

Atterbury St

John Islip St

Erasmus St

Herrick St

Great College St

Tufton St

Marsham St

Marsham St

Dean's Yard

Great Smith St

Marsham St

WESTMINSTER

Great Peter St

Monck St

Horseferry Rd

Page St

Vincent St

12 ✕

Broad Sanctuary

Old Pye St

Great Peter St

Chadwick St

Medway St

Regency St

Regency St

Chapter St

Douglas St

Regency St

Osbert St

Vauxhall Bridge Rd

Broadway

Greycoat Pl

Elverton St

St Anne's St

Vincent St

Hide Pl

Vincent Sq

Vincent Sq

Westminster School Playing Field

Caxton St

Victoria St

Greycoat Pl

Rochester Row

11 ✕

22

Vincent Sq

Vincent Sq

Belgrave Rd

Tachbrook St

Buckingham Gate

Castle La

Howick Pl

Francis St

Greencoat Pl

Stillington St

Willow Pl

Charlwood St

Wilfred St

Stag Pl

Ashley Pl

Morpeth Tce

Carlisle Pl

Wilton Rd

Palace St

Bressenden Pl

Allington St

Victoria St

Vauxhall Bridge Rd

Gillingham St

Wilton Rd

Bridge Pl

Wilton Rd

200 m

Ⓔ Victoria

Ⓜ

Nos adresses	
🔴 Les incontournables	p. 24
🔵 Voir	p. 34
✕ Se restaurer	p. 36
❋ Sortir	p. 37
⬛ Shopping	p. 38

5

6

7

8

E

D

C

B

A

Voir

Tate Britain

GALERIE

1 Plan p. 32, E8

La partie ancienne de la Tate, un énorme édifice en pierre de Portland au bord de la Tamise, est consacrée à la peinture du XVIe au XXe siècle, avec des tableaux de Gainsborough, Hogarth, Constable, Francis Bacon et Turner (qui donne son nom au prix controversé remis ici chaque année). (www.tate.org.uk ; Millbank ; entrée libre, prix variables pour les expositions temporaires, visites guidées gratuites ; ⏰10h-18h, 10h-22h 1er vendredi du mois, visites guidées 11h, 12h, 14h, 15h lun-ven, 12h et 15h sam-dim ; 📶 ♿ ; 🚇Pimlico)

Cabinet War Rooms et Churchill Museum

MUSÉE

2 Plan p. 32, D3

Winston Churchill passa une grande partie de la Seconde Guerre mondiale dans un bunker sous le Whitehall, d'où il coordonnait la résistance alliée à l'aide d'un vieux téléphone en Bakélite. On peut voir les austères Cabinet War Rooms telles que le célèbre Premier ministre britannique les a laissées – après la victoire en août 1945 –, et les cartes d'état-major toujours accrochées aux murs. Dans le Churchill Museum attenant résonnent les discours exaltants et émouvants du grand orateur. (cwr.iwm.org.uk ; Clive Steps, King Charles St ; adulte/- 16 ans 16 £/ gratuit ; ⏰9h30-18h, dernière entrée à 17h ; 🚇Westminster)

La relève de la garde

CÉRÉMONIE

3 Plan p. 32, A4

Tous les jours à 11h30 de mai à juillet (un jour sur deux d'août à mars si le temps le permet), les gardes – qui veillent sur la reine à Buckingham Palace – sont remplacés par de nouveaux soldats du Household Regiment, dans la cour du palais. Le spectacle dure environ 30 minutes et attire les foules.

St James's Park

PARC

4 Plan p. 32, C3

Malgré la proximité de Buckingham Palace et de Downing St, St James's Park reste un endroit fréquenté par les citoyens lambda, qui viennent nourrir les canards et les écureuils apprivoisés, observer les pélicans et louer des transats. Le parc comprend aussi un ravissant jardin ouvrier ouvert au public de mai à octobre. (The Mall ; ⏰5h-coucher du soleil ; 🚇St James's Park)

Pause gourmande Au milieu du parc se trouve l'excellent café Inn the Park (p. 37).

 Bon plan

Tate à Tate en bateau

Une navette fluviale très pratique et pittoresque, le **Tate Boat** (aller simple adulte 5 £), relie la Tate Britain à la Tate Modern (p. 104) toutes les 40 minutes, entre 10h17 et 17h04.

Relève de la garde à cheval

Banqueting House BÂTIMENT HISTORIQUE

5 ⊙ Plan p. 32, E2

Cet édifice est le dernier vestige de l'immense Tudor Whitehall Palace, conçu comme le premier bâtiment purement Renaissance d'Angleterre et détruit dans un incendie en 1698. Charles Ier y fut exécuté, sur un échafaud construit contre une fenêtre du 1er étage, en 1649. Dans une vaste salle du 1er étage, le plafond présente neuf panneaux peints par Rubens en 1635. (Whitehall SW1 ; adulte/enfant 5 £/ gratuit ; ⊙10h-17h lun-sam ; ⊖Westminster)

Green Park PARC

6 ⊙ Plan p. 32, A2

Moins soigné et fréquenté que le St James's Park voisin, ce parc abrite des chênes majestueux et des pelouses vallonnées. Ancien terrain de duel, il a aussi servi de potager pendant la Seconde Guerre mondiale. (Piccadilly W1 ; ⊙5h-coucher du soleil ; ⊖Green Park)

Relève de la garde à cheval CÉRÉMONIE

7 ⊙ Plan p. 32, D2

Plus accessible que la relève de la garde de Buckingham Palace, la relève de la garde à cheval a lieu tous les jours, devant l'entrée officielle du palais (en face de Banqueting House). Les gardes descendus de cheval se relayent aussi à 16h, au cours d'une cérémonie un peu moins solennelle. (⊙Relève de la garde 11h lun-sam, 10h dim ; ⊖Westminster)

Comprendre
N° 10 Downing Street

Il est étonnant que la résidence officielle du Premier ministre britannique soit un humble hôtel particulier georgien dans Whitehall. À moins d'avoir l'autorisation de déposer une requête, vous ne pourrez pas dépasser la grille qui barre la rue (au sud de Banqueting House, de l'autre côté de la rue). (www.number10.gov.uk ; 10 Downing St ;  Westminster ou Charing Cross)

St James's Palace   PALAIS

8 Plan p. 32, B2

La maison du gardien Tudor de St James's Palace est l'unique vestige de l'édifice commandé par Henri VIII en 1530. Le palais fut la résidence officielle de la famille royale pendant trois siècles. La princesse Diana le détestait. Elle y habita jusqu'à son divorce en 1996. (Cleveland Row SW1 ; fermé au public ;  Green Park)

Royal Academy of Arts   BÂTIMENT CULTUREL

9 Plan p. 32, B1

La première école des beaux-arts de Grande-Bretagne vit le jour en 1768. La collection présente des œuvres de ses membres passés et présents, notamment John Constable, sir Joshua Reynolds, Turner et Norman Foster. Les plus belles pièces sont visibles dans les John Madejski Fine Rooms, accessibles via une visite guidée gratuite. (www.royalacademy.org.uk ; Burlington House, Piccadilly W1 ; 10h-18h sam-jeu, 10h-22h ven ;  Green Park)

White Cube Gallery   GALERIE

10 Plan p. 32, B1

La jumelle blanche et angulaire de la galerie de Hoxton a accueilli la première exposition de Tracey Emin en cinq ans, "Those who suffer Love", en 2009. Grâce à cette dernière et à l'exposition de Damien Hirst, "For the Love of God", deux ans plus tôt, les Young British Artists (collectif d'artistes contemporains fondé dans les années 1990) sont revenus sur le devant de la scène. (www.whitecube.com ; 25-26 Mason's Yard SW1 ; 10h-18h mar-sam ;  Green Park ou Piccadilly Circus)

Se restaurer

Vincent Rooms   EUROPÉEN MODERNE £

11  Plan p. 32, C6

Servez de cobaye aux apprentis cuisiniers de cet établissement, où le célèbre chef Jamie Oliver s'est formé. Le service est prévenant, l'atmosphère raffinée et la cuisine délicieuse (avec d'excellents plats végétariens). (7802 8391 ; www.thevincentrooms.com ; Westminster Kingsway College, Vincent Sq SW1 ; plats 6-10,50 £ ; déj lun-ven, dîner certains soirs seulement ;  Victoria)

Cinnamon Club
INDIEN £££

12 Plan p. 32, D5

Dans une ambiance chic et surannée (plafonds hauts, parquets, mezzanine bordée de livres), le Cinnamon Club propose une cuisine savoureuse. Il sert des petits-déjeuners européens et indiens (avec des *uttapams*, croustillants gâteaux de riz fourrés). Si votre budget vous le permet, offrez-vous une aventure culinaire avec un des menus dégustation. (📞7222 2555 ; www.cinnamonclub.com ; Old Westminster Library, 30-32 Great Smith St ; plats 14-32 £ ; ⊗fermé dim ; ⊖St James's Park)

Inn the Park
BRITANNIQUE ££

13 Plan p. 32, D2

Ce superbe café-restaurant est tenu par l'excellent chef irlandais Oliver Peyton. Il sert des gâteaux et du thé, ainsi qu'un très bon menu à base de spécialités britanniques qui change tous les mois. La terrasse est idéale au printemps et en été. (📞7451 9999 ; www.innthepark.com ; St James's Park SW1 ; plats 14-19 £ ; ⊗8h-23h ; ⊖Westminster)

Wolseley
BRASSERIE ££

14 Plan p. 32, A1

Cet ancien showroom Bentley a été transformé en une pimpante brasserie de style viennois, avec lustres dorés et superbe carrelage noir et blanc. Vous pourrez y apercevoir quelques people, en sirotant un thé accompagné de scones. Le Wolseley propose même son propre mélange de thé "English breakfast". (www.thewolseley.com ; 160 Piccadilly W1 ; cream tea/afternoon tea 9/21 £ ; ⊗tlj ; ⊖Green Park)

Sortir

Institute of Contemporary Arts
CENTRE ARTISTIQUE

15 Plan p. 32, D2

Depuis que Picasso et Henry Moore ont exposé ici pour la première fois au Royaume-Uni, l'institut occupe une place de premier plan dans le monde artistique britannique, avec une intéressante sélection de spectacles, expositions et films contemporains. L'endroit héberge également l'**ICA Bar & Restaurant** et une excellente librairie. (www.ica.org.uk ; The Mall SW1 ;

Bon plan

Westminster by night ?

Westminster et Whitehall sont totalement déserts le soir, et comptent très peu de bars et de restaurants. La situation est à peu près la même à St James's. Si vous vous trouvez à Westminster en début de soirée, dirigez-vous plutôt vers le très vivant quartier de Soho ou les rues animées entourant Covent Garden.

CHRISTER FREDRIKSSON/LONELY PLANET IMAGES ©

Burlington Arcade

🕐 12h-23h mer, 12h-1h jeu-sam, 12h-21h dim ;
📶 ; 🚇 Charing Cross ou Piccadilly Circus)

Shopping

Fortnum & Mason
GRAND MAGASIN

16 🔒 Plan p. 32, B1

Cette enseigne légendaire, fondée en
1707, recyclait à l'origine les chandelles
à demi consumées de la maison royale
pour les revendre à profit. Il s'agit à
présent du grand magasin le plus chic
de Londres, dont les vitrines justifient
à elles seules le déplacement. Le rez-
de-chaussée abrite un élégant bar à
vin, imaginé par l'homme qui a conçu
le Wolseley. (www.fortnumand mason.
co.uk ; 181 Piccadilly ; 🚇 Piccadilly Circus ou
Green Park)

Burlington Arcade
GALERIE MARCHANDE

17 🔒 Plan p. 32, A1

À l'ouest de Burlington House
(siège de la Royal Academy of Arts),
Burlington Arcade est une longue
galerie marchande couverte datant
de 1819. Bordée de boutiques de luxe,
elle est célèbre pour ses Burlington
Beadles, des gardes en uniforme qui
constituent la "plus petite police
privée au monde". (www.burlington-arcade.
co.uk ; 51 Piccadilly W1 ; 🚇 Green Park)

Penhaligon's
BEAUTÉ

18 🔒 Plan p. 32, A1

À des années-lumière des grandes
enseignes impersonnelles, les
vendeurs de Penhaligon vous

interrogeront sur vos fragrances préférées, vous feront découvrir leur gamme et vous aideront à dénicher de nouvelles senteurs. Tout est fabriqué dans le Devon, en Angleterre, des parfums pour la maison aux produits pour le bain et le corps. (www.penhaligons.com ; 16-17 Burlington Arcade W1 ; ⊖Piccadilly ou Green Park)

DR Harris

BEAUTÉ

19 🔒 Plan p. 32, B1

Pharmacien et parfumeur depuis 1790, DR Harris propose une gamme étonnante de produits, de la cire à moustache à la bouteille de Crystal Eye Drops (pour soigner les yeux rouges après une nuit trop courte), en passant par un remède contre la gueule de bois appelé DR Harris Pick-Me-Up, préparation amère à base de plantes. (www.drharris.co.uk ;

Comprendre
Haut les mains !

Burlington Arcade a été le théâtre d'un braquage spectaculaire. En juin 1964, une Jaguar Mark 10 traverse à vive allure l'étroite galerie. Des hommes cagoulés en descendent pour aller dérober 35 000 £ de bijoux au magasin Goldsmiths and Silversmiths Association. La Jaguar – la seule voiture à avoir jamais roulé dans la galerie – fera ensuite marche arrière et prendra la fuite.

29 St James's St SW1 ; ⊘fermé dim ; ⊖Green Park)

Taylor of Old Bond Street

BEAUTÉ

20 🔒 Plan p. 32, B1

Institution depuis 1854, ce magasin réservé aux gentlemen propose toutes sortes de rasoirs, de blaireaux et de parfums de savon à barbe. (www.tayloroldbondst.co.uk ; 74 Jermyn St SW1 ; ⊘fermé dim ; ⊖Green Park)

Minamoto Kitchoan

ALIMENTATION

21 🔒 Plan p. 32, A1

Pénétrer dans cette confiserie japonaise réserve une expérience incroyable. Les *wagashi* (bonbons japonais) sont fabriqués à partir de diverses sortes de haricots et de riz, et façonnés en forme de cerises, de petits pois ou de haricots rouges. Prenez place pour une dégustation arrosée d'un thé vert (offert) ou bien achetez une boîte pour un cadeau qui fera mouche. (www.kitchoan.com ; 44 Piccadilly W1 ; ⊘fermé dim ; ⊖Piccadilly Circus)

Shepherds

SOUVENIRS

22 🔒 Plan p. 32, B7

Ce superbe magasin vend des articles de papeterie, des boîtes en cuir, des albums élégants et du papier raffiné. (www.bookbinding.co.uk ; 76 Rochester Row SW1; ⊘fermé dim ; ⊖Victoria)

Les incontournables
Kew Gardens

Comment y aller

⊖ **Métro** Kew Gardens (District Line et Overground).

🚇 **Train** Des trains au départ de Waterloo desservent la gare de Kew Bridge.

⚓ **Bateau** Thames River Boats (www.wpsa.co.uk).

Les Kew Gardens sont un magnifique jardin botanique de 121 ha à ne rater sous aucun prétexte. Ce jardin public est doublé d'un centre de recherches renommé, qui doit sa réputation à sa collection de plantes, la plus grande au monde. La beauté des lieux ravira tous les visiteurs, même ceux qui ne se passionnent pas pour les végétaux.

Palm House, Kew Gardens

À ne pas manquer

Palm House
L'immense Palm House, une serre à dôme constituée de 700 panneaux de verre datant de 1848, abrite une formidable variété de végétaux tropicaux ; la passerelle suspendue offre une vue magnifique sur la verdure.

Princess of Wales Conservatory
Plus au nord, le superbe "jardin d'hiver de la princesse de Galles" permet d'admirer des plantes issues de dix zones climatiques différentes, du désert à la mangrove.

Temperate House
La "maison tempérée" (au nord de la pagode) est la dernière plus grande serre victorienne au monde, un joyau d'architecture présentant une collection de plantes impressionnante.

Rhizotron & Xstrata Treetop Walkway
Dans l'arboretum (et non loin de la Temperate House), cette promenade fascinante vous emmène sous terre, puis à 18 m de hauteur, au niveau de la cime des arbres.

Kew Palace
Le **Kew Palace** (adulte/enfant 5,30 £/gratuit; ⊘10h-17h30 fin mars-fin oct), au nord-ouest des jardins, est une ancienne résidence royale datant de 1631. Ne manquez pas les chambres et la merveilleuse maison de poupées de la princesse Élisabeth.

Chinese Pagoda
La célèbre pagode chinoise (1762) de Kew, monument emblématique du jardin, de 50 m de haut, est l'œuvre de William Chambers (à qui l'on doit aussi la Somerset House).

---

www.kew.org

Kew Rd TW9

adulte/enfant 14 £/gratuit

⊘jardins 9h30-18h30 lun-ven, 9h30-19h30 sam-dim avr-août, 9h30-18h sept-oct, 9h30-16h15 nov-fév, serres 9h30-17h30 avr-oct, 9h30-15h45 nov-fév

⊖/🚇 Kew Gardens

☑ À savoir

▶ Le Kew Explorer (adulte/enfant 4/1 £), est une navette qui dessert les principales curiosités.

▶ Les enfants adoreront la grande aire de jeu (Treehouse Towers) et les jeux autour de la botanique (Climbers and Creepers).

✕ Une petite faim ?

Dans un bâtiment classé du XVIIIe siècle, près du Kew Palace, vous trouverez l'**Orangery** (plats 7,50-9,50 £ ; ⊘10h-15h15, plus tard au printemps, en été et en automne ; 🚹).

Explorer

National Gallery et Covent Garden

Au centre du West End – le cœur géographique, culturel et social de Londres – le quartier entourant la National Gallery et Covent Garden est un haut lieu touristique. C'est la zone la plus animée de la ville, avec ses monuments historiques, ses restaurants chics, ses théâtres renommés et ses pubs, sans oublier ses innombrables boutiques.

L'essentiel en un jour

Commencez par la **National Gallery** (p. 44), mais déterminez à l'avance les salles que vous souhaitez visiter. Faites un petit arrêt à **Trafalgar Square** (p. 50) pour admirer la vue, puis ne manquez pas la **National Portrait Gallery** (p. 50), qui abrite des œuvres remarquables. Déjeunez rapidement au magnifique **National Dining Rooms** (p. 45), dans l'aile Sainsbury de la National Gallery.

Faites une promenade digestive en longeant The Strand vers l'est, et profitez-en pour regarder les vitrines de **Covent Garden Piazza** (p. 51) et les artistes de rue. Le **London Transport Museum** (p. 52) est très intéressant, surtout avec des enfants. La **Somerset House** (p. 51), magnifique édifice néoclassique, héberge l'impressionnante **Courtauld Gallery** (p. 52), qui propose des films en plein air l'été et une patinoire en hiver.

Réservez une table au **Bocca di Lupo** (p. 53) pour un délicieux dîner italien, puis allez admirer les illuminations de **Piccadilly Circus** (p. 50). Prenez un verre à l'**Academy** (p. 55) ou au **Gordon's Wine Bar** (p. 56), et finissez la soirée en beauté, en achetant des billets pour une comédie musicale, une pièce de théâtre ou un opéra.

Pour une petite promenade dans Soho, voir p. 46.

Les incontournables
National Gallery (p. 44)

100% londonien
Petite promenade dans Soho (p. 46)

Le meilleur du quartier

Se restaurer
Yauatcha (p. 53)
Mooli's (p. 53)
Bocca di Lupo (p. 53)

Sortir
12 Bar (p. 57)
Royal Opera House (p. 57)
Ronnie Scott's (p. 58)
Pizza Express Jazz Club (p. 58)
Comedy Store (p. 58)

Prendre un verre
Experimental Cocktail Club (p. 55)
Academy (p. 55)
French House (p. 47)
Madame Jo Jo's (p. 56)

Comment y aller
 Métro Piccadilly Circus, Leicester Sq et Covent Garden (Piccadilly Line) ou Leicester Sq, Charing Cross et Embankment (Northern Line).

Les incontournables
La National Gallery

Avec plus de 2 000 œuvres de peintres européens, voici l'un des plus grands musées du monde. Mais ici, ce qui impressionne, c'est avant tout la qualité plutôt que la quantité. Vous pourrez y admirer des pièces maîtresses de toutes les époques de l'histoire de l'art, et notamment des tableaux de Leonard de Vinci, Michel-Ange, Titien, Velázquez, Turner, Van Gogh et Renoir, pour n'en citer que quelques-uns.

Plan p. 48, E5

www.nationalgallery.org.uk

Trafalgar Sq WC2

entrée libre

10h-18h sam-jeu, 10h-21h ven

Charing Cross ou Leicester Sq

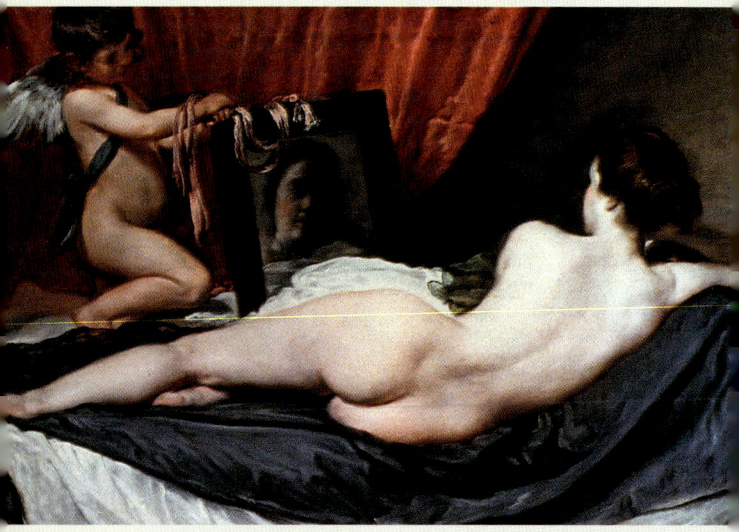

La *Vénus au miroir* de Velázquez, National Gallery

À ne pas manquer

Sainsbury Wing

L'aile Sainsbury (1260-1510) présente de nombreuses peintures religieuses, ainsi que des chefs-d'œuvre plus surprenants, comme *Vénus et Mars* de Botticelli.

West Wing et North Wing

L'aile ouest s'intéresse à la haute Renaissance (1510-1600), avec des peintres comme Michel-Ange, ou le Greco, tandis que Rubens ou le Caravage occupent l'aile nord (1600-1700). Vous pourrez y admirer deux autoportraits de Rembrandt et la *Vénus au miroir* de Velázquez.

East Wing

L'aile est (1700-1900) abrite une superbe collection de paysagistes anglais du XVIIIe siècle tels Gainsborough, Constable et Turner, ainsi que des chefs-d'œuvre de l'impressionnisme.

Pluie, vapeur et vitesse : le Great Western Railway
SALLE 34

Cette huile sur toile de Turner, de 1844, qui représente un train passant sur le pont de Maidenhead, met en scène la transformation du monde à l'époque : le chemin de fer, la vitesse et une réinterprétation de l'utilisation de la lumière et de la couleur dans l'art.

Tournesols
SALLE 45

Cette salle abrite un des célèbres *Tournesols* peints par Van Gogh fin 1888. Cette pièce maîtresse témoigne d'un ensemble de techniques artistiques novatrices pour l'époque. Le traitement saturé des couleurs deviendra la marque de fabrique du peintre néerlandais.

☑ À savoir

▶ Des visites guidées gratuites partent du guichet d'information de l'aile Sainsbury, tous les jours à 11h30 et 14h30.

▶ Le vendredi soir, le musée reste ouvert jusqu'à 21h.

▶ Des circuits et des activités sont proposés pour les enfants.

▶ Élaborez un circuit dans le musée selon vos envies avec l'ordinateur ArtStart.

✗ Une petite faim ?

Le **National Dining Rooms** (www.peytonandbyrne.co.uk ; aile Sainsbury, National Gallery, Trafalgar Sq WC2 ; plats 15 £ ; ◷10h-17h30 sam-jeu, 10h-20h30 ven), tenu par le chef irlandais Oliver Peyton, sert une excellente cuisine britannique et des viennoiseries à toute heure.

Le Portrait (p. 55), dans la National Portrait Gallery, associe bonne cuisine et jolie vue.

100% londonien
Petite promenade dans Soho

Haut lieu de la vie nocturne londonienne, Soho n'en demeure pas moins un quartier agréable dans la journée grâce à son charme bohème, sa diversité, ses beaux monuments et son énergie communicative. Partez à la découverte de Chinatown, puis humez l'ambiance dans les petites rues, les jolies places et les marchés en plein air, avant d'aller prendre un verre dans un des bars emblématiques du quartier.

❶ Explorer Chinatown

Juste au nord de la station de métro Leicester Sq, Lisle St et Gerrard St sont le point de rendez-vous de la communauté chinoise de Londres. Cet enchevêtrement dense de supermarchés et de restaurants n'est pas aussi grand que les quartiers chinois de nombreuses autres villes, mais il n'en demeure pas moins animé et typique.

② Remonter le temps

Rendez-vous au **Vintage Magazine Store** (39-43 Brewer St) pour dénicher d'anciens magazines (plus de 250 000 en stock), de vieilles affiches de films et toutes sortes d'articles rétro. Cette caverne d'Ali Baba ravira les collectionneurs et les curieux.

③ Se détendre à Golden Square

Au nord de Brewer St, l'historique Golden Square (qui apparaît dans le *Nicolas Nickleby* de Charles Dickens) appartenait autrefois au quartier de Windmill Fields, du nom d'un moulin à vent (*windmill*) aujourd'hui disparu. Cette ravissante place du XVIIᵉ siècle est très certainement l'œuvre de Christopher Wren ; le jardin en son centre est un endroit idéal où se poser sur un banc.

④ Visiter la Photographers' Gallery

La fantastique **Photographers' Gallery** (www.photonet.org.uk ; 16-18 Ramillies St W1 ; entrée gratuite) a rouvert ses portes le 19 mai 2012, avec des salles d'exposition sur trois niveaux, un nouveau café et une boutique. La galerie décerne le prestigieux Deutsche Börse Photography Prize, qui a déjà notamment récompensé Boris Mikhailov ou Juergen Teller.

⑤ Acheter de quoi faire un pique-nique au Berwick Street Market

Avec ses étals de fruits et légumes, le **Berwick Street Market** (Berwick St W1 ;

⊘9h-17h lun-sam) a réussi à conserver son emplacement de choix depuis le milieu du XIXᵉ siècle. C'est l'endroit idéal où acheter les ingrédients d'un pique-nique ou un plat préparé. La photo de la pochette de l'album d'Oasis, *(What's the Story) Morning Glory?* a été prise dans cette rue.

⑥ Faire halte à Soho Square

Empruntez la minuscule St Anne's Court jusqu'à Dean St (Karl Marx et sa famille y ont vécu entre 1851 et 1856, au n°28). Vous déboucherez sur **Soho Square**, où les Londoniens viennent se prélasser au soleil en été. Dessiné en 1681, il s'appelait à l'origine King's Sq, ce qui explique la présence d'une statue de Charles II.

⑦ Chiner chez Foyles

Foyles (www.foyles.co.uk ; 113-119 Charing Cross Rd WC2) est la librairie légendaire de Londres, une vaste institution de Charing Cross Rd depuis 1903. Vous trouverez un charmant café au 1ᵉʳ étage et le Ray's Jazz Shop au 5ᵉ.

⑧ Déguster du vin au French House

Descendez Old Compton St (épicentre du village gay) jusqu'au bar **French House** (www.frenchhousesoho.com ; 49 Dean St W1) qui était le point de rendez-vous des Forces françaises libres pendant la Seconde Guerre mondiale. De Gaulle y serait venu plusieurs fois, et Dylan Thomas, Peter O'Toole et Francis Bacon y ont passé des soirées bien arrosées.

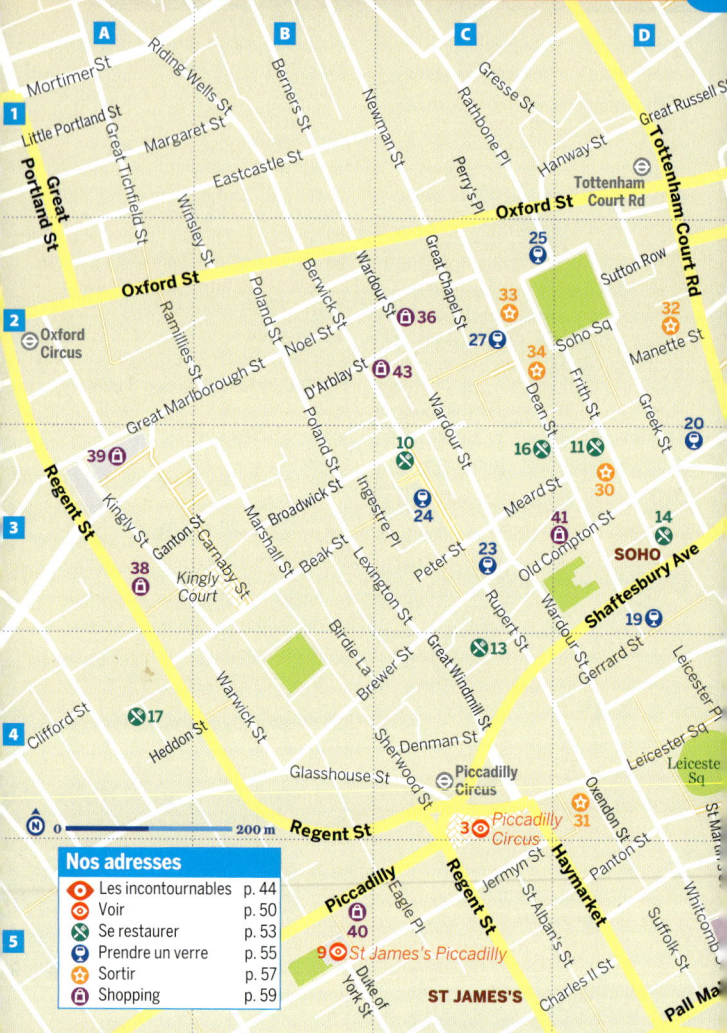

A **B** **C** **D**

Mortimer St
Riding Wells St
Gresse St
Great Russell St

1
Little Portland St
Margaret St
Berners St
Rathbone Pl
Hanway St
Tottenham Court Rd

Great Tichfield St
Eastcastle St
Newman St
Perry's Pl
Oxford St
Tottenham Court Rd

Great Portland St
Winsley St

Oxford St

2
Oxford Circus
Ramillies St
Poland St
Berwick St
Wardour St
Great Chapel St
25
33
Soho Sq
Sutton Row
32
Manette St

27
34
Frith St
Greek St
20

Great Marlborough St
D'Arblay St
36
43

39
Noel St
Poland St
10
16
11
30

3
Regent St
Kingly St
Ganton St
Carnaby St
Broadwick St
Ingestre Pl
Lexington St
24
Meard St
41
Old Compton St
14
SOHO

38
Kingly Court
Marshall St
Beak St
Peter St
23
Rupert St
Shaftesbury Ave
19

Birdie La
Brewer St
Great Windmill St
13
Wardour St
Gerrard St
Leicester Pl

4
Clifford St
17
Warwick St
Heddon St
Sherwood St
Denman St
Leicester St
Leicester Sq

Glasshouse St
Piccadilly Circus
31

N 0 — 200 m
Regent St
3
Piccadilly Circus
Oxendon St
Panton St
Haymarket
St Martin's

Piccadilly
40
Regent St
Jermyn St
St Alban's St
Whitcomb St
Suffolk St

9 St James's Piccadilly
Eagle Pl
Duke of York St
ST JAMES'S
Charles II St
Pall Ma

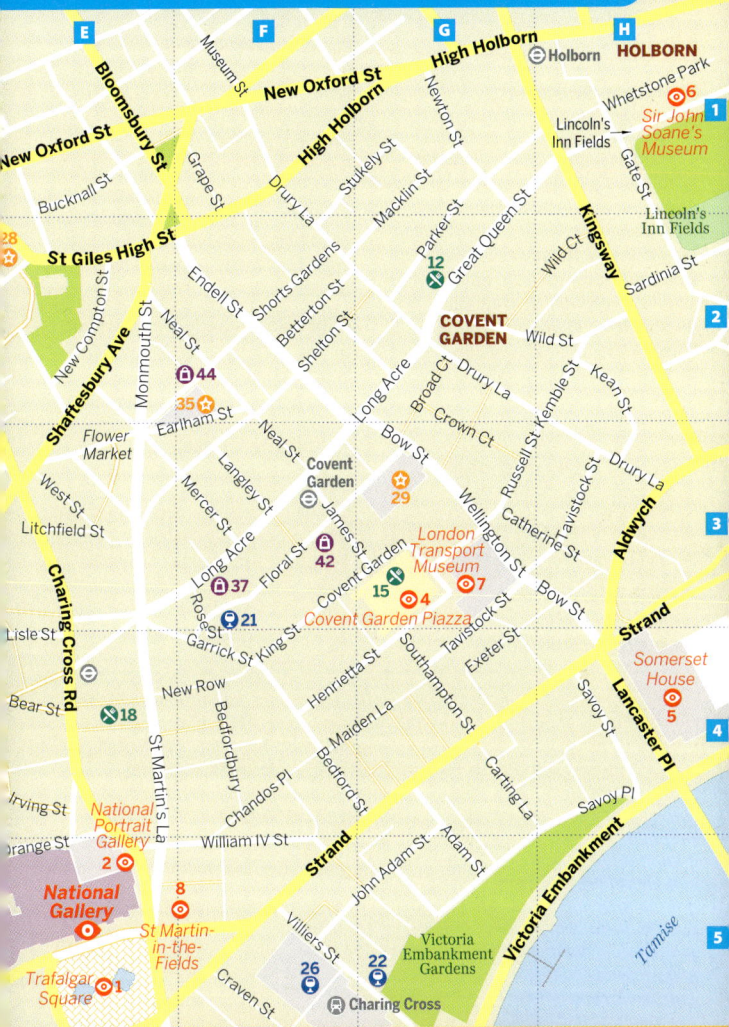

E — **F** — **G** — **H**

Bloomsbury St
New Oxford St
High Holborn
High Holborn
Holborn
HOLBORN

Museum St
New Oxford St
Grape St
Drury La
Stukely St
Macklin St
Newton St
Parker St
Great Queen St
Whetstone Park
Lincoln's Inn Fields
Gate St
6
Sir John Soane's Museum

1

New Oxford St
Bucknall St
St Giles High St
28
Shaftesbury Ave
New Compton St
Monmouth St
Neal St
Endell St
Shorts Gardens
Betterton St
Shelton St
Kingsway
Lincoln's Inn Fields
Sardinia St

12
COVENT GARDEN
Wild St
Wild Ct

2

Flower Market
Earlham St
44
35
Long Acre
Broad Ct
Drury La
Crown Ct
Russell St
Kemble St
Kean St
Tavistock St
Drury La
Aldwych

West St
Litchfield St
Langley St
Mercer St
Neal St
Bow St
Covent Garden
29
Wellington St
Catherine St
Bow St
Savoy Ct

3

Charing Cross Rd
Lisle St
Long Acre
Floral St
42
Covent Garden
37
Rose St
21
Garrick St
King St
James St
London Transport Museum
15
4
Covent Garden Piazza
7
Tavistock St
Exeter St
Southampton St
Strand
Somerset House
5
Lancaster Pl

4

Bear St
18
New Row
Bedfordbury
St Martin's La
Henrietta St
Maiden La
Bedford St
Chandos Pl
William IV St
Strand
Carting La
Savoy Pl
Victoria Embankment

Irving St
Orange St
National Portrait Gallery
2
8
National Gallery
St Martin-in-the-Fields
Trafalgar Square
1
Craven St
Villiers St
26
22
John Adam St
Adam St
Victoria Embankment Gardens
Charing Cross
Tamise

5

Voir

Trafalgar Square PLACE

 **1** Plan p. 48, E5

Cette majestueuse place célèbre la victoire des Anglais contre les Français et les Espagnols à la bataille de Trafalgar, en 1805. Haute de 52 m, la **colonne de Nelson** rend hommage à l'amiral Horatio Nelson, qui a permis à la flotte anglaise de triompher de Napoléon. Les quatre énormes lions de bronze ont été sculptés par sir Edwin Landseer et coulés avec des canons espagnols et français. (Charing Cross ou Leicester Sq)

National Portrait Gallery GALERIE

2 Plan p. 48, E5

Voisine de la National Gallery, la NPG permet de mettre des visages sur les noms de personnalités britanniques, des cinq derniers siècles à nos jours. Elle propose de remarquables expositions temporaires et un excellent audioguide (3 £), qui offre d'entendre les voix de quelques-unes des figures représentées. (www.npg.org.uk ; St Martin's Pl WC2 ; entrée libre ; tarif variable pour les expositions temporaires ; ☺10h-18h, 10h-21h jeu-ven ; Charing Cross ou Leicester Sq)

Pause gourmande Le **Portrait** (p. 55), au 3e étage de la galerie, permet de déguster une délicieuse cuisine face à une vue imprenable.

Piccadilly Circus MONUMENT

3 Plan p. 48, C4

Bruissant d'activité, Piccadilly Circus est un des grands clichés de Londres. Au centre du carrefour s'élève la

---

Histoire
Le quatrième socle

Trois des quatre socles encadrant Trafalgar Square supportent les effigies de héros britanniques, mais le quatrième, qui devait à l'origine accueillir une statue de Guillaume IV, resta vide pendant 150 ans. La Royal Society of Arts créa le **Fourth Plinth Project** (Projet du quatrième socle ; www.london.gov.uk/fourthplinth) en 1999, pour y exposer des œuvres controversées d'artistes contemporains, notamment *Ecce Homo* de Mark Wallinger (1999), une statue grandeur nature de Jésus, pourtant minuscule par rapport à l'énorme socle, et *Monument* de Rachel Whiteread (2001), une copie en résine du socle, posée à l'envers.

La mairie a depuis repris le projet à son compte tout en continuant à promouvoir des artistes contemporains. Anthony Gormley a fait grand bruit en 2009 avec *One & Other*, qui permettait à des volontaires de se tenir sur le piédestal.

MARK DAFFEY/LONELY PLANET IMAGES ©

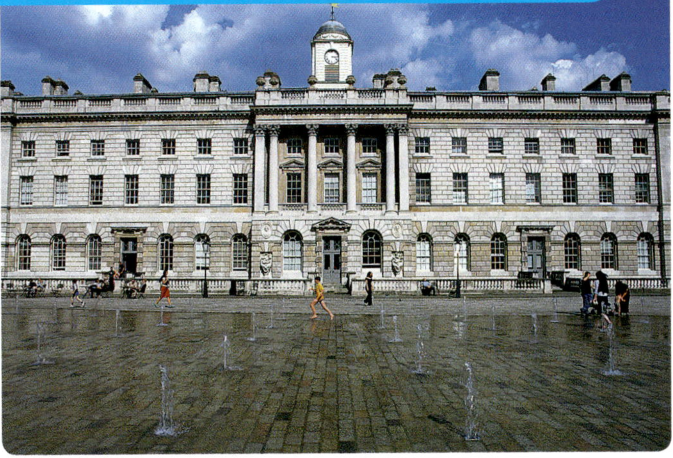

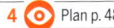

Somerset House

fameuse statue en aluminium appelée "Ange de la charité chrétienne". Elle est dédiée à lord Shaftesbury, un philanthrope ayant lutté contre le travail des enfants. L'ange a souvent été confondu avec Éros, dieu de l'Amour chez les Grecs, mais il s'agit en fait d'Antéros. (⊖Piccadilly Circus)

Covent Garden Piazza PLACE

4 ⊙ Plan p. 48, G3

La première place de Londres est désormais un lieu prisé des touristes, qui viennent ici pour faire des emplettes et regarder les spectacles de rue. Sur son flanc ouest s'élève l'**église Saint-Paul** (www.actorschurch.org ; Bedford St WC2 ; ⌚8h30-17h30 lun-ven, 9h-13h dim), dont la jolie cour à l'arrière est idéale pour un pique-nique. (⊖Covent Garden)

Somerset House BÂTIMENT HISTORIQUE

5 ⊙ Plan p. 48, H4

Avec ses 55 fontaines jaillissantes, ce chef-d'œuvre palladien a été conçu par William Chambers en 1775 et héberge aujourd'hui la Courtauld Gallery, un remarquable musée rattaché au Courtauld Institute of Arts ; les Embankment Galleries organisent régulièrement des expositions photographiques. (www.somerset-house.org.uk ; The Strand WC2 ; entrée libre pour la cour et la terrasse ; ⌚maison 10h-18h, Great Court 7h30-23h ; ⊖Temple ou Covent Garden)

Sir John Soane's Museum MUSÉE

6 Plan p. 48, H1

L'ancienne demeure de sir John Soane, génial concepteur de la Bank of England, accueille un musée regroupant une collection hétéroclite d'objets accumulés par l'architecte au cours de sa vie. Les soirées éclairées à la bougie (1er mardi du mois) sont envoûtantes (mais très prisées). (www. soane.org ; 13 Lincoln's Inn Fields WC2 ; entrée libre ; ⊘10h-17h mar-sam, 18h-21h 1er mardi du mois ; ⊖Holborn)

Courtauld Gallery GALERIE

À l'intérieur de la Somerset House (voir **5** plan p. 48, H4), ce musée sélect présente une collection d'œuvres impressionnistes et postimpressionnistes, parmi lesquelles des tableaux de Cézanne, Degas, Gauguin, Monet, Matisse, Renoir et Van Gogh. Conférences gratuites de 15 minutes sur des œuvres ou des thèmes particuliers à 13h15 le lundi et le vendredi. (www.courtauld.ac.uk ; The Strand WC2 ; adulte/enfant 6 £/gratuit, entrée libre lun avant 14h ; ⊘10h-18h)

London Transport Museum MUSÉE

7 Plan p. 48, G3

Les transports londoniens sont réputés à cause des vieux bus rouges à impériale. Dans ce ravissant musée rénové en 2007, les adultes apprécieront l'aspect historique, les enfants admireront les véhicules rétro. La boutique propose notamment un

Bon plan

Côté cour

La cour de la Somerset House se transforme en patinoire l'hiver et accueille des concerts et diverses manifestations l'été ; le **Summer Screen** (quand la cour devient un cinéma en plein air pour 10 soirées, début août) est très couru (réservez bien à l'avance). Derrière la maison, une terrasse ensoleillée et un café surplombent les quais de la Tamise.

bel éventail d'affiches. (www.ltmuseum. co.uk ; Covent Garden Piazza WC2 ; adulte/ enfant 13,50 £/gratuit ; ⊘10h-18h sam-jeu, 11h-18h ven ; ⊖Covent Garden)

St Martin-in-the-Fields ÉGLISE

8 Plan p. 48, F5

Cette "église paroissiale royale", charmant mélange de styles classique et baroque, fut achevée en 1726. Réputée pour ses excellents concerts de musique classique (souvent éclairés à la bougie), elle héberge aussi un magnifique café dans sa crypte, qui organise des "soirées jazz" une fois par semaine. (www.stmartin-in-the-fields. org ; Trafalgar Sq WC2 ; ⊘8h-18h30, concerts 19h30 ; ⊖Charing Cross)

St James's Piccadilly ÉGLISE

9 Plan p. 48, B5

Cette église en briques rouges de Christopher Wren est un vrai joyau. Elle propose un service d'aide psychologique, des pièces de théâtre le midi, des concerts le soir, un marché d'antiquités (10h-17h le mardi) et une foire de l'artisanat (10h-18h du mercredi au samedi). La flèche (en fibre de verre) est également l'œuvre de Wren, mais elle date de 1968 (l'église a été partiellement détruite en 1940). (197 Piccadilly W1 ; ☻8h-19h ; 🚇Piccadilly Circus)

Pause gourmande Le **Caffe Nero** (plan p. 48, B5 ; 35 Jermyn St SW1 ; ☻7h-19h lun-ven, 8h-19h sam, 9h-19h dim), juste à côté, est idéal pour un café, un sandwich ou une pâtisserie.

Se restaurer

Yauatcha
CHINOIS ££

10 🍴 Plan p. 48, C3

Logé dans le superbe bâtiment Ingeni, ce restaurant élégant et glamour de *dim sum* (bouchées vapeur) est divisé en deux parties. À l'étage, la salle à manger toute bleue est une oasis de calme au milieu du chaos du Berwick Street Market. Au rez-de-chaussée, des constellations de lumières créent une ambiance feutrée et raffinée. On y sert d'excellents *dim sum* et une belle sélection de thés. (www.yauatcha.com ; 15 Broadwick St W1 ; dim sum 4-16 £ ; ☻déj et dîner ; 🚇Oxford Circus)

Mooli's
INDIEN £

11 🍴 Plan p. 48, D3

Le Mooli's est une sympathique petite cantine servant des *rotis* (pains

plats) maison délicieusement fourrés (viande, *paneer*, pois chiches) mais aussi des condiments maison, des lassis (boissons traditionnelles à base de yaourt), de la vraie limonade et un bon choix de bières en bouteille. (www.moolis.com ; 50 Frith St W1 ; roti fourré 5 £ ; ☻12h-22h lun-mer, 12h-23h30 jeu-sam ; 🚇Tottenham Court Rd)

Great Queen Street
BRITANNIQUE ££

12 🍴 Plan p. 48, G2

Ici, la carte, de saison, change tous les jours. L'accent est mis sur la qualité des produits. On peut y savourer de délicieux ragoûts, rôtis et plats de poisson. L'ambiance est animée, avec un petit bar au rez-de-chaussée. Personnel serviable et carte des vins fournie. Réservation indispensable. (☎7242 0622 ; 32 Great Queen St WC2 ; plats 9-18 £ ; ☻déj et dîner lun-sam, déj dim ; 🚇Covent Garden ou Holborn)

Bocca di Lupo
ITALIEN ££

13 🍴 Plan p. 48, C4

Caché dans une ruelle sombre de Soho, le Bocca est un haut lieu du raffinement. Il concocte des spécialités des quatre coins de l'Italie et chaque plat peut être servi en petite ou en grande portion. Bel éventail de vins italiens et merveilleux desserts. Affiche souvent complet – réservez bien à l'avance. (☎7734 2223 ; www.boccadilupo.com ; 12 Archer St W1 ; plats 8,50-17,50 £ ; ☻déj et dîner lun-sam, déj dim ; 🚇Piccadilly Circus)

OLIVER KNIGHT/ALAMY ©

Restaurant Momo

Bar Shu

CHINOIS ££

14 Plan p. 48, D3

Avec des plats fleurant bon les piments fumés et le poivre (*huajiao*), le Bar Shu propose une authentique cuisine du Sichuan. Le service peut être un peu brusque mais la nourriture est excellente et les portions généreuses. (www.bar-shu.co.uk ; 28 Frith St W1 ; plats 8-20 £ ; déj et dîner ; Leicester Sq)

Ben's Cookies

BOULANGERIE £

15 Plan p. 48, G3

Chez Ben's on prépare 18 variétés de succulents cookies (trois chocolats, beurre de cacahuète, flocons d'avoine, raisins, chocolat et orange...), tous fondants à souhait et souvent chauds (ils sont cuits sur place tout au long de la journée). (www.benscookies.com ; 13a The Piazza, Covent Garden WC2 ; cookie 1,50 £ ; 10h-20h lun-sam, 11h-19h dim ; Covent Garden)

Dean Street Townhouse

SALON DE THÉ

16 Plan p. 48, C3

Prendre le thé dans le salon de la Dean Street Townhouse est une expérience inoubliable. Vous dégusterez de délicieuses pâtisseries dans une atmosphère désuète, avec mobilier d'époque et cheminée crépitante. En été, quelques tables sont disposées dans la rue. (www. deanstreettownhouse.com ; 69-71 Dean St W1 ; thé 16 £ ; tlj ; Tottenham Court Rd)

Momo

MAROCAIN £££

17 Plan p. 48, A4

Dans ce bon restaurant marocain, les serveurs dansent, jouent du tambourin et créent une ambiance sympathique, qui attire tout autant les couples d'amoureux que les groupes de fêtards. Terrasse en été. (7434 4040 ; www.momoresto.com ; 25 Heddon St W1 ; plats 18-25 £, menu déj 2/3 plats 15/19 £ ; fermé dim midi ; Piccadilly Circus)

J Sheekey

POISSON ET FRUITS DE MER £££

18  Plan p. 48, E4

Institution datant de 1896, le J Sheekey a pour spécialités le saumon atlantique, les couteaux et les fruits de mer variés provenant des eaux territoriales de la Grande-Bretagne. Le "bar à huîtres", prisé avant et après le dîner, est aussi un excellent choix. (7240 2565 ; www.j-sheekey.co.uk ; 28-32 St Martin's Ct ; plats 15-42 £ ; déj et dîner ; Leicester Sq)

Prendre un verre

Experimental Cocktail Club

BAR À COCKTAILS

19 Plan p. 48, D3

L'intérieur de ce formidable bar à cocktails, avec son éclairage tamisé, ses miroirs, ses murs en briques et son mobilier élégant, est à la hauteur du raffinement des breuvages : alcools rares et originaux (vodka Ketel One violette infusée au

 100% londonien

Portrait

Le restaurant **Portrait** (Plan p. 48, E5 ; 7312 2490 ; 3e ét., National Portrait Gallery, St Martin's Pl WC2 ; plats 14-29 £ ; déj 11h45-15h tlj, dîner 17h30-20h15 jeu-sam ; Charing Cross), au dernier étage de la National Portrait Gallery, jouit d'une vue imprenable sur Westminster qui accompagne une cuisine excellente et des *afternoon tea* décadents.

shiso), Martini millésimé, champagnes Billecart et Krug, et sirops de fruits maison. Majoration de 5 £ après 23h. (www.experimentalcocktailclublondon.com ; 3a Gerrard St W1 ; 18h-3h lun-sam, 17h-0h dim ; Leicester Sq ou Piccadilly Circus)

Academy

BAR À COCKTAILS

20 Plan p. 48, D3

Institution de longue date à Soho, l'Academy sert des cocktails parmi les meilleurs de la ville. La carte est épaisse comme un livre, mais si vous dites au barman ce dont vous avez envie, il vous préparera un délicieux breuvage. (www.labbaruk.com ; 12 Old Compton St W1 ; 16h-24h lun-sam, 16h-22h30 dim ; Leicester Sq ou Tottenham Court Rd)

Lamb & Flag

PUB

21 Plan p. 48, F3

Minuscule, chargé d'histoire et plein de charme, le Lamb & Flag

Bon plan

West End pas cher

Londres, et le West End en particulier, peut se révéler une destination onéreuse, mais il existe de nombreuses astuces pour les petits budgets. Beaucoup de grands musées étant gratuits, préférez-les aux curiosités plus commerciales. Le West End est un quartier peu étendu, alors marchez, prenez le bus (moins cher que le métro) ou montez sur un vélo Barclay's (p. 214). Pour finir, sortez de bonne heure ; la plupart des bars du West End proposent une *happy hour* jusqu'à 20h ou 21h. Ensuite, rendez-vous dans un pub pour prendre une bonne vieille pinte plutôt qu'un cocktail.

fait toujours le plein après 350 ans d'existence. Frayez-vous un passage parmi la foule devant la porte. À l'intérieur, le cuivre côtoie le parquet qui grince. (33 Rose St WC2 ; ⊙tlj ; ⊜Covent Garden ou Leicester Sq)

Gordon's Wine Bar
BAR À VIN

 22 ⊜ Plan p. 48, G5

Victime du son succès, le Gordon's est pris d'assaut tous les soirs dès 18h et trouver une table relève souvent de l'exploit. Dans son immense salle tamisée et chaleureuse, on déguste de bons crus français ou américains à prix doux, qu'on peut accompagner de pain, fromage et olives. (www.gordonswinebar.com ; 47 Villiers St WC2 ; ⊙tlj ; ⊜Embankment ou Charing Cross)

Madame Jo Jo's
CLUB

 23 ⊜ Plan p. 48, C3

Cet établissement souterrain paré de rouge propose des spectacles de cabaret kitsch le samedi et de burlesque le vendredi. Il accueille également le samedi la légendaire soirée de Keb Darge, où une foule branchée se déhanche sur des rythmes funk et soul, ainsi qu'une soirée drag-queen le mercredi. (www.madamejojos. com ; 8 Brewer St W1 ; ⊙tlj ; ⊜Leicester Sq ou Piccadilly Circus)

Endurance
PUB

 24 ⊜ Plan p. 48, C3

Institution de Soho, ce pub abrite un vieux juke-box rempli de tubes de rock et sert du bon vin, des bières à la pression et une nourriture correcte. Les dimanches sont plutôt calmes. La clientèle a tendance à déborder sur la rue le soir, et pendant la journée, c'est une bonne adresse pour observer l'animation du Berwick Street Market. (90 Berwick St W1 ; ⊙tlj ; ⊜Oxford Circus ou Piccadilly Circus)

Edge
GAY

 25 ⊜ Plan p. 48, C2

Dominant Soho Square de ses quatre étages, le Edge est le plus grand bar gay de Londres. L'ambiance y bat son plein tous les soirs de la semaine. On y trouve des danseurs, des serveurs déguisés en lapins, de la bonne musique et une ambiance généralement très sympathique. L'endroit compte aussi de nombreux hétéros parmi ses habitués, vu sa proximité avec Oxford St. (www.edgesoho.co.uk ; 11 Soho Sq W1 ; ⊙jusqu'à 1h lun-sam, jusqu'à 23h30 dim ; ⊖Tottenham Court Rd)

Heaven
GAY

 26 Plan p. 48, F5

Sous les arcades de Charing Cross, le Heaven est une adresse de longue date, réputée pour ses soirées. Le lundi, la soirée dance "Popcorn", ouverte à tous, est une des meilleures. Le club organise aussi des soirées spéciales gays les jeudis, vendredis et samedis. (www.heavennightclub-london.com ; Villiers St WC2 ; ⊙23h-6h lun, 23h-4h

 ✓ Bon plan

Un après-midi à l'Opéra

En milieu de semaine, les matinées de la Royal Opera House sont généralement beaucoup plus abordables que les représentations du soir, avec des places (visibilité limitée) à seulement 7 £. Des billets pour le jour même (un par client, pour les 67 premières personnes dans la queue) sont vendus à partir de 10h entre 8 £ et 40 £. Des billets demi-tarif sont parfois disponibles. Le plein tarif peut grimper jusqu'à 120 £.

jeu-ven, 22h-5h sam ; ⊖Embankment ou Charing Cross)

Candy Bar
LESBIEN

 27 Plan p. 48, C2

Ce chouette bar est depuis toujours l'épicentre de la scène lesbienne, petite mais animée, de Londres, et il ne montre aucun signe de déclin. C'est une adresse avant tout "féminine" (un homme autorisé pour deux femmes), bondée presque tous les soirs. (www.candybarsoho.com ; 4 Carlisle St W1 ; ⊙jusqu'à 24h dim-jeu, jusqu'à 2h ven-sam ; ⊖Tottenham Court Rd)

Sortir

12 Bar
MUSIQUE LIVE

 28 Plan p. 48, E2

Petit, intime et sans fioritures, le 12 Bar est une de nos adresses favorites où écouter de la musique live (concerts presque tous les soirs). Le rock indé est à l'honneur, avec des influences folk et jazzy ou punk et metal. (www.12barclub.com ; Denmark St WC2 ; ⊙19h-3h lun-sam, 19h-0h30 dim ; ⊖Tottenham Court Rd)

Royal Opera House
OPÉRA

 29 Plan p. 48, G3

Depuis qu'elle a dépensé 210 millions de livres pour faire peau neuve dans les années 1990, la ROH s'est lancée dans une programmation plus grand public, mais le ballet classique et l'opéra restent ses spécialités. Les productions sont toutes de très grande qualité, avec des artistes de renommée internationale, dans un cadre somptueux. (www.roh.org.uk ; Bow St WC2 ; ◷tlj ; ⊖Covent Garden)

Ronnie Scott's
JAZZ

30 ⭐ Plan p. 48, D3

Ce club de jazz emblématique reçoit toujours les grandes pointures internationales. Miles Davis, Charlie Parker, Thelonious Monk et Ella Fitzgerald se sont tous produits ici. Les portiers peuvent se montrer très désagréables et le service est lent, mais l'endroit a toujours fonctionné ainsi. Concerts tous les soirs, souvent

Bon plan

Petit cinéma de quartier

Les tarifs des cinémas de Leicester Sq sont scandaleusement élevés. Préférez le **Prince Charles** (plan p. 48, D4 ; www.princecharlescinema.com ; Leicester Pl WC2 ; ⊖Leicester Sq), le cinéma le moins cher du centre de Londres, où les non-membres payent seulement entre 5,50 £ et 6,50 £ (ou 8 £ et 10 £ pour les nouveaux films). Il organise également des petits festivals, des rencontres avec des réalisateurs, des projections de vieux classiques, mais aussi de comédies musicales où le public est invité à chanter.

jusqu'à 2h. Tarifs entre 18 £ et 40 £. (www.ronniescotts.co.uk ; 47 Frith St W1 ; ◷tlj ; ⊖Leicester Sq)

Comedy Store
COMÉDIE

31 ⭐ Plan p. 48, D4

L'une des meilleures scènes comiques de Londres. Le mercredi et le dimanche a lieu une séance d'improvisation, souvent conduite par la brillante Josie Lawrence ; les jeudis, vendredis et samedis sont réservés au stand-up. Billets autour de 20 £. (www.thecomedystore.co.uk ; Haymarket House, 1a Oxendon St SW1 ; ◷tlj ; ⊖Piccadilly Circus)

Borderline
SALLE DE CONCERT

32 ⭐ Plan p. 48, D2

Sur Orange Yard, en sous-sol, cette salle de 275 places a reçu les plus grands : Crowded House, REM, Blur, Counting Crows, P.J. Harvey, Lenny Kravitz, Debbie Harry, mais aussi des artistes plus connus. L'endroit est fréquenté par des journalistes et autres découvreurs de talents. (http://venues.meanfiddler.com/borderline/home ; Orange Yard W1 ; ◷presque tous les soirs, voir site Internet ; ⊖Tottenham Court Rd)

Pizza Express Jazz Club
JAZZ

33 ⭐ Plan p. 48, C2

Cette drôle de salle installée au sous-sol d'une grosse chaîne de restaurants n'en demeure pas moins un des clubs de jazz les plus courus de Londres. De grands noms se sont produits ici

Ronnie Scott's

mais également des artistes aussi
prometteurs que Norah Jones, Jamie
Cullum et Amy Winehouse à leurs
débuts. Entrée entre 15 £ et 20 £.
(www.pizzaexpresslive.com ; 10 Dean St W1 ;
☺tlj ; ⊖Tottenham Court Rd)

Soho Theatre
THÉÂTRE

34 ⭐ Plan p. 48, C2

Le Soho Theatre s'est fait une
réputation en produisant de jeunes
auteurs talentueux et des pièces de
qualité. Il accueille aussi d'excellents
acteurs de stand-up et comédiens à
sketchs, ainsi que des spectacles venus
des États-Unis. Les tarifs oscillent
entre 10 £ et 20 £. (www.sohotheatre.
com ; 21 Dean St W1 ; ☺tlj ; ⊖Tottenham
Court Rd)

Donmar Warehouse
THÉÂTRE

35 ⭐ Plan p. 48, F2

Cette petite salle "intello" de Londres
a pour directeur artistique Michael
Grandage, qui met en scène des
productions intéressantes et souvent
originales, comme *Maison de poupée*
d'Ibsen avec Gillian Anderson
ou *Hamlet* avec Jude Law. (www.
donmarwarehouse.com ; 41 Earlham St WC2 ;
☺tlj ; ⊖Covent Garden)

Shopping

Joy
MODE

36 🔒 Plan p. 48, C2

Bien qu'appartenant à une chaîne,
Joy ne manque pas d'originalité. Les

Comprendre
Regent Street

Regent Street marque la frontière entre le quartier populaire de Soho et le très huppé Mayfair. Conçue par John Nash, cette rue avait pour vocation initiale de relier la résidence du prince régent (aujourd'hui disparue) à Regent's Park. L'architecte avait imaginé une artère majestueuse, pièce maîtresse du futur réaménagement de cette partie de la ville. Malheureusement, son grand projet essuiera de nombreuses critiques, et Nash sera contraint de revoir ses prétentions à la baisse.

Certaines devantures chics paraissent plus anciennes qu'elles ne le sont (la rue a été remaniée dans les années 1920), mais les grandes chaînes ont désormais pris le dessus. L'enseigne la plus célèbre de la rue est Hamleys. Regent Street est aussi réputée pour ses illuminations de Noël, qui sont allumées en grande pompe chaque année, à la fin du mois de novembre.

vêtements branchés pour hommes et femmes y côtoient de curieux gadgets, tels une radio flottante en forme de canard et des bacs à glaçons en forme d'euro. Effet garanti ! (www.joythestore. com ; 162-170 Wardour St W1 ; Oxford Circus ou Tottenham Court Rd)

Stanfords   LIVRES

37 🔒 Plan p. 48, F3

Depuis plus d'un siècle, cette librairie est spécialisée dans les guides et la littérature de voyage, les cartes et les cadeaux en rapport avec ce domaine. (www.stanfords.co.uk ; 12-14 Long Acre ; Covent Garden ou Leicester Sq)

Hamleys   JOUETS

38 🔒 Plan p. 48, A3

Le plus célèbre magasin de jouets de Londres vend de tout, des puzzles aux échasses sauteuses, en passant par

les Lego et les jeux vidéo. Seuls les courageux osent s'y aventurer le week-end. (www.hamleys.com ; 188-196 Regent St ; Oxford Circus)

Liberty   GRAND MAGASIN

39 🔒 Plan p. 48, A3

Ce grand magasin, vénérable maison façon Tudor, est connu pour ses tissus imprimés, qui figurent souvent dans les pages de *Vogue* et *Elle*, ses articles pour la maison et ses tapis exotiques. (www. liberty.co.uk ; Regent St ; Oxford Circus)

Waterstone's   LIVRES

40 🔒 Plan p. 48, B5

La plus vaste librairie d'Europe comprend cinq étages de livres, et un café au dernier niveau qui jouit d'une vue imprenable sur les toits de Londres. (www.waterstones.com ; 203-206 Piccadilly ; Piccadilly Circus)

Vintage House   SPIRITUEUX

41 Plan p. 48, D3

Paradis des amateurs de whisky, ce magasin propose plus de 1 000 scotchs single malt, du moelleux Macallan au Lagavulin tourbeux. Il vend aussi un large éventail de spiritueux et liqueurs introuvables chez les cavistes "classiques". (42 Old Compton St W1 ; 9h-23h lun-ven, 9h30-23h sam, 12h-22h dim ; Leicester Sq)

Ted Baker   MODE

42 Plan p. 48, F3

L'ancien tailleur de Glasgow est devenu un grand styliste britannique, qui crée des vêtements élégants pour hommes (costumes très bien coupés) et femmes (robes aux imprimés originaux dans de très belles matières). La collection *casual* (jeans, tenues de plage etc.) est tout aussi remarquable. (www.tedbaker. com ; 9-10 Floral St WC2 ; Covent Garden)

Sister Ray   MUSIQUE

43 Plan p. 48, C2

Adresse incontournable des collectionneurs, spécialisée dans la musique novatrice, expérimentale et indépendante (vinyles et CD). (www.sisterray.co.uk ; 34-35 Berwick St W1 ; Oxford Circus ou Tottenham Court Rd)

Neal's Yard Dairy   ALIMENTATION

44 Plan p. 48, F2

Une très belle fromagerie, qui prouve que les Britanniques n'ont rien à envier aux Français. On y vend plus de 70 variétés de fromages, notamment des produits de fermiers indépendants. Des condiments, des pickles, des confitures et des chutneys sont également proposés. (www.nealsyarddairy.co.uk ; 17 Shorts Gardens WC2 ; fermé dim ; Covent Garden)

Explorer

British Museum et Bloomsbury

Le quartier littéraire de Bloomsbury apporte une touche de quiétude au centre de Londres. British Museum, British Library, maisons d'édition, pubs littéraires et squares georgiens : Bloomsbury est empreint de culture, mais une culture accessible à tous. Vous pourriez passer la journée au British Museum, mais le quartier recèle de nombreuses autres richesses, dont d'excellents pubs et restaurants.

L'essentiel en un jour

Le **British Museum** (p. 64) est une attraction incontournable de Londres ; arrivez de bonne heure pour pouvoir lui consacrer le temps nécessaire. Vous aurez besoin d'au moins une matinée entière pour voir les fleurons du musée, parmi lesquels les marbres du Parthénon, la pierre de Rosette et la momie de Katebet. Faites un détour par **St George's Bloomsbury** (p. 74) pour une petite dose d'architecture religieuse, et le **New London Architecture** (p. 73) pour un aperçu des projets architecturaux en cours.

Déjeunez à l'**Abeno** (p. 74) ou au **Chilli Cool** (p. 75), avant d'aller découvrir la **Wellcome Collection** (p. 72), formidablement éclectique. Les bibliophiles ne manqueront surtout pas la **British Library** (p. 72).

Bloomsbury abrite un bel éventail de restaurants internationaux où dîner, comme le **Hakkasan** (p. 75) ou le **Diwana Bhel Poori House** (p. 75). Ensuite, faites la tournée des bars historiques et littéraires du quartier (p. 77), ou arrêtez-vous au **100 Club** (p. 78) pour voir la programmation musicale.

Pour une flânerie littéraire dans Bloomsbury, voir p. 68.

Les incontournables

British Museum (p. 64)

100% londonien

Flânerie littéraire dans Bloomsbury (p. 68)

Le meilleur du quartier

Musées et galeries
British Museum (p. 64)

Pubs historiques
Queen's Larder (p. 77)

Curiosités
Wellcome Collection (p. 72)

Avec des enfants
British Museum (p. 64)

Comment s'y rendre

 **Métro** Prendre le train jusqu'à Tottenham Court Rd (Northern Line ou Central Line), Goodge St (Northern Line), Russell Sq (Piccadilly Line) ou Euston Sq (Circle, Hammersmith & City et lignes de métro).

Bus Pour le British Museum et Russell Sq, prendre le bus n°7 (qui circule 24h/24) le long d'Oxford St ; le bus n°91 relie Whitehall/Trafalgar Square à la British Library.

Les incontournables
British Museum

Fondé en 1753 pour abriter la collection personnelle de Hans Sloane, médecin royal, le British Museum draine en moyenne cinq millions de visiteurs par an. Il constitue un formidable voyage à travers les cultures du monde, avec des galeries consacrées aux civilisations anciennes, de l'Égypte à l'Asie occidentale, en passant par le Moyen-Orient, les Romains, la Grèce, l'Inde, l'Afrique, la Grande-Bretagne préhistorique et romaine et les antiquités médiévales.

👁 Plan p. 70, D6

www.britishmuseum.org

Great Russell St WC1

entrée libre,
don suggéré 3 £

🕐 10h-17h30 sam-jeu,
10h-20h30 ven

🚇 Tottenham Court Rd
ou Russell Sq

Collection de l'Égypte ancienne, British Museum

À ne pas manquer

Great Court

Surmontée d'un spectaculaire toit de verre et d'acier conçu par Norman Foster en 2000, la cour centrale est la plus grande place publique couverte d'Europe. En son centre se trouve la célèbre Reading Room (ancienne British Library), qui a vu passer les plus grands penseurs de l'histoire, du Mahatma Gandhi à Karl Marx.

Égypte ancienne

Clou de la visite, cette collection présente des sculptures, des bijoux, des papyrus, des cercueils et des momies, dont la magnifique et intrigante momie de Katebet (salle 63). La pièce maîtresse est sans doute la pierre de Rosette (salle 4), qui permit le déchiffrage des hiéroglyphes égyptiens.

Sculptures du Parthénon
SALLE 18

Autre temps fort de la visite, les **sculptures du Parthénon** (ou marbres du Parthénon) représenteraient la grande procession qui avait lieu durant la fête des Panathénées, en l'honneur d'Athéna, un événement majeur de la Grèce antique.

Masque de mosaïque de Tezcatlipoca
SALLE 27

Les enfants adoreront la galerie mexicaine, et tout particulièrement le masque aztèque du XVe siècle de Tezcatlipoca (ou "crâne du miroir fumant"), un crâne humain orné de mosaïque turquoise. Censé représenter Tezcatlipoca, un dieu créateur, le masque a été élaboré à partir d'un vrai crâne humain puis agrémenté de turquoise, lignite, pyrite et coquillage.

☑ **À savoir**

▶ 15 visites guidées gratuites (30 à 40 minutes) des différentes galeries sont offertes tout au long de la journée.

▶ Le musée propose également d'excellents audioguides (adulte/enfant 5/3,50 £).

▶ Téléchargez un itinéraire de 1 heure ou 3 heures sur le site Internet du musée qui permet de voir les principales attractions.

▶ Une nouvelle aile est en cours de construction dans la partie nord-ouest du musée et devrait être achevée fin 2013. Elle accueillera un espace pour les expositions temporaires et des équipements dernier cri pour la préservation et l'étude des collections du musée.

✕ **Une petite faim ?**

À l'issue de la visite, allez recharger vos batteries à l'Abeno (p. 74), tout proche, qui sert de délicieuses crêpes et d'autres spécialités japonaises.

Chine, Asie du Sud et Asie du Sud-Est
SALLE 33

Cette magnifique galerie explore l'impact du bouddhisme et d'autres croyances religieuses à travers une remarquable collection d'objets originaires de Chine, du Tibet, de Thaïlande, du Cambodge et d'autres civilisations et pays orientaux. Le mandala chinois d'or et de bronze de la dynastie Qing présente des motifs lamaïstes tibétains marqués.

Grande-Bretagne romaine et médiévale
SALLES 40 À 51

Au milieu des merveilles de l'Égypte ancienne, de la Grèce et de Rome, on est presque surpris de découvrir des trésors de Grande-Bretagne et de ses voisins européens (salles 40 à 51). La plupart, bien sûr, datent de l'époque romaine, mais pas tous.

Bateau-tombe de Sutton Hoo
SALLE 41

Ce cimetière anglo-saxon du Suffolk (est de l'Angleterre) remonte au VIIe siècle. Parmi les objets mis au jour, on trouve des pièces de monnaie et un superbe casque agrémenté d'un masque facial.

Homme de Lindow
SALLE 50

L'homme de Lindow date du Ier siècle et fut découvert dans une tourbière proche de Manchester, dans le nord de l'Angleterre, en 1984. Les organes internes, la peau et les cheveux étaient bien conservés, et les scientifiques ont ainsi pu établir la cause du décès : d'un coup de hache et par strangulation.

Trésor de l'Oxus
SALLE 52

Datant en grande partie des IVe et Ve siècles av. J.-C., cette impressionnante collection d'environ 170 objets de ferronnerie achéménide fut découverte sur les rives du fleuve Amou-Daria (anciennement Oxus). Elle compte des chars miniatures, des bracelets, des vases et d'autres magnifiques pièces en or et en argent.

King's Library

Avant de partir, jetez un coup d'œil à la King's Library. Cette superbe bibliothèque néoclassique témoigne de la soif de savoir qui animait le XVIIIe siècle (siècle des Lumières), époque à laquelle sont nées de nouvelles disciplines comme la biologie, l'archéologie, la linguistique ou la géographie.

Plan du British Museum

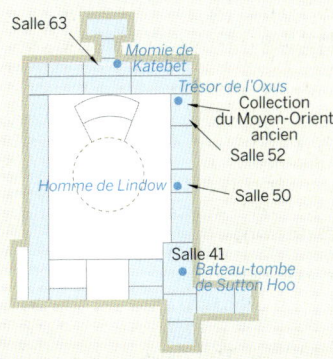

Salle 63

Momie de
Katebet

Trésor de l'Oxus
Collection
du Moyen-Orient
ancien
Salle 52

Homme de Lindow

Salle 50

Salle 41
Bateau-tombe
de Sutton Hoo

1er étage

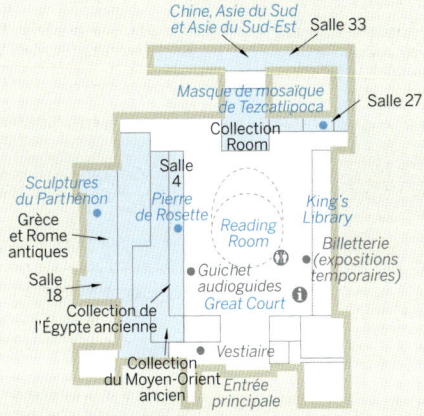

Chine, Asie du Sud
et Asie du Sud-Est   Salle 33

Masque de mosaïque
de Tezcatlipoca   Salle 27

Collection
Room

Sculptures
du Parthénon
Grèce
et Rome
antiques

Salle
4
Pierre
de Rosette

King's
Library

Reading
Room

Billetterie
(expositions
temporaires)

Salle
18
Collection de
l'Égypte ancienne

Guichet
audioguides
Great Court

Collection
du Moyen-Orient
ancien

Vestiaire

Entrée
principale

Rez-de-chaussée

100% londonien
Flânerie littéraire dans Bloomsbury

Bloomsbury sera pour toujours associé aux cercles littéraires qui sévissaient autrefois dans cette partie de la ville. Virginia Woolf, W.B. Yeats, Sylvia Plath, T.S. Eliot, Charles Dickens et d'autres illustres représentants de la littérature anglaise ont donné leur nom à de beaux édifices et de charmantes places du quartier.

❶ Bedford Square

Superbe condensé du patrimoine culturel et des charmes architecturaux de Bloomsbury, Bedford Square est le square georgien le mieux préservé de Londres. Le siège de la maison d'édition Bloomsbury se trouve au n°50. Sir Anthony Hope Hawkins, auteur du *Prisonnier de Zenda,* a vécu au n°41, tandis que le 7 Gower St, juste à côté, a vu naître la confrérie préraphaélite, en 1848.

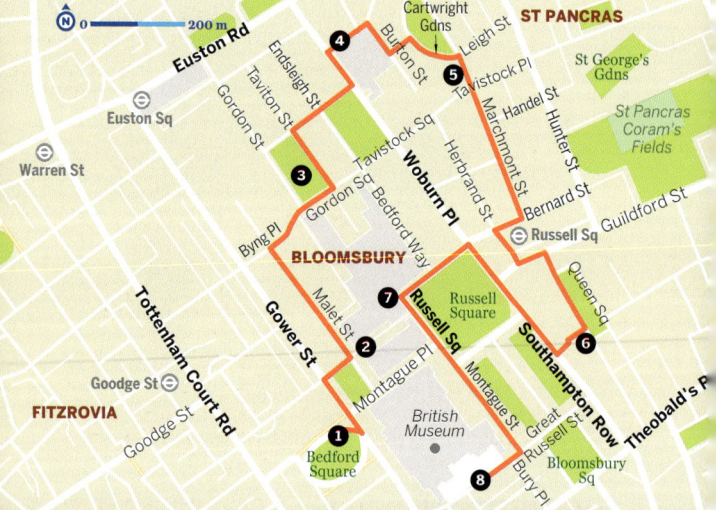

❷ Détour par la Senate House

Le long de Malet St, la splendide mais intimidante Senate House de style Art déco a hébergé le ministère de l'Information pendant la Seconde Guerre mondiale, ce qui inspira à George Orwell le ministère de la Vérité de son célèbre roman de 1948, *1984*. La femme de George Orwell, Eileen, travailla à la commission de censure entre 1939 et 1942.

❸ Petit arrêt à Gordon Square

Autrefois privé, ce square désormais ouvert au public constitue un agréable havre de paix. Quand le soleil est au rendez-vous, les Londoniens viennent s'asseoir sur ses bancs pour lire, discuter ou manger un sandwich.

❹ W.B. Yeats et Woburn Walk

Le poète et dramaturge irlandais, W.B. Yeats, a vécu au 5 Woburn Walk, une élégante petite rue juste au sud de l'église de St Pancras. Grande figure de la renaissance littéraire celtique, fervent défenseur du patrimoine de son pays natal et auteur de *La Tour*, Yeats passa de nombreuses années à Londres.

❺ Pause détente au Lord John Russell

Apprécié de la population locale, ce charmant **pub** (91-93 Marchmont St WC1) propose un excellent choix de bières et un menu correct pour le déjeuner, notamment un savoureux *fish and chips*. Ambiance traditionnelle et cosy, propice aux grandes discussions.

❻ Coup d'œil à St George the Martyr

C'est dans l'église du XVIIIᵉ siècle **St George the Martyr** (44 Queen Sq), en face du pub historique Queen's Larder (p. 77), à l'extrémité sud de Queen Sq, que Ted Hughes et Sylvia Plath se sont mariés, le 16 juin 1956. Le couple n'a pas choisi la date (qui commémore Bloomsday) au hasard, mais en hommage à James Joyce.

❼ Faber & Faber

Les anciens bureaux de la maison d'édition Faber & Faber occupent l'angle nord-ouest de Russell Square, à côté des bâtiments principaux de la School of Oriental and African Studies, et sont signalés par une plaque au nom de T.S. Eliot, le poète et dramaturge américain et premier éditeur de Faber. Les jardins au centre de Russell Square sont idéals pour s'accorder une petite pause sur un banc ombragé.

❽ Un verre à la Museum Tavern

Karl Marx avait coutume de s'offrir une pinte à la **Museum Tavern** (49 Great Russell St WC1 ; Ⓣ Tottenham Court Rd ou Holborn) après une longue journée de travail dans la Reading Room du British Museum. George Orwell y avait également ses habitudes. Ce charmant établissement traditionnel organisé autour d'un long bar est autant apprécié des universitaires et des étudiants que des habitants du quartier et des touristes.

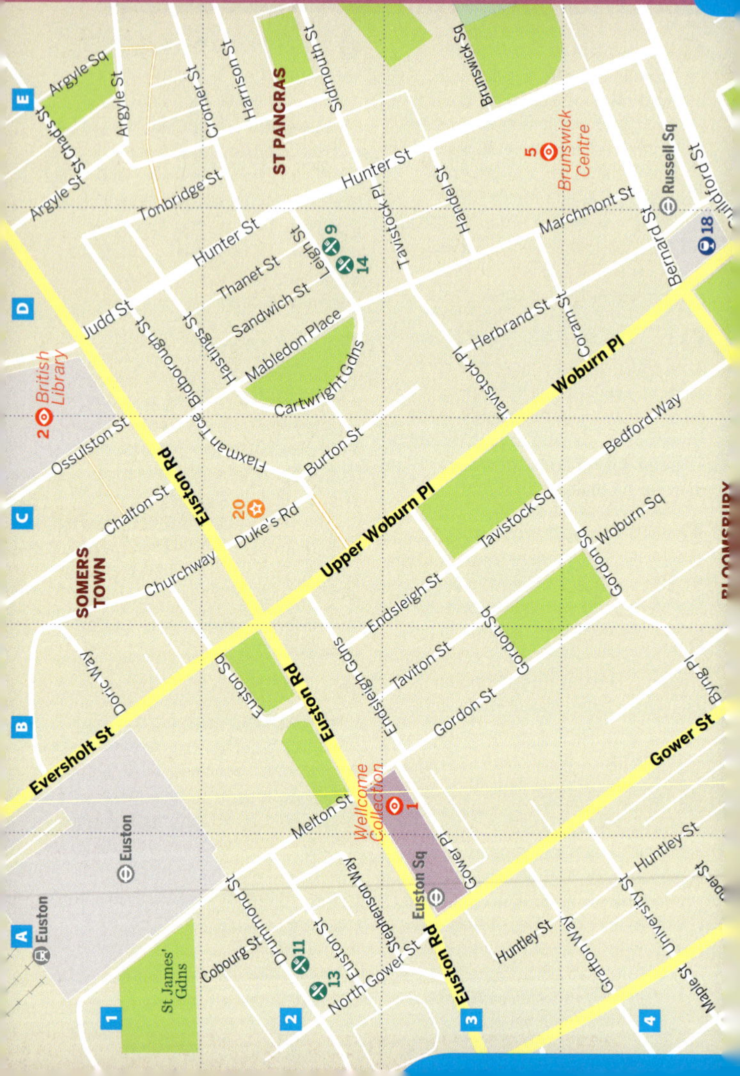

E

Argyle Sq
Argyle St
Argyle St
Argyle St
Crestfield St
Cromer St
Harrison St
Sidmouth St
ST PANCRAS
Brunswick Sq
5 Brunswick Centre
Hunter St
Russell Sq
St Prince's

Tonbridge St
Hunter St
Tavistock Pl
Marchmont St
Bernard St
18

D

Hunter St
Thanet St
Leigh St
9
14
Hadley St
Judd St
Sandwich St
Herbrand St
Coram St
Mabledon Place
Bidborough St
Hastings St
Cartwright Gdns
Tavistock Pl
Woburn Pl

2 British Library
Ossulston St
Flaxman Tce
Burton St
Bedford Way

C

Euston Rd
Chalton St
20 Duke's Rd
Upper Woburn Pl
Tavistock Sq
Woburn Sq
Gordon Sq
Bloomsbury

SOMERS TOWN
Churchway
Endsleigh St
Gordon St

Doric Way

B

Eversholt St
Euston Sq
Euston Rd
Endsleigh Gdns
Taviton St
Gordon St
Gordon St
Gower St

Euston

Melton St
Wellcome Collection
Euston Sq
Gower Pl
Byng Pl

A

Euston
Euston
St James' Gdns
Cobourg St
Drummond St
North Gower St
Euston St
Stephenson Way
Euston Rd
Huntley St
Huntley St
Grafton Way
University St
Maple St
Tottenham St
1 Wellcome Collection
11
13
Gower St

1   2   3   4

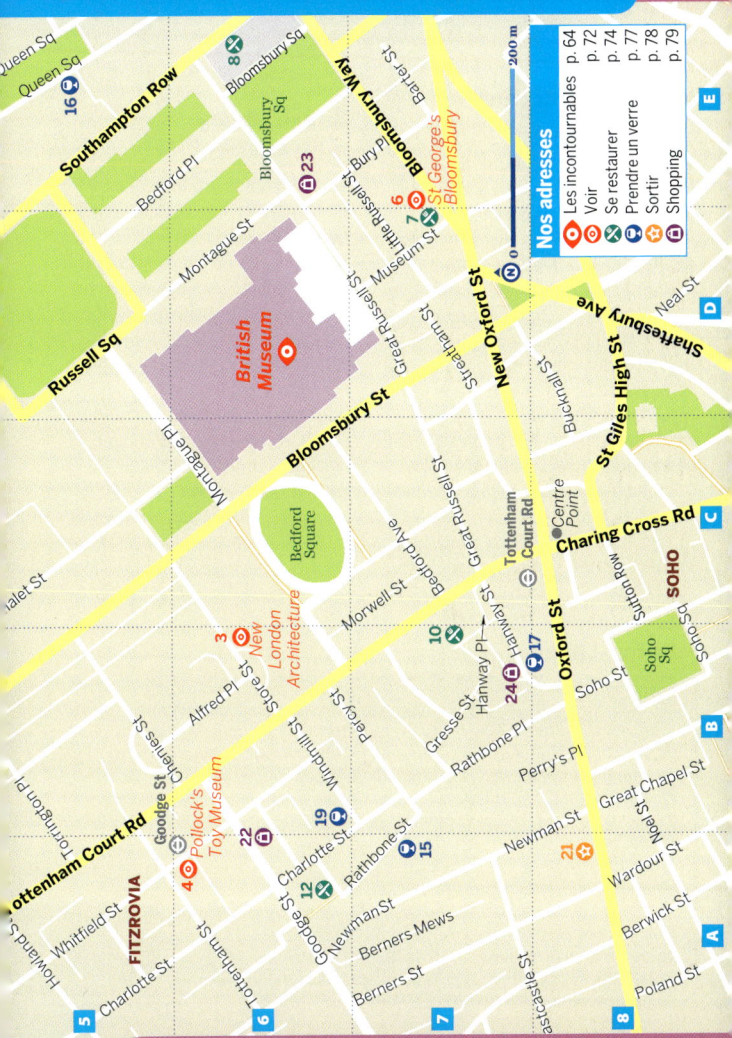

Nos adresses

- Les incontournables p. 64
- Voir p. 72
- Se restaurer p. 74
- Prendre un verre p. 77
- Sortir p. 78
- Shopping p. 79

British Museum

FITZROVIA

SOHO

St George's Bloomsbury

New London Architecture

Pollock's Toy Museum

Bedford Square

Centre Point

Tottenham Court Rd

Charing Cross Rd

Oxford St

New Oxford St

Bloomsbury St

Bloomsbury Way

Southampton Row

Russell Sq

Montague St

Bedford Pl

Shaftesbury Ave

St Giles High St

Queen Sq

Voir

Wellcome Collection

1 Plan p. 70, B3

La Wellcome Collection se définit elle-même comme une "destination pour les incurables curieux" et s'intéresse aux liens entre médecine, science, vie et art. La collection permanente d'objets des quatre coins du globe a été rassemblée par sir Henry Wellcome (1853-1936), pharmacien, entrepreneur et collectionneur. Le musée organise des expositions temporaires futuristes sur la médecine moderne, mais aussi des manifestations culturelles plus inhabituelles comme le pique-nique annuel au Cumberland Market (fin-juin). (www.wellcomecollection. org ; 183 Euston Rd NW1 ; entrée libre ; ⏰10h-18h mar-sam, 10h-22h jeu, 11h-18h dim ; 🚇Euston Sq ou Euston)

British Library

2 Plan p. 70, C1

La plus grande bibliothèque du pays conserve une copie de chaque publication effectuée en Grande-Bretagne et en Irlande, ainsi que des manuscrits historiques, des livres et des cartes du British Museum. Ne manquez pas la Sir John Ritblat Gallery, où sont entreposés les documents les plus précieux, notamment une Bible de Gutenberg (1455). Autres passages obligés : la King's Library et la Philatelic Exhibition. (www.bl.uk ; 96 Euston Rd NW1 ; entrée libre ; ⏰9h30-18h lun et mer-ven, 9h30-20h mar, 9h30-17h sam, 11h-17h dim ; 🚇King's Cross St Pancras)

Comprendre
British Library

En 1998, la British Library a emménagé dans ses nouveaux locaux, entre les stations de King's Cross et Euston. Ce bâtiment, le plus cher de Grande-Bretagne (coût des travaux : 500 millions de livres), ne fait pourtant pas l'unanimité. La façade en briques rouges de Colin St John Wilson qui, de l'aveu même du prince Charles, fait penser à un "bâtiment de police secrète", divise l'opinion. Mais même les plus réfractaires seront impressionnés par l'immensité et la beauté de l'intérieur.

Ce que l'on peut voir de la British Library n'est en fait que la partie émergée de l'iceberg. Sous nos pieds, sur quatre niveaux souterrains, s'étendent quelque 300 kilomètres de rayonnages sur lesquels la bibliothèque conserve ses documents et ses trésors. Elle compte actuellement 14 millions de livres, 920 000 journaux et revues, 58 millions de brevets et environ trois millions d'enregistrements sonores.

Une exposition à la Wellcome Collection

Pause gourmande Régalez-vous de spécialités du Sichuan au Chilli Cool (p. 75)

New London Architecture

ARCHITECTURE

3  Plan p. 70, B6

Les plans, maquettes et expositions présentés ici donnent un aperçu des projets architecturaux en cours à Londres. Vous pourrez ainsi observer une immense maquette de la capitale qui met en lumière les nouvelles zones de construction, les projets conçus à l'occasion des Jeux olympiques de 2012, ainsi que différents programmes de réhabilitation des quartiers. De nombreuses conférences sont accessibles sur réservation (voir site).

(www.newlondonarchitecture.org ; Bldg Centre, 26 Store St WC1 ; 9h30-18h lun-ven, 10h-17h sam ; Goodge St)

Pollock's Toy Museum

MUSÉE

4  Plan p. 70, A6

Destiné aux petits et aux grands, ce musée original et fascinant expose des jouets et jeux du monde entier, notamment des poupées d'Amérique latine, d'Afrique, d'Inde et d'Europe. L'étage abrite une collection de théâtres en carton, pour la plupart réalisés par Benjamin Pollock, le grand artisan victorien de ce type de constructions, dont la collection est à l'origine du musée. (www.pollockstoymuseum.com ; 1 Scala St W1 ; adulte/enfant 5/3 £ ; 10h-17h lun-sam ; Goodge St)

Comprendre
Une histoire du monde en 100 objets

En 2010, le British Museum a lancé une intéressante série d'émissions radiophoniques sur la BBC Radio 4 : *A History of the World in 100 Objects*. Cette "Histoire du monde en 100 objets", présentée par le directeur du musée, Neil MacGregor, retrace deux millions d'années d'histoire à travers 100 objets issus des collections du musée. Pendant chaque émission de 15 minutes, un objet est décrit et analysé. Si vous possédez un lecteur MP3, vous pouvez télécharger les émissions, disponibles à l'adresse suivante : www.bbc.co.uk/ahistoryoftheworld/programme. Vous aurez ainsi la possibilité d'écouter le programme tout en regardant l'objet dans le musée. Neil MacGregor a également écrit un livre sur le sujet, *A History of the World in 100 Objects,* publié chez Allen Lane (2010).

Brunswick Centre
GALERIE MARCHANDE

Ce complexe restauré des années 1960 comprend des appartements, des restaurants, des boutiques et un cinéma. En 2006, 24 millions de livres ont été investies dans sa rénovation, et cette jolie galerie marchande est désormais très fréquentée tous les jours de la semaine. Pour plus de détails et la liste complète des boutiques et restaurants, consultez le site Internet. (www.brunswick.co.uk ; The Brunswick WC1 ; Russell Sq)

St George's Bloomsbury
ÉGLISE

Magnifiquement restaurée en 2005, cette église édifiée par Nicholas Hawksmoor en 1731 se distingue par son portique classique soutenu par des colonnes corinthiennes et un clocher inspiré du Mausolée d'Halicarnasse. Elle est surmontée d'une statue de George Ier en toge romaine. Consultez le site Internet pour des détails sur les concerts. (www.stgeorgesbloomsbury.org.uk ; Bloomsbury Way WC1 ; 9h30-17h30 lun-ven, 10h30-12h30 dim ; Holborn ou Tottenham Court Rd)

Se restaurer

Abeno
JAPONAIS ££

Ce discret restaurant japonais a pour spécialité l'*okonomiyaki,* une savoureuse crêpe originaire d'Osaka. À base de chou, d'œuf et de farine, elle est agrémentée des ingrédients de votre choix (viande hachée, légumes, œuf, nouilles sautées, fromage...) et cuite sur la plaque chauffante posée sur votre table. Les plats plus traditionnels tels que le *teppan-yaki* et le *yakisoba* sont également très bien préparés. (www.abeno.co.uk ; 47 Museum St WC1 ; plats 7,50-18 £ ; ⏱déj et dîner ; ⊖Tottenham Court Rd)

Hummus Bros
MOYEN-ORIENTAL £

 **8** Plan p. 70, E6

Cette cantine très appréciée sert des bols de houmous accompagnés de la garniture de votre choix (bœuf, poulet, taboulé...) que l'on mange dans un généreux pain pita chaud. Sur place ou à emporter. (www.hbros.co.uk ; Victoria House, 37-63 Southampton Row WC1 ; plats 2,50-6 £ ; ⏱11h-21h lun-ven ; 📶 ; 🖊 ; ⊖Holborn)

Chilli Cool
CHINOIS ££

 9 Plan p. 70, D2

Pour déguster une cuisine du Sichuan authentique, rendez-vous au Chilli Cool. Ce restaurant ne paye pas de mine, mais c'est pour la nourriture qu'on y vient. La clientèle (essentiellement chinoise) se régale de ses ragoûts, nouilles *dan dan*, poulet Gong Bao et toutes les spécialités du Sichuan. (www.chillicool.com ; 15 Leigh St WC1 ; plats 7-19 £ ; ⏱déj et dîner ; ⊖Russell Sq)

Hakkasan
CHINOIS £££

 10 Plan p. 70, B7

Le Hakkasan offre tout ce qu'on peut attendre d'une table culte : cuisine exquise, clientèle sélecte, décor inspirant et emplacement caché. Pour un dîner dans la salle à manger principale, réservez longtemps à l'avance. Ou bien contentez-vous d'un déjeuner dans le salon Ling Ling, plus informel. (📞7927 7000 ; www.hakkasan. com ; 8 Hanway Pl W1 ; plats 9,50-42 £ ; ⊖Tottenham Court Rd)

Diwana Bhel Poori House
INDIEN £

 11 Plan p. 70, A2

Le Diwana est sans doute le meilleur restaurant indien végétarien de Londres. Ses spécialités sont le *bhel poori* de Bombay (plat aigre-doux à base de riz soufflé et de légumes) et les *dosas* (crêpes fourrées faites avec

---

100% londonien

Tea time à Bloomsbury

Bea's of Bloomsbury (Plan p. 70 ; www.beasofbloomsbury.com ; 44 Theobalds Rd WC1 ; thé 15 £ ; ⏱tlj ; ⊖Holborn ou Chancery Lane) s'est fait un nom grâce à ses délicieux *cupcakes* et propose désormais un thé complet l'après-midi. La salle est petite mais originale, avec sa cuisine ouverte et sa décoration soignée. Il est situé à 10 minutes à pied à l'est du British Museum.

de la farine de riz). Vous pourrez aussi goûter au *thali,* un assortiment de plats savoureux ; le buffet à volonté le midi est légendaire. (☎7387 5556 ; 121-123 Drummond St ; plats 7-9 £ ; ⏲12h-24h ; ⊖Euston ou Euston Sq)

Fino   ESPAGNOL ££

12 🍽 Plan p. 70, A6

Ce restaurant, chouchou des critiques gastronomiques, occupe un sous-sol superbement aménagé et sert des tapas savoureuses et novatrices. Goûtez aux artichauts cuits avec de la menthe, à la tortilla aux crevettes et à l'ail ou au foie gras à la confiture de piment. L'entrée se trouve dans Rathbone St. (www.finorestaurant.com ; 33 Charlotte St W1 ; tapas 4-17 £ ; ⏲déj lun-ven, dîner lun-sam ; ⊖Goodge St)

Ravi Shankar   INDIEN £

13 🍽 Plan p. 70, A2

Autre *bhel poori* réputé (un *bhel poori* est un restaurant végétarien, du nom du plat du même nom à base de riz soufflé et de légumes) de Drummond St, cet établissement est une bonne solution de repli si vous n'arrivez pas à obtenir une réservation au Diwana. (133-135 Drummond St NW1 ; plats 6-10 £ ; ⏲déj et dîner ; ⊖Euston ou Euston Sq)

Préparation de la salle pour le déjeuner à Hakkasan (p. 75)

North Sea Fish Restaurant
FISH AND CHIPS **££**

14 Plan p. 70, D2

Le North Sea ne sert que du poisson frais et des pommes de terre, mais il excelle dans son domaine : belles darnes de carrelet ou de flétan frites ou grillées, accompagnées de généreuses portions de frites. Propose aussi un service de vente à emporter, bien utile si vous n'avez pas envie de vous attarder dans la salle à manger sans âme. (www.northseafishrestaurant.co.uk ; 7-8 Leigh St WC1 ; plats 9-20 £ ; ☺fermé dim ; ⊖Russell Sq)

Prendre un verre

Newman Arms
PUB

15 Plan p. 70, A7

Un des rares pubs tenus par une famille dans le centre de Londres, le minuscule et charmant Newman Arms a 150 ans d'histoire. George Orwell et Dylan Thomas y avaient leurs habitudes, et une scène du film *Le Voyeur* (1960) de Michael Powell a été tournée dans le passage longeant le pub. Excellent restaurant à l'étage. (www.newmanarms.co.uk ; 23 Rathbone St W1 ; ☺tlj ; ⊖Goodge St ou Totten ham Court Rd)

Queen's Larder
PUB

16 Plan p. 70, E5

Sur une jolie place, au sud-est de Russell Square, le "garde-manger de la reine" doit son nom à la reine Charlotte, épouse du roi George III "le fou". Elle loua une partie de la cave du pub afin d'y entreposer de la nourriture pour son mari hospitalisé non loin de là. L'endroit est minuscule mais très cosy, et sert de bons repas à l'étage. Tables à l'extérieur pour les jours de beau temps. (www.queenslarder.co.uk ; 1 Queen Sq WC1 ; ☺tlj ; ⊖Russell Sq)

Bradley's Spanish Bar
BAR

17 Plan p. 70, B8

Ce n'est pas la décoration vaguement espagnole qui ravit les clients de ce bar mais son choix de boissons : San Miguel, Cruzcampo, *tinto de verano* (vin rouge avec du rhum et de la limonade) et sangria. La salle en sous-sol est exiguë, avec des plafonds bas, et résonne des tubes de rock du vieux juke-box. (42-44 Hanway St W1 ; ☺tlj ; ⊖Tottenham Court Rd)

Tempus Bar
BAR

18 Plan p. 70, D4

Caché derrière la magnifique façade de style gothique victorien de l'Hotel Russell, le Tempus change agréablement des pubs traditionnels, avec son majestueux décor édouardien et ses gros fauteuils en cuir. Les prix sont un peu élevés, mais le choix de cocktails et de vins est excellent, et vous trouverez presque à coup sûr une table. (Hotel Russell, Russell Sq WC1 ; ☺tlj ; ⊖Russell Sq)

Fitzroy Tavern
PUB

19 Plan p. 70, B6

Dans les années qui précédèrent la Seconde Guerre mondiale, le Fitzroy fut le repaire de grands noms de la littérature, comme George Orwell et Dylan Thomas. Aujourd'hui, ce pub typique du centre de Londres, propriété de la brasserie Sam Smith's, sert de nombreuses ales et bières spéciales à prix doux. (16 Charlotte St ; ⏰fermé dim ; ⊖Goodge St)

Sortir

Place
DANSE

20 Plan p. 70, C2

Ce lieu a vu naître la danse moderne britannique et propose une programmation exigeante, centrée sur des chorégraphies contemporaines et expérimentales. Derrière la façade victorienne, vous trouverez un théâtre de 300 places, un charmant café et six studios de répétition. Le Place organise un prix annuel, le "Place Prize", qui récompense les jeunes talents de la danse. Les billets coûtent entre 5 £ et 15 £. (www.theplace.org.uk ; 17 Duke's Rd WC1 ; ⏰tlj ; ⊖Euston Square)

100 Club
MUSIQUE LIVE

21 Plan p. 70, A8

Cette salle de concert légendaire s'est toujours intéressée au jazz, mais s'est aussi ouverte au swing et au rock. Elle a accueilli Chris Barber, B.B. King et les Stones, et fut l'épicentre de la révolution punk et de la scène indé

Comprendre
Les squares de Bloomsbury

- - - - - - - - - - - - - - - -

Au cœur de Bloomsbury s'étend **Russell Square**. Conçu en 1800 par Humphrey Repton, il était à l'origine sombre et broussailleux, mais il a fait peau neuve et arbore aujourd'hui des arbres et des plantes parfaitement entretenus et une fontaine de 10 m de haut.

Le centre littéraire de Bloomsbury était le **Gordon Square** (p. 68) où, à des époques différentes, vécurent Bertrand Russell au n°57, Lytton Strachey au n°51, et Vanessa et Clive Bell, John Maynard Keynes et la famille Woolf au n°46. Strachey, Dora Carrington et Lydia Lopokova (la future femme de Maynard Keynes) vécurent successivement au n°41. Certains de ces bâtiments (qui appartiennent pour la plupart aujourd'hui à l'université) sont signalés par une plaque bleue.

Le charmant **Bedford Square** est le dernier square entièrement georgien de Bloomsbury.

Queen's Larder (p. 77)

des années 1990. Au programme : soirées swing, musiciens de jazz locaux et quelques têtes d'affiche. (www.the100club.co.uk ; 100 Oxford St W1 ; ⏰tlj ; ⊖Tottenham Court Rd)

Shopping

Bang Bang Exchange VINTAGE

22 🔒 Plan p. 70, A6

Bang Bang a bien compris que les vieilles frusques des unes pouvaient faire le bonheur des autres. C'est pourquoi cette boutique échange, achète et vend des vêtements d'occasion de grandes marques. (www.myspace.com/bangbangexchange ; 21 Goodge St W1 ; ⊖Goodge St)

London Review Bookshop LIVRES

23 🔒 Plan p. 70, E6

La librairie du magazine littéraire *London Review of Books* a pris le parti de proposer un large éventail de titres, mais seulement en un ou deux exemplaires. Elle accueille régulièrement de grands auteurs. Vous trouverez également un charmant café sur place. (www.lrb.co.uk ; 14 Bury Pl WC1 ; ⊖Russell Sq ou Holborn)

On the Beat MUSIQUE

24 🔒 Plan p. 70, B7

Minuscule boutique tapissée d'affiches, spécialisée dans les années 1960 et 1970, et tenue par un personnel averti. (22 Hanway St W1 ; ⊖Tottenham Court Rd)

Explorer

Saint-Paul et la City

Malgré sa taille restreinte, la City compte de nombreux sites touristiques, au premier rang desquels la Tour de Londres et la cathédrale Saint-Paul. Le quartier recèle d'autres curiosités moins connues et une myriade d'églises qui constitueront d'agréables havres de paix sur votre parcours.

L'essentiel en un jour

Mettez-vous en route de bonne heure pour éviter l'affluence à la **Tour de Londres** (p. 86). Explorez le **Tower Bridge** (p. 92 ; consultez le site Internet la veille pour savoir si le pont doit basculer) et réservez une table pour le déjeuner au **Wine Library** (p. 97).

Faites un détour par **All Hallows-by-the-Tower** (p. 93), puis gravissez éventuellement le **Monument** (p. 93), ou bien émerveillez-vous devant la complexité technique du bâtiment de la **Lloyd's of London** (p. 94). Accordez-vous une pause pour prendre le thé au **Restaurant at St Paul's** (p. 95), ou dans la crypte de St-Mary-le-Bow, au **Cafe Below** (p. 95). Consacrez le reste de l'après-midi à la **cathédrale Saint-Paul** (p. 82), et montez au sommet du dôme pour admirer le panorama. S'il vous reste un peu de temps, rendez-vous au **Museum of London** (p. 92).

Le soir, assistez à un concert au **Barbican** (p. 99) ou faites la tournée des pubs historiques du quartier, comme le **Ye Olde Watling** (p. 98), le **Ye Olde Cheshire Cheese** (p. 99) et le **Black Friar** (p. 98). N'oubliez pas que certains pubs de la City sont fermés le week-end ; Shoreditch (p. 100) constitue une excellente alternative pour une soirée animée.

Les incontournables

Cathédrale Saint-Paul (p. 82)

Tour de Londres (p. 86)

Le meilleur du quartier

Architecture moderne
30 St Mary Axe (p. 95)
Lloyd's of London (p. 94)

Architecture médiévale
Tour de Londres (p. 89)
All Hallows-by-the-Tower (p. 93)

Églises
Cathédrale Saint-Paul (p. 82)
All Hallows-by-the-Tower (p. 93)
St Bartholomew-the-Great (p. 93)
St Stephen Walbrook (p. 93)
St Mary Woolnoth (p. 93)
St Mary-le-Bow (p. 93)

Comment y aller

Métro Les stations les plus proches sont St Paul's (Central Line) et Bank (lignes Central, Northern, DLR et Waterloo & City), mais Blackfriars (lignes Circle et District), Barbican (lignes Circle, Metropolitan et Hammersmith & City) et Tower Hill (lignes Circle & District) peuvent également être utiles.

Bus Les bus nos 8, 15, 11 et 26 desservent le quartier.

Les incontournables
Cathédrale Saint-Paul

Surplombant Ludgate Hill, sur un site magnifique qui est un lieu de culte depuis plus de 1 400 ans, la cathédrale Saint-Paul est un des plus majestueux monuments de la ville. Pour les Londoniens, son dôme spectaculaire, qui parvient encore à dominer la ligne des toits malgré les gratte-ciel – pourtant plus hauts – du Square Mile, est un symbole de résistance et de fierté, qui tient bon depuis 300 ans. Visiter l'intérieur de cet édifice, signé sir Christopher Wren, puis gravir l'escalier jusqu'au sommet du dôme est une expérience inoubliable.

Plan p. 90, C3

www.stpauls.co.uk

St Paul's Churchyard EC4

adulte/enfant
14,50/5,50 £

8h30-16h30 lun-sam,
dernière entrée 16h

St Paul's

Dôme et Whispering Gallery, cathédrale Saint-Paul

À ne pas manquer

Dôme

Le plus grand dôme de Londres (qui est en fait constitué de trois dômes superposés) est le chef-d'œuvre de la cathédrale de Wren : 528 marches mènent à son sommet, mais c'est un voyage en trois étapes. Après avoir franchi une porte sur le flanc ouest du transept sud, parcouru 30 m et gravi 257 marches, on atteint le couloir intérieur qui fait le tour de la base du dôme.

Whispering Gallery et Stone Gallery

La Whispering Gallery (galerie des murmures) est la première étape de l'ascension vers le dôme. Elle a été baptisée ainsi, car quand on parle près du mur, il répercute les paroles à l'autre bout de la galerie, à 32 m de distance. En gravissant 119 marches supplémentaires, on accède à la Stone Gallery (galerie de pierre), une plateforme extérieure un peu encombrée de piliers et d'autres dispositifs de sécurité.

Golden Gallery

Les 152 dernières marches menant à la **Golden Gallery** (galerie d'or) sont plus raides et plus étroites que les précédentes, mais vos efforts seront largement récompensés. De là, à 85 m de hauteur, vous jouirez d'un superbe panorama à 360° sur la ville.

Épitaphe et Duke of Wellington Memorial

Juste en dessous du dôme se trouve une épitaphe rédigée pour Wren par son fils : *Lector, si monumentum requiris, circumspice* (Lecteur, si tu cherches mon tombeau, regarde autour de toi). L'allée nord abrite le grandiose Duke of Wellington Memorial (1875).

☑ À savoir

▶ Participez à une des visites guidées gratuites de 1 heure 30.

▶ Optez pour les visites guidées gratuites de 45 minutes sur iPod (en plusieurs langues) proposées à l'entrée.

▶ En entrant dans la crypte par la porte latérale, sous le transept nord, vous trouverez un café, un restaurant, une boutique et des toilettes.

▶ Renseignez-vous au guichet situé juste à côté de l'entrée sur les courtes conférences d'introduction.

▶ Si vous êtes un groupe de cinq, la visite guidée Triforium d'une heure est un bon choix.

✘ Une petite faim ?

Le Restaurant at St Paul's (p. 95), dans la crypte, affiche un bon rapport qualité/prix.

Le **Crypt Café** (plats 5,65-7,40 £ ; ⊙9h-17h lun-sam, 12h-16h dim) est parfait pour un repas léger.

The Light of the World

Dans le transept nord se trouve le tableau emblématique du peintre préraphaélite Holman Hunt, *The Light of the World*. Il montre le Christ frappant à une porte couverte de végétation qui, symboliquement, ne peut s'ouvrir que de l'intérieur.

Chœur

Au centre de la cathédrale s'élève le chœur spectaculaire, avec ses plafonds et ses voûtes qui étincellent de mosaïques vertes, bleues, rouges et dorées, et son maître-autel. Les stalles richement sculptées par Grinling Gibbons de part et d'autre du chœur sont superbes, tout comme les portes ornementales en fer forgé de Jean Tijou, qui séparent les allées de l'autel.

American Memorial Chapel

Contournez l'autel et son impressionnant dais en chêne doré jusqu'à l'American Memorial Chapel, un monument à la mémoire des 28 000 Américains basés en Grande-Bretagne et tués durant la Seconde Guerre mondiale.

Crypte

Sur le flanc est des transepts nord et sud, des escaliers descendent à la crypte et l'OBE Chapel, où ont lieu des offices pour les membres de l'ordre de l'Empire britannique. On y trouve également les mémoriaux de Florence Nightingale, lord Kitchener, notamment ; le duc de Wellington, Christopher Wren et l'amiral Nelson sont enterrés ici (ce dernier dans un sarcophage noir).

Plan de la cathédrale Saint-Paul

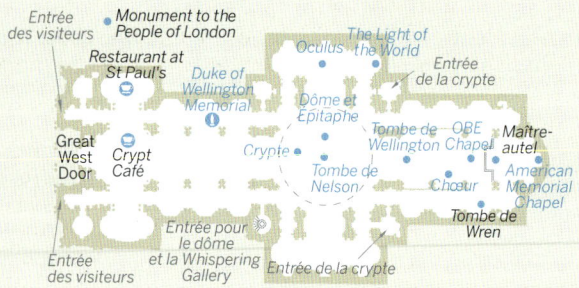

Rez-de-chaussée et crypte

Oculus

L'Oculus, ouvert en 2010 dans l'ancien trésor, projette quatre courts métrages sur ses murs (il faut prendre l'audioguide sur iPod pour entendre le son). Si vous n'avez pas envie de gravir le dôme, ces films vous permettront de voir la vue au sommet.

Monument to the People of London

Juste à la sortie du transept nord, ce monument tout simple à la mémoire du peuple de Londres rend hommage aux 32 000 civils tués (et 50 000 autres grièvement blessés) dans la ville durant la Seconde Guerre mondiale.

Temple Bar

À gauche quand vous faites face à l'escalier de l'entrée, Temple Bar est une des portes d'origine de la ville de Londres. Ce porche médiéval en pierre enjambait autrefois Fleet St, à un endroit signalé par un griffon, avant d'être déplacé dans le Middlesex, en 1878. Temple Bar fut restauré et rapporté en grande pompe à Londres au moment de la restauration de Paternoster Sq, en 2003.

Cathédrale Saint-Paul

Visites guidées

Une visite guidée est l'un des meilleurs moyens d'explorer la cathédrale. Cela permet d'accéder au Geometric Staircase (escalier géométrique) et à la chapelle St Michael et St George. Quatre visites sont généralement proposées chaque jour ; réservez auprès du guichet, juste à côté de l'entrée. La visite Triforium (cinq personnes minimum) permet aussi de voir la bibliothèque et une maquette de Wren.

Les incontournables
Tour de Londres

Attraction phare de Londres et chargée d'une histoire aussi sanglante que fascinante, la Tour est le monument incontournable de la capitale. Bâtie sous le règne de Guillaume le Conquérant (1066-1087), elle est en fait un château qui, au gré des époques, a fait office de palais, observatoire, entrepôt et hôtel de la Monnaie. Mais elle est surtout connue pour avoir été une prison et un site d'exécution. Malgré l'affluence et le prix des billets toujours plus élevé, l'endroit mérite absolument une visite.

Plan p. 90, H5

www.hrp.org.uk

Tower Hill EC3

adulte/enfant 20/11 £

9h-17h30 mar-sam, 10h-17h30 dim-lun, fermeture 16h30 tlj nov-fév

Tower Hill

Tour de Londres

À ne pas manquer

Crown Jewels

Les Waterloo Barracks abritent les magnifiques joyaux de la Couronne. Un tapis roulant permet de passer devant la douzaine de couronnes, notamment l'Imperial State Crown, d'une valeur de 27,5 millions de livres, incrustée de diamants (2 868 exactement), saphirs, émeraudes, rubis et perles, et la couronne en platine de feu la reine mère, Élisabeth, ornée du célèbre diamant de 105 carats Koh-i-Noor (montagne de lumière).

White Tower

Commencé en 1078, cet édifice (un palais doublé d'une forteresse) était la "Tour" de Londres d'origine. Si elle ne paraît pas immense aujourd'hui, au Moyen Âge, elle dépassait largement toutes les huttes paysannes avoisinantes. L'intérieur, tout comme la chapelle St John, a conservé des vestiges d'architecture romane, notamment une cheminée et des latrines.

Royal Armouries

À l'intérieur de la White Tower, cette fabuleuse collection de canons, armes, et armures pour hommes et chevaux présente l'armure d'Henri VIII, l'armure de 2 m de Jean de Gand, ainsi qu'une minuscule armure pour enfant conçue pour le fils de Jacques Ier, Henri.

Chapel Royal of St Peter ad Vincula

Temps fort de la visite, la chapelle royale de St Peter ad Vincula (Saint-Pierre enchaîné) est un rare exemple d'architecture ecclésiastique Tudor et le lieu de sépulture de ceux qui ont été décapités ici (notamment Anne Boleyn, Catherine Howard et lady Jane Grey). À l'intérieur

☑ À savoir

▶ Suivez une visite guidée des Yeoman Warder (hallebardiers).

▶ Évitez l'attente interminable et arrivez le plus tôt possible pour voir les joyaux de la Couronne.

▶ Réserver sur Internet permet de bénéficier de tarifs plus avantageux ; les billets achetés à l'avance sont valables sept jours à partir de la date choisie.

▶ Si vous avez des questions, adressez-vous à un des Yeoman Warders, qui sont toujours ravis d'aider.

✗ Une petite faim ?

Le **New Armouries Cafe** (⊘9h30-16h mar-sam, 10h30-16h dim-lun) en briques rouges, dans l'angle sud-est de la cour intérieure, sert des plats chauds et des sandwichs.

Rechargez vos batteries avec un plat arrosé d'un verre de vin au restaurant Wine Library (p. 97), tout proche, mais pensez à réserver.

(accessible uniquement via une visite guidée), on peut admirer des monuments à la mémoire de figures ayant marqué l'histoire de la Tour.

Tower Green Scaffold Site

Anne Boleyn, Catherine Howard, Margaret Pole (comtesse de Salisbury) et lady Jane Grey, 16 ans, figurent sur la liste des personnes qui ont été exécutées ici. Une sculpture de l'artiste Brian Catling et un poème leur rendent hommage. À gauche de l'échafaud (*scaffold*) s'élève la Beauchamp Tower, dont les murs portent encore les graffitis de prisonniers.

Bloody Tower

La Bloody Tower (tour sanglante) doit son nom aux "princes de la tour", Édouard V et son frère cadet, qui furent séquestrés et assassinés ici. Leur oncle, Richard III, est généralement tenu pour responsable, mais une animation permet de voter pour celui que vous suspectez. Vous trouverez aussi des objets ayant appartenu à l'aventurier élisabéthain, sir Walter Raleigh, emprisonné ici à trois reprises par Élisabeth Ire.

Medieval Palace

À l'intérieur de la St Thomas's Tower, voyez à quoi devaient ressembler l'entrée et la chambre d'Édouard Ier. En face, la Wakefield Tower, édifiée par Henri III entre 1220 et 1240, est meublée de la réplique d'un trône et d'un candélabre pour recréer l'ambiance de l'époque d'Édouard Ier.

Bowyer Tower

Derrière les Waterloo Barracks, c'est dans la Bowyer Tower que George, duc de Clarence, frère et rival d'Édouard IV, fut emprisonné et, selon la légende, noyé dans un tonneau de malvoisie (vin doux de Madère).

East Wall Walk

L'immense rempart intérieur de la tour fut ajouté à la forteresse en 1220 par Henri III. La promenade commence dans la Salt Tower du XIIIe siècle, se poursuit avec les tours Broad Arrow et Constable, et se termine par la Martin Tower, qui renferme des insignes royaux originaux. Le colonel Thomas Blood, déguisé en ecclésiastique, tenta de dérober les joyaux de la Couronne de la Martin Tower en 1671.

Bell Tower

C'est dans la tour du clocher que fut emprisonné Thomas More, en 1534. Cet homme politique et auteur de l'*Utopie* fut exécuté un an plus tard pour avoir refusé de reconnaître le roi Henri VIII comme chef de l'Église d'Angleterre à la place du pape.

Visites guidées

Si les Yeoman Warders gardent officiellement la Tour et les joyaux de la Couronne la nuit, leur principal rôle est celui de guides. Leurs visites guidées sont toujours très divertissantes et instructives. Elles partent de la Middle Tower toutes les 30 minutes de 10h à 15h30 (14h30 en hiver).

Comprendre
Tour de Londres

Yeoman Warders
Les Yeoman Warders (hallebardiers) gardent la tour depuis 1485. Ils sont au nombre de 35 et doivent avoir servi au moins 22 ans dans les Forces armées britanniques pour pouvoir postuler. Ils vivent sur place et sont affectueusement surnommés les "mangeurs de bœuf". L'origine de ce nom est inconnue mais a peut-être un rapport avec les généreuses portions de viande qu'on leur servait autrefois.

Les corbeaux
Selon la légende, Charles II exigeait la présence de corbeaux à la Tour sous peine que le royaume ne s'effondre. Certains avancent que cette histoire aurait été inventée de toutes pièces à l'époque victorienne. Huit corbeaux sont toujours présents aujourd'hui. Leurs ailes sont rognées pour rassurer les superstitieux.

Cérémonies à la Tour
La cérémonie de la fermeture des portes a lieu tous les jours sans exception depuis 700 ans. Elle débute à 21h53 précises pour se terminer à 22h. Même quand une bombe du Blitz a touché la Tour, la cérémonie n'a été retardée que de 30 minutes. L'entrée pour la cérémonie se fait à 21h30 et est gratuite. Mais, selon une procédure ancestrale, il vous faudra commander des billets par la poste tant la demande est grande. Voir le site Internet de la Tour pour plus de détails.

Plus accessible, l'ouverture officielle de la Tour a lieu chaque matin à 9h. Les clés sont apportées par un garde militaire et les portes sont ouvertes par un Yeoman Warder. L'endroit est moins fréquenté à cette heure et c'est donc le moment idéal pour arriver. Mais vous devrez attendre jusqu'à 10h le dimanche et le lundi pour pouvoir commencer votre visite.

Diamant Koh-i-Noor
Entouré de mythe et de légende, le diamant Koh-i-Noor du XIVe siècle a été revendiqué à la fois par l'Inde et l'Afghanistan. Il conférerait un pouvoir immense à son propriétaire, mais destinerait les propriétaires masculins à une mort douloureuse. La salle des joyaux de la Couronne a été remaniée pour le jubilé de diamant de la reine en juin 2012.

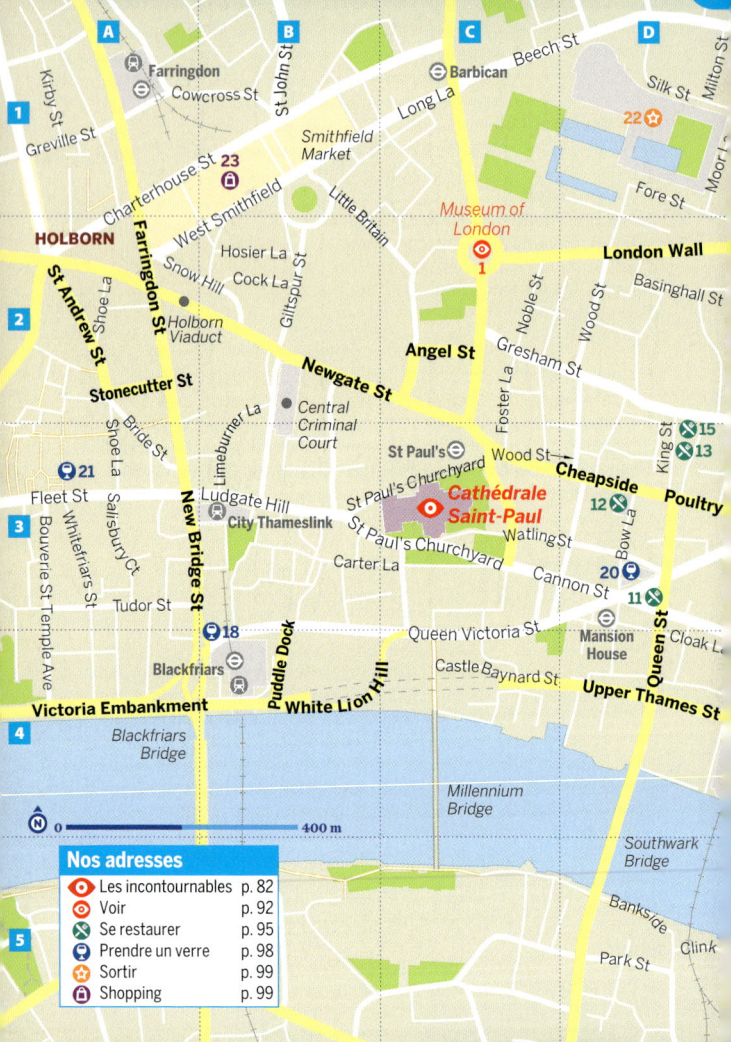

Nos adresses

⬡	Les incontournables	p. 82
⬡	Voir	p. 92
⊗	Se restaurer	p. 95
⚲	Prendre un verre	p. 98
★	Sortir	p. 99
🔒	Shopping	p. 99

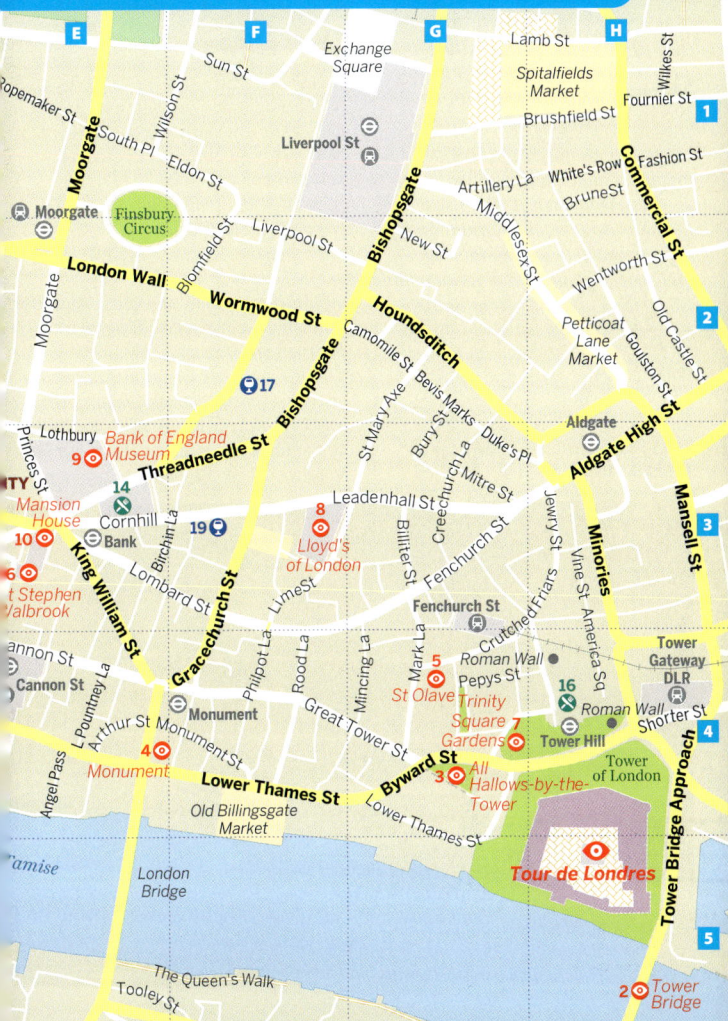

Exchange Square

Lamb St

Spitalfields Market

Wilkes St

Fournier St

Brushfield St

White's Row

Fashion St

BruneSt

Commercial St

1

Sun St

Wilson St

Ropemaker St

South Pl

Eldon St

E

F

G

H

Liverpool St

Artillery La

Middlesex St

Wentworth St

Old Castle St

Moorgate

Moorgate

Finsbury Circus

Blomfield St

Liverpool St

New St

Bishopsgate

London Wall

Wormwood St

Houndsditch

Camomile St

Bevis Marks

Goulston St

Petticoat Lane Market

2

Moorgate

Bishopsgate

Duke's Pl

St Mary Axe

Bury St

Aldgate

Aldgate High St

Mansell St

17

Lothbury

Bank of England Museum

Princes St

9

Threadneedle St

Leadenhall St

Mitre St

Creechurch La

Jewry St

Minories

3

TY

Mansion House

14

Cornhill

Bank

Birchin La

19

8

Lloyd's of London

Billiter St

Fenchurch St

Vine St

America Sq

Tower Gateway DLR

Shorter St

10

King William St

Lombard St

Lime St

6

t Stephen Valbrook

Philpot La

Rood La

Mincing La

Mark La

Crutched Friars

4

Gracechurch St

Fenchurch St

Roman Wall

Pepys St

16

Roman Wall

Tower Hill

5

St Olave

Trinity Square Gardens

7

4

Cannon St

Monument

Monument

Great Tower St

Byward St

3

All Hallows-by-the-Tower

Tower of London

Angel Pass

L Pountney La

Arthur St

Monument St

Lower Thames St

Old Billingsgate Market

Lower Thames St

Cannon St

London Bridge

Tour de Londres

4

Tamise

The Queen's Walk

Tooley St

2

Tower Bridge

Tower Bridge Approach

5

Voir

Museum of London

MUSÉE

1 Plan p. 90, C2

Cet excellent musée, l'un des meilleurs de la capitale, illustre de manière vivante et très instructive l'histoire de la capitale britannique, de la préhistoire jusqu'à l'époque moderne, en passant par les périodes médiévales ou Tudor. Les superbes salles traitant des périodes les plus récentes ont été refaites en 2010. Vous trouverez aussi une boutique et deux cafés sur place. (www.museumoflondon.org.uk ; London Wall EC2 ; entrée libre ; 10h-18h ; Barbican ou St Paul's)

Tower Bridge

PONT

2 Plan p. 90, H5

La légende veut que l'aviation allemande ait épargné ce célèbre pont pour servir de point de repère aux bombardements de Londres durant la Seconde Guerre mondiale. Quoi qu'il en soit, sa galerie supérieure offre une vue panoramique extraordinaire sur la Tamise. Une exposition sur le mécanisme du pont basculant, qui fonctionne encore périodiquement pour laisser passer les bateaux (voir le site Internet pour les horaires), occupe les tours. (www.towerbridge.org.uk ; adulte/enfant 8/3,40 £ ; 10h-18h30 avr-oct, 9h30-18h nov-mars, dernière entrée 1 heure avant la fermeture ; Tower Hill)

JOHN HAY/LONELY PLANET IMAGES ©

Tower Bridge

All Hallows-by-the-Tower

ÉGLISE

3 Plan p. 90, G4

All Hallows date de 675, et sa principale curiosité est incontestablement sa crypte saxonne, où vous pourrez admirer un pavement d'anciens carreaux romains et des murs de l'église saxonne du VIe siècle. L'église en elle-même est agréable. Elle a été reconstruite après la Seconde Guerre mondiale. D'avril à septembre, des visites guidées gratuites de 20 minutes sont proposées tous les jours à 14h. (www.ahbtt.org.uk ; Byward St EC3 ; entrée libre ; ☺8h-18h lun-ven, 10h-17h sam-dim ; ⊖Tower Hill)

Monument

MONUMENT

4 Plan p. 90, E4

Le monument conçu par Christopher Wren en mémoire du grand incendie de 1666 mesure environ 67 m de haut, soit la distance qui le sépare de la boulangerie où le feu se déclara. À l'époque de sa construction, il dominait la ville. Après avoir gravi les 311 marches qui conduisent au sommet, vous pourrez contempler une vue à 360° sur Londres. (www.themonument.info ; Monument St EC3 ; adulte/enfant 3/1,50 £ ; ☺9h30-17h30, dernière entrée 17h ; ⊖Monument)

St Olave

ÉGLISE

5 Plan p. 90, G4

L'église St Olave fut édifiée au milieu du XVe siècle et restaurée dans les années 1950. Samuel Pepys,

---

Comprendre

Les églises de la City

La City est le plus vieux quartier de Londres. Il compte une multitude d'églises historiques, vous permettant d'explorer certains des plus anciens édifices de la ville. Parmi elles, citons :

▶ **All Hallows-by-the-Tower**

▶ **St Olave**

▶ **St Stephen Walbrook** (p. 94)

▶ **St Mary Woolnoth** (☺9h30-16h30 lun-ven ; ⊖Bank)

▶ **St Mary-le-Bow** (www.stmarylebow.co.uk ; Cheapside EC2 ; ☺7h30-18h lun-mer, 7h30-18h30 jeu, 7h30-16h ven ; ⊖Bank ou St Paul's)

▶ **St Lawrence Jewry** (www.stlawrencejewry.org.uk ; Gresham St EC2 ; ☺8h-16h ; ⊖Bank)

▶ **St Bartholomew-the-Great** (www.greatstbarts.com ; West Smithfield EC1 ; tarif plein/tarif réduit 4/3,50 £ ; ☺8h30-17h lun-ven, 10h30-16h sam, 8h30-20h dim ; ⊖Farringdon ou Barbican)

▶ **St Bride's, Fleet Street** (www.stbrides.com ; St Bride's Lane EC4 ; ☺8h-18h lun-ven, horaires variables sam, 10h-18h30 dim ; ⊖St Paul's ou Blackfriars)

▶ **Temple Church** (p. 186)

connu pour son *Journal*, comptait parmi ses fidèles et il y est enterré avec sa femme, Elizabeth. (www.sanctuaryinthecity.net ; 8 Hart St EC3 ; entrée libre ; ⏱9h-17h lun-ven, fermé août ; 🚇Tower Hill)

St Stephen Walbrook

ÉGLISE

6 Plan p. 90, E3

Considéré comme la plus belle église dessinée par Wren dans la City et comme un ancêtre de la cathédrale Saint-Paul, cet édifice du XVIIᵉ siècle est très impressionnant. Seize piliers surmontés de chapiteaux corinthiens supportent son dôme et son plafond, et une grosse pierre couleur crème occupe le centre de ce vaste espace : cet autel moderne est l'œuvre du sculpteur Henry Moore. (www.

 100% londonien
Un quartier, deux ambiances

Si 300 000 personnes travaillent à la City, seuls 8 000 Londoniens y habitent. Pour apprécier son bouillonnement, mieux vaut donc s'y rendre en semaine, quand tout est ouvert. Le quartier se vide rapidement le soir, quand les travailleurs regagnent leur banlieue. Le week-end, l'ambiance est beaucoup plus calme, et la plupart des commerces sont fermés jusqu'au lundi. Les principales curiosités sont néanmoins ouvertes au moins le samedi ou le dimanche.

ststephenwalbrook.net ; 39 Walbrook EC4 ; entrée libre ; ⏱10h-16h lun-ven ; 🚇Bank)

Trinity Square Gardens

JARDIN

7 Plan p. 90, G4

Ce jardin hébergeait autrefois l'échafaud de Tower Hill où tant de malheureux ont trouvé la mort (le dernier en 1747). Un petit espace verdoyant, à côté de la principale sortie de la station de métro Tower Hill, présente une partie de la muraille médiévale édifiée sur des fondations romaines ; une portion de cette muraille romaine est visible non loin de là, dans la cour du Grange Hotel. (8-14 Cooper's Row ; 🚇Tower Hill)

Lloyd's of London

ÉDIFICE

8 Plan p. 90, F3

Les gens s'arrêtent encore pour admirer les conduites extérieures en acier inoxydable et les escaliers du bâtiment de la Lloyd's of London. Créée par Richard Rogers, cette tour postmoderne offre un contraste saisissant avec le vieux Leadenhall Market voisin. Vous pourrez regarder les employés monter et descendre dans les ascenseurs extérieurs tout en verre, mais l'accès est malheureusement interdit au public. (www.lloyds.com ; 1 Lime St EC3 ; 🚇Aldgate ou Bank)

Bank of England Museum

MUSÉE

9 Plan p. 90, E3

La pièce maîtresse de ce musée, qui s'intéresse à l'évolution de la monnaie et à l'histoire de cette vénérable institution, est la reconstruction du bureau de la banque conçu par l'architecte Soane, avec ses guichets en acajou. Les salles adjacentes exposent divers objets : argenterie, pièces de monnaie, un lingot d'or que l'on peut soupeser et les mousquets qui servaient autrefois à défendre la banque. (www.bankofengland.co.uk ; Bartholomew Lane EC2 ; entrée libre ; ⏱10h-17h lun-ven ; ⊖Bank)

Mansion House BÂTIMENT HISTORIQUE

 **10** Plan p. 90, E3

L'imposante Mansion House est la résidence officielle du Lord Mayor of London. Elle présente un intérieur somptueux, une impressionnante collection d'art et une spectaculaire salle des banquets. Elle ouvre ses portes au public une fois par semaine à l'occasion d'une visite guidée, qui part du porche d'entrée, sur Walbrook. La visite est limitée à 40 personnes et les billets sont vendus sur place aux premiers arrivés. (www.cityoflondon.gov. uk ; The City of London, EC4 ; visite guidée tarif plein/réduit 6/4 £ ; ⏱visite guidée 14h mar ; ⊖Bank)

Se restaurer

Sweeting's POISSON ET FRUITS DE MER ££

 **11** Plan p. 90, D3

Institution de la City, le Sweeting's officie depuis 1889 et n'a pas tellement changé depuis sa création, avec sa petite salle à manger, son sol en

---

mosaïque et son étroit comptoir, derrière lequel se tiennent des serveurs en tablier blanc. On y sert du poisson sous toutes les formes (grillé, frit ou poché), des crevettes au beurre fondu, des anguilles et une fameuse tourte au poisson. (www. sweetingsrestaurant.com ; 39 Queen Victoria St EC4 ; plats 13,50-32 £ ; ⏱déj lun-ven ; ⊖Mansion House)

Café Below CAFÉ £

 12 Plan p. 90, D3

Ce café-restaurant pittoresque est logé dans la crypte de l'église St Mary-le-Bow. Il affiche des prix raisonnables et sert des plats savoureux, comme une tourte au poisson et des sandwichs le midi, et un filet de brème et une tarte aux courgettes le soir. C'est une bonne adresse pour les végétariens. En été,

Comprendre
Le grand incendie de Londres

Comme presque tous ses bâtiments étaient en bois, Londres a essuyé bon nombre d'incendies au fil des siècles. Le plus grave d'entre eux se déclare le 2 septembre 1666, dans une boulangerie de Pudding Lane, dans la City.

À première vue, il ne semble pas très impressionnant. Le maire lui-même déclare qu'il a été facilement circonscrit, avant d'aller se recoucher. Mais la chaleur, inhabituelle pour un mois de septembre, et le vent auront un effet dévastateur. Le feu fait rage pendant des jours, réduisant 80% de la ville en cendres. Huit personnes périssent (officiellement du moins), mais une grande partie de l'architecture médiévale, Tudor et jacobéenne de la capitale est détruite. L'incendie sera finalement maîtrisé (à Fetter Lane, aux frontières de la ville) mais il occasionnera la destruction de tous les bâtiments sur son passage. L'ampleur des dégâts est immense : 89 églises et plus de 13 000 maisons ont brûlé, laissant des dizaines de milliers de personnes sans domicile. De nombreux Londoniens décideront alors d'aller s'installer à la campagne ou de partir tenter leur chance en Amérique.

des tables sont disposées dans la cour arborée. (www.cafebelow.co.uk ; église St Mary-le-Bow, Cheapside EC2 ; plats 8-12 £ ; ⏰7h30-21h lun-ven ; 🔧 ; ⊖Mansion House)

Restaurant at St Paul's
BRITANNIQUE MODERNE ££

Dans la crypte de la cathédrale Saint-Paul (voir ◉ plan p. 90, C3), ce restaurant propose un menu simple pour le déjeuner (avec deux ou trois plats) ; on peut par exemple déguster un poulet cocotte au citron et au thym, ou un filet de porc au fromage. Il propose aussi un menu "express" le midi (15 £, verre de vin compris) et un thé complet l'après-midi (jusqu'à 16h30, du lundi au samedi). (www.

restaurantatstpauls.co.uk ; cathédrale Saint-Paul, St Paul's Churchyard EC4 ; 2/3 plats 22/26 £ ; ⏰12h-15h ; ☎ ; ⊖St Paul's)

City Càphê
VIETNAMIEN

13 ✕ Plan p. 90, D3

Dans une ruelle calme en retrait de Cheapside, ce petit café attire des hordes d'employés de la City avec son excellente cuisine vietnamienne à prix doux, à déguster sur place ou à emporter. Au choix : *pho* (soupe de nouilles), salades, rouleaux ou le classique (et très économique) *banh mi* (sandwich), qui est un régal. (www.citycaphe.com ; 17 Ironmonger Lane EC2 ; plats 4-7 £ ; ⏰11h30-15h lun-ven ; ⊖Bank)

Sauterelle

FRANÇAIS MODERNE £££

À l'étage de la somptueuse galerie marchande du Royal Exchange (voir 14  plan p. 90, E3), le Sauterelle propose une cuisine raffinée, où les plats magnifiquement présentés sont accompagnés d'une excellente carte des vins. Le cadre est très romantique, avec une vue sur la cour couverte en contrebas. Le menu (deux/trois plats 20/23,50 £) affiche un bon rapport qualité/prix. (📞 7618 2483 ; www.sauterelle-restaurant.co.uk ; Royal Exchange EC3 ; plats 18-31 £ ; ⏱lun-ven ; 🚇Bank)

Royal Exchange Grand Café & Bar

EUROPÉEN MODERNE ££

14 🍴 Plan p. 90, E3

Ce café se trouve au milieu de la cour couverte du beau bâtiment du Royal Exchange. On peut y prendre un petit-déjeuner, une salade, un sandwich ou même des huîtres ou du confit de canard. (www.danddlondon.com ; Royal Exchange EC3 ; plats 12-16,50 £ ; ⏱8h-23h lun-ven ; 🚇Bank)

Bar Battu

FRANÇAIS ££

15 🍴 Plan p. 90, D3

Ce restaurant intime propose un formidable choix de vins bio et de

RICHARD I'ANSON/LONELY PLANET IMAGES ©

Royal Exchange Grand Café & Bar

délicieuses spécialités, comme le boudin noir ou la sole grillée au citron. Des plats moins copieux et des assortiments de charcuterie sont également au menu. (☏7036 6100 ; www. barbattu.com ; 48 Gresham St EC2 ; plats 11,50-24,50 £ ; ☺11h30-23h lun-ven ; 📶 ; 🚇Bank)

Wine Library
EUROPÉEN MODERNE ££

16 Plan p. 90, H4

Une excellente adresse pour un déjeuner léger mais joliment arrosé dans la City. Choisissez une bouteille de vin au prix de détail (pas de majoration ; 7,25 £ de droit de bouchon) parmi la large sélection proposée et accompagnez-la d'un délicieux assortiment de pâtés, fromages et salade. Réservation conseillée le midi. (☏7481 0415 ; www. winelibrary.co.uk ; 43 Trinity Sq EC3 ; menu 17,25 £ ; ☺11h30-15h lun, 11h30-20h mar-ven ; 🚇Tower Hill)

100% londonien

Panorama gratuit
Conçu par Jean Nouvel, **One New Change** (plan p. 90, C3 ; www. onenewchange.com ; Cheapside EC2 ; 🚇St Paul's), un centre commercial récent, abrite essentiellement des grandes chaînes, mais si vous prenez l'ascenseur jusqu'au 6e étage, une plateforme vous offrira une vue imprenable sur le dôme de la cathédrale Saint-Paul et sur le reste de la ville.

Prendre un verre

Vertigo 42
BAR

17 Plan p. 90, F2

Perché au 42e étage d'un gratte-ciel de 183 m de haut, ce bar circulaire offre une vue fabuleuse, surtout au coucher du soleil. Les prix aussi sont élevés (vin au verre à partir de 9,20 £, champagne et cocktails à partir de 14 £), et la carte des plats est limitée. Réservation indispensable. (☏7877 7842 ; www.vertigo42.co.uk ; Tower 42, 25 Old Broad St EC2 ; ☺12h-16h30 et 17h-23h lun-ven, 17h-23h sam ; 🚇Liverpool St ou Bank)

Black Friar
PUB

18 🍺 Plan p. 90, B4

L'intérieur du Black Friar date de 1905 et s'inscrit dans le style "Arts and Crafts" de l'époque. Sur la façade, son nom est inscrit sur une magnifique mosaïque. La décoration est un clin d'œil à l'ancien monastère dominicain sur lequel le pub a été bâti. Chose rare dans le quartier, cet établissement est ouvert le week-end. (174 Queen Victoria St EC4 ; 🚇Blackfriars)

Counting House
PUB

19 🍺 Plan p. 90, F3

Installé dans les anciens locaux de la banque NatWest, ce beau pub au plafond en dôme est très prisé des jeunes loups de la City, qui apprécient le large choix de bières et les tourtes (9,75 £). (50 Cornhill EC3 ; ☺lun-ven ; 📶 ; 🚇Bank ou Monument)

TRAVIS DREVER/LONELY PLANET IMAGES ©

Barbican

Ye Olde Watling PUB

20 Plan p. 90, D3

Ce coin de la City, juste derrière Saint-Paul, a des allures de petit village, dont le centre est incontestablement le Ye Olde Watling, un pub de longue date, avec un magnifique bar en bois, qui est pris d'assaut à partir de 17h. On y sert aussi à manger et on peut goûter plusieurs bières avant d'en choisir une. (29 Watling St EC4 ; ⏱lun-ven ; ⊖Mansion House)

Ye Olde Cheshire Cheese PUB

21 🚇 Plan p. 90, A3

Dans une petite rue adjacente à Fleet St, ce pub historique fut jadis le repaire de grands noms de la littérature anglaise comme Charles Dickens, William Thackeray et Samuel Johnson. Agréablement désuet, c'est un des pubs les plus prisés de Londres. (Wine Office Ct, 145 Fleet St EC4 ; ⏱lun-sam ; ⊖Blackfriars)

Sortir

Barbican CENTRE CULTUREL

22 ⭐ Plan p. 90, D1

Le Barbican accueille le célèbre London Symphony Orchestra, et le BBC Symphony Orchestra, moins connu, s'y produit régulièrement, tout comme une pléiade de musiciens internationaux de jazz, folk, world et soul. Le centre est aussi réputé pour ses spectacles de danse et sa salle de cinéma tout confort. (☎7638 8891 ; www.barbican.org.uk ; Silk St EC2 ; ⊖Moorgate ou Barbican)

Shopping

Smithfield Market MARCHÉ

23 🔒 Plan p. 90, B1

Dernière halle aux viandes du centre de Londres, le Smithfield Market est devenu une attraction incontournable du quartier de Clerkenwell, qui abrite quantité de bars et de restaurants. La halle est magnifique. Visitez le marché avant 7h, quand l'ambiance bat son plein. (www.smithfieldmarket.com ; West Smithfield EC1 ; ⏱3h-12h lun-ven ; ⊖Farringdon)

100% londonien
Une soirée à Shoreditch

Comment s'y rendre

⊕ **Métro aérien**
Stations Shoreditch
High St et Hoxton.

⊕ **Métro** Station
Old St sur la Northern
Line (et National Rail).

Après une journée de tourisme, les couche-tard pourront se rendre à Shoreditch, à la découverte de ses bars, restaurants et clubs tendance qui accueillent une clientèle locale d'artistes et d'employés des médias fuyant les loyers exorbitants pratiqués partout ailleurs. Autrefois ouvrier, ce quartier désormais bobo s'étend jusqu'au très branché Hoxton, où la fête se poursuit toute la nuit.

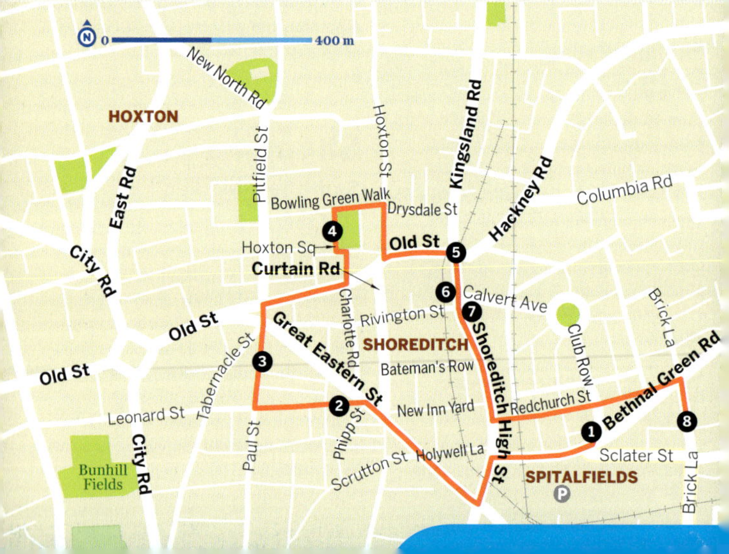

N 0 ————— 400 m

HOXTON

New North Rd

Pitfield St

Hoxton St

Kingsland Rd

Hackney Rd

Columbia Rd

East Rd

City Rd

Bowling Green Walk

Drysdale St

4

Hoxton Sq

Curtain Rd

Old St

5

Calvert Ave

6

Brick La

Old St

Tabernacle St

Great Eastern St

Charlotte Rd

Rivington St

7

Club Row

Old St

3

SHOREDITCH

Bateman's Row

Shoreditch High St

Redchurch St

1 Bethnal Green Rd

8

Leonard St

Paul St

Phipp St

2

New Inn Yard

Sclater St

City Rd

Scrutton St

Holywell La

SPITALFIELDS

Bunhill
Fields

Brick La

P

❶ Dîner aux Trois Garçons

Cet excellent restaurant français arbore une décoration volontairement kitsch à base d'animaux empaillés et de sacs à main suspendus. **Les Trois Garçons** (☎ 7613 1924 ; www.lestroisgarcons. com ; 1 Club Row E1 ; 2/3 plats 39,50/45,50 £ ; ☺ fermé dim soir).

❷ Prendre un verre au Book Club

Ancien entrepôt, le **Book Club** (www.wearetbc.com ; 100 Leonard St EC2 ; ☺ 8h-24h dim-mer, 8h-2h jeu-sam ; 🛜) propose des animations originales (slam, cours de danse, dessin), ainsi que des soirées avec DJ (punk, ska, pop des années 1960, électro, house et disco). Service continu de restauration.

❸ Frayer avec les cols blancs

Pub animé, le **Princess of Shoreditch** (☎ 7729 9270 ; www.theprincessofshoreditch. com ; 76 Paul St EC2 ; plats 10-13 £ ; W) est fréquenté par les jeunes loups de la City et des médias. La nourriture, délicieuse, est accompagnée d'une bonne sélection de vins et bières ; le personnel est serviable. Le 1er étage abrite une salle de restaurant plus raffinée (mais là, veillez à réserver).

❹ Siroter un cocktail

Le **Happiness Forgets** (www. happinessforgets.com ; 8-9 Hoxton Sq N1 ; ☺ 17h-23h lun-sam ; 🛜) est un bar en sous-sol qui propose des cocktails à prix doux, dans une ambiance chaleureuse.

❺ Se déhancher en rythme

Le **Catch** (www.thecatchbar.com ; 22 Kingsland Rd E2 ; ☺ 18h-24h lun-mer, 18h-2h jeu-sam, 19h-1h dim) est un des meilleurs clubs de Shoreditch. À l'étage, années 1990, funk et hip-hop sont à l'honneur. Au rez-de-chaussée, des DJ sont aux platines dans une ambiance festive (entrée libre).

❻ Monter à bord du Cargo

Le **Cargo** (www.cargo-london.com ; 83 Rivington St EC2 ; ☺ 12h-1h lun-jeu, 12h-3h ven, 18h-3h sam, 12h-24h dim) l'un des clubs les plus éclectiques de Londres, comprend une piste de danse, un bar et une terrasse. Il passe de la musique novatrice et variée, et accueille de jeunes groupes prometteurs. Service continu de restauration.

❼ Prendre un petit remontant au Bridge

En plus de servir du café et des en-cas tard le soir, le **Bridge** (15 Kingsland Rd E2 ; ☺ 12h-1h dim-jeu, 12h-2h ven-sam ; 🛜) propose un étonnant boudoir rococo au 1er étage et un bar au rez-de-chaussée, d'influence italienne, avec une fantastique vieille caisse enregistreuse.

❽ Grignoter en fin de soirée

Finissez la soirée en beauté, en vous offrant un bagel sur Brick Lane. Le **Brick Lane Beigel Bake** (159 Brick Lane E2 ; bagels fourrés 1,50-3,50 £ ; ☺ 24h/24) sert les bagels les plus frais (et les moins chers) de Londres ; tous les chauffeurs de taxi connaissent.

Explorer

Tate Modern et South Bank

South Bank est devenu un quartier incontournable de Londres.
Il abrite une myriade d'attractions au bord de la Tamise : le London
Eye, le Southbank Centre, la célèbre Tate Modern, le Millennium
Bridge, le Shakespeare's Globe, des pubs, une cathédrale et un des
marchés alimentaires les plus fréquentés de la capitale.

L'essentiel en un jour

Muni de votre billet pré-réservé pour la grande roue **London Eye** (p. 110), prenez place à bord d'une nacelle et profitez de la vue stratosphérique sur la ville (si le temps est clair). Si vous êtes avec des enfants, le **Sea Life London Aquarium** (p. 112) voisin fera leur bonheur. Allez explorer l'offre culturelle du **Southbank Centre** (p. 118) avant de faire le plein de calories au **Canteen** (p. 115) ou de savourer la vue au **Skylon** (p. 113).

Longez la Tamise et descendez la rampe qui mène dans les entrailles industrielles de la **Tate Modern** (p. 104). Si vous appréciez l'art moderne et contemporain, l'après-midi pourra être nécessaire. Essayez de prendre une photo de la cathédrale Saint-Paul depuis l'extrémité de l'élégant **Millennium Bridge** (p. 111), et participez éventuellement à une visite guidée de l'emblématique **Shakespeare's Globe** (p. 117). Plus à l'est, allez humer les étals du **Borough Market** (p. 118).

Dînez à **Roast** (p. 115), au-dessus du Borough Market, ou à **Magdalen** (p. 114), dans Tooley St, avant d'aller prendre un verre dans l'historique **George Inn** (p. 116), dans Borough High St. Les amateurs de théâtre réserveront des billets pour le **National Theatre** (p. 117) ou le **Old Vic** (p. 118).

 Les incontournables

Tate Modern (p. 104)

♥ Le meilleur du quartier

Se restaurer
Laughing Gravy (p. 113)

Skylon (p. 113)

Magdalen (p. 114)

Oxo Tower Restaurant & Brasserie (p. 114)

Sortir
National Theatre (p. 117)

Shakespeare's Globe (p. 117)

Royal Festival Hall (p. 118)

Prendre un verre
George Inn (p. 116)

Marché
Borough Market (p. 118)

Comment y aller

⊖ **Métro** Les stations Waterloo, Southwark, London Bridge et Bermondsey sont toutes sur la Jubilee Line.

⊖ **Métro** La Northern Line dessert London Bridge et Waterloo (les lignes Bakerloo et Waterloo & City desservent Waterloo).

Les incontournables
Tate Modern

L'histoire d'amour du public avec cette galerie d'art moderne ne montre aucun signe de déclin, après une décennie d'existence. C'est une des attractions les plus prisées de Londres, qui a accueilli plus de 50 millions de visiteurs en dix ans. Elle s'est même agrandie en 2012, en transformant deux des énormes réservoirs à pétrole souterrains de la centrale électrique en salles d'exposition.

◉ Plan p. 108, D2

www.tate.org.uk/modern

Bankside SE1

entrée libre/don conseillé 3 £

🕙 10h-18h dim-jeu, 10h-22h ven-sam

⊖ Southwark ou London Bridge

Tate Modern

À ne pas manquer

Turbine Hall

Par l'entrée principale (en empruntant la rampe dans Holland St), vous pénétrez directement dans l'immense Turbine Hall (salle des turbines) de 3 300 m², qui abritait autrefois les énormes turbines de la centrale électrique. Aujourd'hui, elle accueille les expositions temporaires.

Unilever Series

Certains critiques d'art dénoncent le populisme de cette commande annuelle qui a pour but d'exposer un artiste dans la Turbine Hall, mais d'autres estiment qu'elle rend au contraire l'art et la sculpture plus accessibles. Parmi les artistes retenus, citons Carsten Höller et son *Test Site* (installation de "toboggans"), Doris Salcedo et son *Shibboleth* (une énorme fissure dans le sol) ou encore Ai Weiwei, un artiste chinois, et son *Sunflower* (un vaste tapis de graines de tournesol en céramique peintes à la main).

Collection permanente
NIVEAUX 3 ET 5

La collection permanente de la Tate Modern est désormais organisée à la fois par thème et chronologiquement. Plus de 60 000 œuvres sont en rotation constante. Les conservateurs ont à leur disposition des peintures de Georges Braque, Henri Matisse, Piet Mondrian, Andy Warhol, Mark Rothko et Jackson Pollock, ainsi que des œuvres de Joseph Beuys, Damien Hirst, Rebecca Horn, Claes Oldenburg, Auguste Rodin et bien d'autres.

☑ À savoir

▶ Des visites guidées gratuites ont lieu tous les jours à 11h, 12h, 14h et 15h.

▶ La Tate Modern reste ouverte jusqu'à 22h le vendredi et le samedi.

▶ Pour vous rendre à la Tate Britain (p. 34), montez à bord du Tate Boat (p. 34).

▶ Ne manquez pas la vue sur la Tamise et la cathédrale Saint-Paul depuis le bar-restaurant du 7e étage et le café du 4e étage.

▶ Au niveau 5, des ressources interactives sur la collection sont en libre accès.

✕ Une petite faim ?

Le **Tate Modern Restaurant** (🕐 déj dim-jeu, déj et dîner ven-sam), au 7e étage, est un excellent choix pour un repas, un café ou un thé avec une vue panoramique.

Un peu plus à l'ouest, l'Oxo Tower Restaurant & Brasserie (p. 114) propose une cuisine excellente et un panorama imprenable.

Comprendre
Tate de l'art

Les architectes suisses Herzog & de Meuron ont décroché le prestigieux prix Pritzker en 2001, pour leur projet de transformation de l'ancienne centrale électrique construite entre 1947 et 1963, et fermée en 1981 à cause de l'augmentation des prix du pétrole. La conversion de cette centrale en une galerie d'art désormais emblématique proposait une utilisation astucieuse et visionnaire de l'espace et de l'architecture. La transformation continue, avec la réhabilitation de deux réservoirs à pétrole souterrains en 2012. Les visiteurs devront patienter jusqu'en 2016 pour découvrir l'étonnante extension géométrique de 11 étages, également conçue par Herzog & de Meuron. Cette extension sera aussi en briques, mais sa structure en treillage laissera filtrer les lumières intérieures à la tombée du jour.

Surréalisme
NIVEAU 3

La poésie et le rêve submergent le visiteur devant les œuvres fascinantes d'Yves Tanguy, de Max Ernst, Paul Delvaux et d'autres artistes reliés directement au surréalisme ou influencés par lui (Joan Miró, Paul Klee, Alberto Giacometti...).

Expositions spéciales
NIVEAU 4

Les expositions spéciales (qui sont payantes) nourrissent constamment la Tate Modern de nouvelles idées. On a notamment pu voir les rétrospectives suivantes : Edward Hopper, Frida Kahlo, August Strindberg, Nazisme et Art "dégénéré", Gilbert & George, Joan Miró, Gauguin, Arshile Gorky, le Futurisme, Kandinsky et Rothko. Des expositions sont également organisées au 2e étage.

Dynamic Contrasts
NIVEAU 5

Centrée sur les mouvements d'avant-garde du début du XXe siècle comme le cubisme, le futurisme et le vorticisme, l'aile "States of Flux" s'ouvre avec *Formes uniques de la continuité dans l'espace* d'Umberto Boccioni et *Whaam!* de Roy Lichtenstein, figure du pop art, deux œuvres qu'un demi-siècle sépare. Suivent des œuvres majeures de Georges Braque, Picasso et d'autres artistes cubistes.

Pop
NIVEAU 5

Cette aile explore aussi le pop art américain, avec des œuvres frappantes et colorées de Roy Lichtenstein, Andy Warhol et d'autres artistes s'intéressant à la "culture de masse" de l'après-guerre. On peut y voir d'autres représentants du courant, comme Robert Rauschenberg, qui témoigne d'une vision plus abstraite.

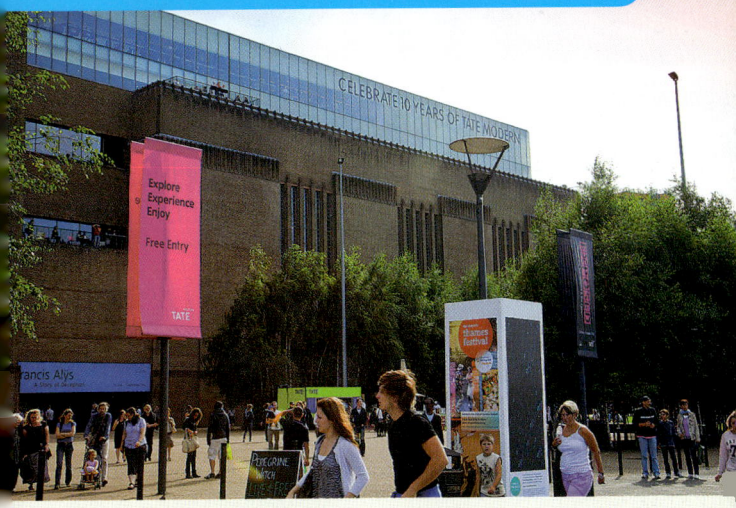

La Tate Modern, conçue par Herzog & de Meuron

Energy & Process
NIVEAU 5

Cette galerie s'intéresse principalement à l'Arte Povera, un mouvement radical associé à des artistes italiens de la fin des années 1960. Une de ses principales caractéristiques est l'utilisation de matériaux "pauvres" et la volonté d'impliquer les propriétés propres de ces matériaux dans le travail artistique, tout en s'éloignant des substances traditionnelles.

Architecture

Le bâtiment de 200 m de long de la Tate Modern est un spectacle impressionnant. La reconversion de cette centrale électrique désaffectée (et des 4,2 millions de briques qui la composaient) est une réussite architecturale. Conserver la cheminée centrale de 99 m de haut, ajouter une "boîte" en verre de deux étages sur le toit et utiliser l'immense salle des turbines comme hall d'entrée sont les trois idées de génie de ce projet.

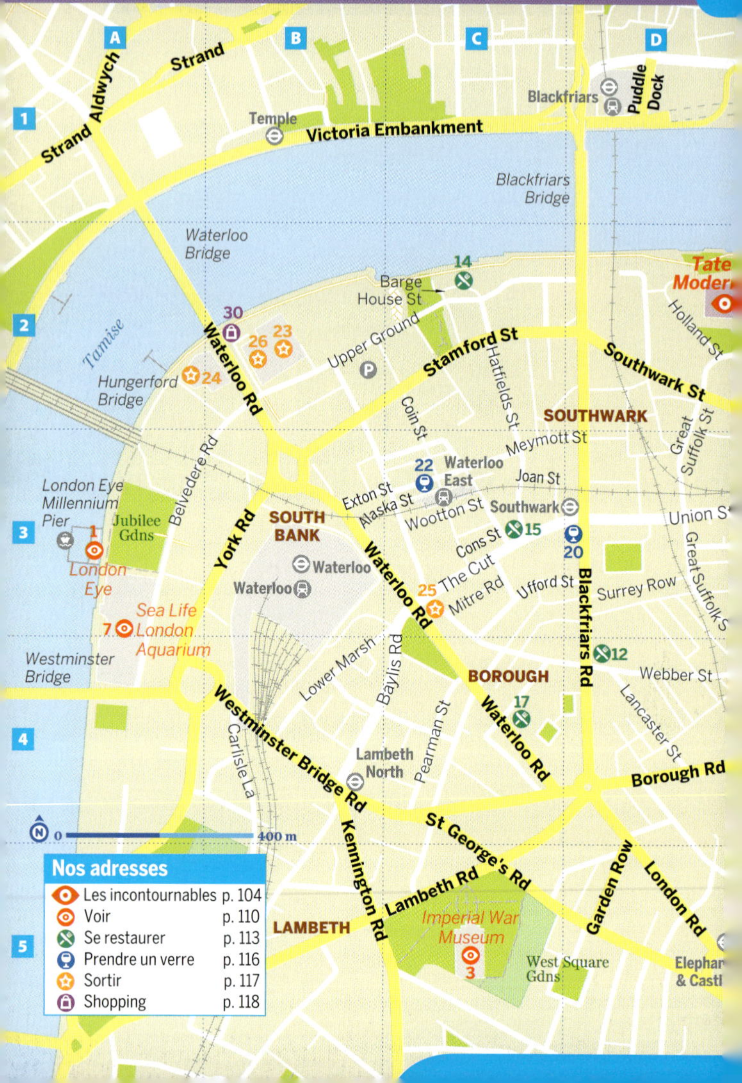

A B C D

Strand
Strand Aldwych
Strand

Temple
Victoria Embankment
Blackfriars
Puddle Dock

Blackfriars Bridge

Waterloo Bridge

Barge House St
Upper Ground
14

Tate Modern
Holland St

30
26 23
24
Waterloo Rd

Tamise

Hungerford Bridge

Stamford St
Hatfields St
Coin St

Southwark St
SOUTHWARK

Meymott St
Great Suffolk St

London Eye
Millennium Pier
Jubilee Gdns
1
London Eye

Belvedere Rd

York Rd

SOUTH BANK

Waterloo

Waterloo East
22
Waterloo

Exton St
Alaska St
Wootton St

Southwark
Joan St

Cons St 15
The Cut
20

Union S

Great Suffolk S

Sea Life
London Aquarium
7

Westminster Bridge

Waterloo Rd

25 Mitre Rd
Ufford St

Surrey Row

12

Lower Marsh

Baylis Rd

Pearman St

BOROUGH
17
Waterloo Rd

Webber St

Lancaster St

Carlisle La

Westminster Bridge Rd

Lambeth North

Borough Rd

N 0 ———— 400 m

Kennington Rd

St George's Rd

Garden Row

London Rd

LAMBETH
Lambeth Rd

Imperial War Museum
3

West Square Gdns

Elephant & Castl

Nos adresses

◉	Les incontournables	p. 104
◉	Voir	p. 110
★	Se restaurer	p. 113
▦	Prendre un verre	p. 116
★	Sortir	p. 117
🔒	Shopping	p. 118

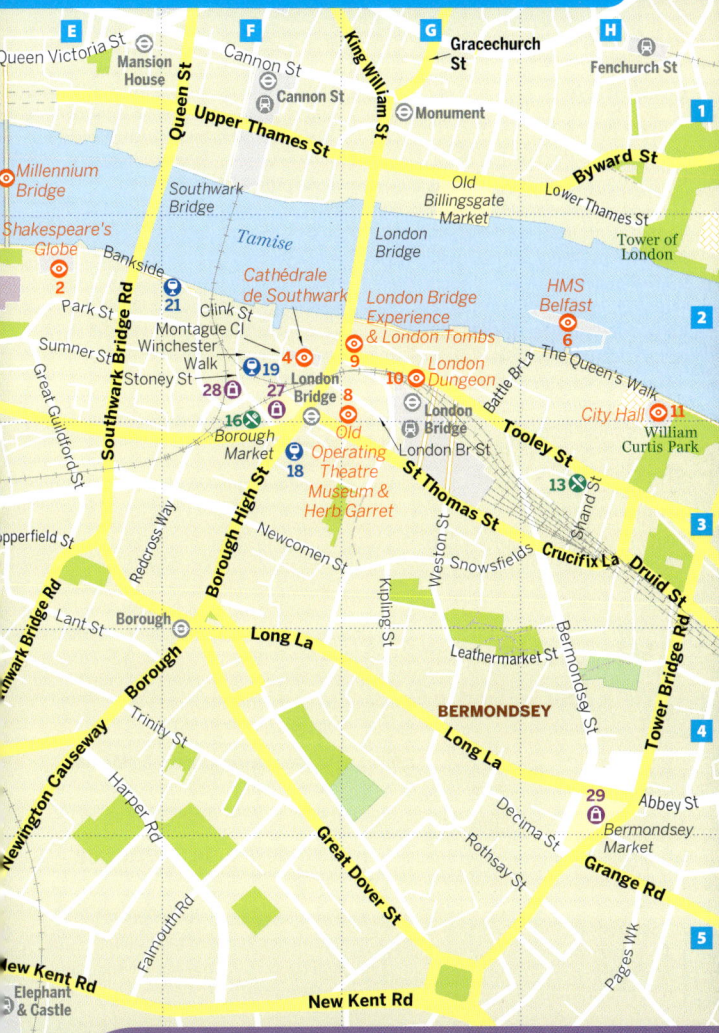

E Queen Victoria St

Mansion House

Cannon St

F Cannon St

G King William St

Gracechurch St

Fenchurch St

H

Upper Thames St

Queen St

Monument

1

Old Billingsgate Market

Byward St

Lower Thames St

Millennium Bridge

Southwark Bridge

Tamise

London Bridge

Tower of London

Shakespeare's Globe

Bankside

2

Cathédrale de Southwark

HMS Belfast 6

Park St

21

London Bridge Experience & London Tombs

2

Clink St
Montague Cl
Winchester Walk

Sumner St

4

9

London Dungeon

The Queen's Walk

Stoney St

19

London Bridge

10

City Hall 11

Great Guildford St

28

27

8

London Bridge

William Curtis Park

16

Old Operating Theatre Museum & Herb Garret

Tooley St

Borough Market

18

London Br St

St Thomas St

13

3

pperfield St

Newcomen St

Weston St

Snowsfields

Crucifix La

Druid St

Redcross Way

Borough High St

Kipling St

Borough

Lant St

Borough

Long La

Leathermarket St

BERMONDSEY

Tower Bridge Rd

4

Trinity St

Long La

Bermondsey St

unwark Bridge Rd

Newington Causeway

Harper Rd

29

Abbey St

Bermondsey Market

Great Dover St

Decima St

Rothsay St

Grange Rd

Falmouth Rd

5

New Kent Rd

Elephant & Castle

New Kent Rd

Pages Wk

Voir

London Eye
GRANDE ROUE

1  Plan p. 108, A3

Cette grande roue de 135 m de hauteur a complètement changé la physionomie des bords de la Tamise. Un tour à bord d'une de ses 32 nacelles vitrées (pouvant accueillir 28 personnes) dure 30 minutes. Par temps clair, on peut voir jusqu'à 40 km de distance. (☎0870 500 0600 ; www.londoneye.com ; Jubilee Gardens SE1 ; adulte/enfant 18,50/9,50 £ ; ⊘10h-20h30 oct-mars, 10h-21h avr-juin, 10h-21h30 juil-août, 10h-20h30 sept-mars ; ☎ ; ⊖Waterloo)

Shakespeare's Globe
THÉÂTRE

2  Plan p. 108, E2

Le Shakespeare's Globe est une réplique parfaite du Globe Theatre (p. 116), qui abrite également une salle d'exposition dont le billet d'entrée donne droit à une visite guidée (toutes les 15 à 30 minutes) du théâtre. Quand le théâtre accueille un spectacle en matinée, la visite se déroule à l'historique Rose Theatre voisin. (☎renseignements 7902 1400, réservations 7401 9919 ; www.shakespeares-globe.org ; 21 New Globe Walk SE1 ; exposition visite guidée incluse adulte/enfant 11,50/7 £ ; ⊘9h-12h30 et 13h-17h lun-sam, 9h-11h30 et 12h-17h dim fin avr à mi-oct, 9h-17h mi-oct à fin avr ; ⊖Mansion House ou London Bridge)

Imperial War Museum
MUSÉE

3  Plan p. 108, C5

Ce musée logé dans un ancien hôpital psychiatrique donne le ton dès la porte d'entrée, avec deux énormes canons navals, qui pourraient envoyer un obus de 900 kilos à 25 km de distance. Il s'intéresse aux conflits qui ont façonné la Grande-Bretagne ou le Commonwealth au XXᵉ siècle, et à la guerre en général. (www.iwm.org. uk ; Lambeth Rd SE1 ; entrée libre ; ⊘10h-18h ; ⊖Lambeth North)

Pause gourmande Le **Masters Super Fish** (p. 115) concocte des plats délicieux pour le déjeuner.

Cathédrale de Southwark
ÉGLISE

4 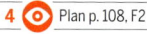 Plan p. 108, F2

Cette fascinante petite cathédrale abrite des vestiges très anciens : un arrière-chœur (qui appartenait à l'église Priory of St Mary Overie du

Bon plan

Billets pour le London Eye

Le London Eye draine 3,5 millions de visiteurs par an. En période de pointe (juillet, août et vacances scolaires), la queue peut paraître interminable. Économisez du temps et de l'argent en achetant vos billets sur Internet ou bien déboursez 10 £ supplémentaires pour un billet coupe-file. Sinon, essayez de vous y rendre avant 11h ou après 15h pour éviter les heures d'affluence.

Le Millennium Bridge vers la Tate Modern (p. 104)

XIIIᵉ siècle), des arcades près de la porte sud-ouest, des restes de mur du XIIᵉ siècle dans le transept nord, et une voûte qui remonte à l'église romane d'origine. La cathédrale reste néanmoins essentiellement victorienne. (www.southwark.anglican.org / cathedral ; Montague Close SE1 ; entrée libre, don obligatoire 4 £ ; ⏱8h-18h lun-ven, 9h-18h sam-dim ; ⊖London Bridge)

Millennium Bridge

PONT

 Plan p. 108, E1

Cette élégante passerelle enjambe la Tamise et relie la Tate Modern à la cathédrale Saint-Paul. La structure surbaissée imaginée par sir Norman Foster et Antony Caro est spectaculaire, surtout quand elle est éclairée la nuit avec des fibres optiques, et la vue sur St Paul's depuis South Bank est une des images emblématiques de Londres. (⊖Mansion House, Blackfriars ou Southwark ; London Bridge ou Blackfriars)

HMS Belfast

BATEAU-MUSÉE

6 ◎ Plan p. 108, H2

Amarré sur la Tamise, pavillon blanc flottant au vent, le HMS *Belfast* est un croiseur léger qui a servi pendant la Seconde Guerre mondiale et a été reconverti en musée. Il a contribué à couler le cuirassé allemand *Scharnhorst* et bombardé les côtes normandes lors du débarquement. Ne manquez pas la cabine de l'amiral et les canons sur

Bon plan

South Bank à pied

Les bords de la Tamise, et South Bank en particulier, donnent à voir des paysages de carte postale dont on pourra apprécier toute la beauté en les parcourant à pied. Vous pouvez ainsi suivre la promenade Silver Jubilee Walk et la portion du Thames Path longeant la rive sud, tout en vous enfonçant parfois un peu plus au sud pour profiter des magasins, des restaurants et des bars.

le pont découvert. (www.iwm.org.uk ; Morgan's Lane, Tooley St SE1 ; adulte/enfant 13,50 £/gratuit ; ◷10h-18h mars-oct, 10h-17h nov-fév ; ◉London Bridge)

Sea Life London Aquarium

AQUARIUM

7 ◎ Plan p. 108, A3

Achevé en 1922, cet aquarium est un des plus grands d'Europe. Des poissons et d'autres créatures des profondeurs sont regroupés dans 15 zones différentes. On peut y admirer une quarantaine de requins, une colonie des manchots papous, un poisson-clown et une belle section consacrée aux forêts pluviales. (www.sealife.co.uk ; Riverside Bldg, County Hall, Westminster Bridge Rd SE1 ; adulte/enfant 17/12,50 £ ; ◷10h-18h lun-jeu, 10h-19h ven-dim ; 🛜 ; ◉Westminster ou Waterloo)

Old Operating Theatre Museum & Herb Garret

MUSÉE

8 ◎ Plan p. 108, G2

La pièce maîtresse de ce musée de la Médecine, logé dans la tour de l'église St Thomas (1703), est la salle d'opération, où les chirurgiens de l'époque victorienne pratiquaient des amputations sans anesthésie ni antiseptique. Contactez le musée pour des renseignements sur les soirées "Surgery by Gaslight" qui recréent les conditions d'opération au XIXᵉ siècle. Âmes sensibles s'abstenir ! (☎7188 2679 ; www.thegarret.org.uk ; 9a St Thomas St SE1 ; adulte/enfant 6/4 £ ; ◷10h30-16h45 ; ◉London Bridge)

London Bridge Experience & London Tombs

MUSÉE

9 ◎ Plan p. 108, G2

Sous les voûtes du New London Bridge (1831), voici une attraction qui fera le bonheur des amateurs de frissons. Différents parcours plus effrayants les uns que les autres sont proposés et permettent de voir, pêle-mêle, des têtes coupées, des tombes et des fosses infestées de rongeurs (animatronique) ou des zombies sortis de nulle part. Payez demi-tarif en achetant votre billet sur Internet. (☎0800 043 4666 ; www.londonbridgeexperience.com ; 2-4 Tooley St SE1 ; adulte/enfant 23/17 £ ; ◷10h-17h lun-ven, 10h-18h sam-dim ; ◉London Bridge)

London Dungeon MUSÉE

10 Plan p. 108, G2

Sous les arches du pont ferroviaire de Tooley St, le "donjon de Londres" procure des sensations fortes depuis 1974. Sorte de "parc d'attractions de la peur", il propose des spectacles et des animations terrifiantes (labyrinthe, bateau-fantôme...). (www.thedungeons. com ; 28-34 Tooley St SE1 ; adulte/enfant 23/17 £ ; ⏱horaires habituels 10h-17h ; ⊖London Bridge)

City Hall BÂTIMENT

11 Plan p. 108, H2

Création de l'architecte Norman Foster, le siège officiel du maire de Londres est une sphère métallique de 45 m de haut évoquant, au choix, un casque de moto, une tranche de melon ou un œuf de travers. L'amphithéâtre à l'extérieur accueille des concerts et des spectacles gratuits en été. (☎7983 4100 ; www.london.gov.uk ; The Queen's Walk SE1 ; entrée libre ; ⏱8h30-18h lun-jeu, 8h30-17h30 ven ; 📶 ; ⊖Tower Hill ou London Bridge)

Se restaurer

Laughing Gravy BRITANNIQUE ££

12 Plan p. 108, D4

Ce bar-restaurant logé dans une ancienne fonderie vient de changer de propriétaires. Dans une ambiance chaleureuse, il sert une excellente cuisine à base de produits locaux sublimés par le talentueux chef Michael Facey ; succulentes viandes rôties le dimanche. (☎7998 1707 ; www.thelaughinggravy.co.uk ; 154 Blackfriars Rd SE1 ; plats 8,50-17,50 £ ; ⏱11h-tard lun-ven, 17h30-tard sam, 12h-18h sim ; ⊖Southwark)

Skylon INTERNATIONAL ££

Cet excellent établissement au dernier étage de la Royal Festival Hall rénovée (voir **24** plan p. 108, A2) abrite un grill et une salle de restaurant classique séparés par un grand bar (ouvert de 11h à 1h). La décoration inspirée des années 1950 (couleurs douces, chaises d'époque) est parfaite et les grandes baies vitrées offrent une vue imprenable sur la Tamise et la City. Tenue correcte exigée. (☎7654

○ 100% londonien
Pie 'n' mash

Les visiteurs curieux de découvrir comment se nourrissaient les Londoniens avant que la mode des restaurants chics et ethniques ne s'empare de la capitale, iront faire un tour dans un restaurant traditionnel de *pie 'n' mash* (tourte et purée). Le **M Manze** (plan p. 108, H5 ; 87 Tower Bridge Rd SE1 ; ⏱11h-14h lun, 10h30-14h mar-jeu, 10h-14h15 ven, 10h-14h45 sam ; ⊖London Bridge) a ouvert ses portes en 1902. Dans son joli intérieur carrelé, il sert une cuisine parfaitement traditionnelle : *pie 'n' mash* (3,20 £), *pie 'n' liquor* (2,25 £) et anguilles en gelée ou en civet (3,20 £).

Restaurant Roast

7800 ; www.skylonrestaurant.co.uk ; 3ᵉ ét.,
Royal Festival Hall, South Bank Centre,
Belvedere Rd SE1 ; grill plats 12,50-19,50 £,
restaurant menu 2/3 plats 40/45 £ ; grill
12h-23h, restaurant déj tlj, dîner 12h-22h30
lun-sam ; Waterloo)

Magdalen
BRITANNIQUE MODERNE ££

13 Plan p. 108, H3

Cet élégant restaurant (avec quelques
tables en extérieur) est une valeur
sûre. Il propose des spécialités
britanniques agréablement revisitées
(rognons de veau grillés, crème
d'oignon et sauge, choucroute
de haddock fumé...). L'accueil est
chaleureux et le service irréprochable.
(www.magdalenrestaurant.co.uk ;
152 Tooley St SE1 ; plats 13,50-21 £, menu midi
2/3 plats 15,50/18,50 £ ; fermé sam midi et
dim ; London Bridge)

Oxo Tower Restaurant & Brasserie
INTERNATIONAL £££

14 Plan p. 108, C2

La transformation de l'Oxo Tower
avec ce restaurant au 8ᵉ étage a
largement contribué au renouveau
gastronomique local. Sur la terrasse
vitrée, vous jouirez d'une vue superbe
sur Londres. Les prix, raisonnables
pour la brasserie, atteignent des
sommets pour le restaurant. Les
végétariens et les végétaliens
trouveront aussi leur bonheur. (www.
harveynichols.com/restaurants/oxo-tower-
london ; 8ᵉ ét., Barge House St SE1 ; plats
19,50-32,50 £, menu midi 3 plats 35 £,

brasserie menu midi 2/3 plats 22,50/26,50 £ ; ⊙ déj et dîner ⊖ Waterloo)

Anchor & Hope GASTROPUB ££

15 Plan p. 108, C3

Cet excellent *gastropub* ne prend pas les réservations (sauf pour le déjeuner du dimanche à 14h), et il n'est pas rare de devoir attendre un moment avant d'avoir une table. La cuisine est traditionnelle et savoureuse, avec beaucoup de plats de viande (épaule de porc ou épaule d'agneau de sept heures), mais les végétariens ne seront pas totalement en reste. (☎ 7928 9898 ; 36 The Cut SE1 ; plats 11,50-22 £ ; ⊙ fermé lun midi et dim soir ; ⊖ Southwark ou Waterloo)

Roast BRITANNIQUE ££

Accessible par un ascenseur au milieu du Borough Market (voir **27** 🅿 plan p. 108, F2), cette table appréciée pour ses viandes rôties se fournit chez les artisans-producteurs du marché en bas. Le Roast sert aussi un excellent petit-déjeuner et des en-cas à emporter (ouvert jusqu'à 15h sauf le dimanche) devant l'entrée principale, au rez-de-chaussée. (www. roast-restaurant.com ; Floral Hall, Borough Market, Borough High St ; ⊙ fermé dim soir ; ⊖ London Bridge)

Applebee's Fish Café POISSON ET FRUITS DE MER ££

16 Plan p. 108, F2

Le menu sur l'ardoise de ce café-restaurant change tout le temps, mais pas la fraîcheur du poisson et des fruits de mer (la soupe de poisson peut vous faire un repas). (www. applebeesfish.com ; 5 Stoney St SE1 ; plats 13,50-39,50 £, menu midi de saison 2 plats 18,50 £ ; ⊙ déj et dîner mar-sam, fermé dim-lun ; ⊖ London Bridge)

Canteen BRITANNIQUE ££

Ce restaurant à la déco d'esprit "cantine" ne sera pas du goût de tous, mais la terrasse ombragée de grands parasols derrière la Royal Festival Hall (voir **24** plan p. 108, A2) est très tentante par beau temps. La cuisine est simple et savoureuse (petits-déjeuners complets, tourtes, steaks-frites, viandes rôties...). (www.canteen.co.uk ; Royal Festival Hall, Belvedere Rd, London SE1 ; plats 8,50-18,50 £ ; ⊙ 8h-23h lun-ven, 9h-23h sam, 9h-22h dim ; ⊖ Waterloo)

Masters Super Fish FISH AND CHIPS £

17 Plan p. 108, C4

Cet établissement apprécié sert d'excellents poissons frais tout droit venus du Billingsgate Market et servis grillés plutôt que frits si vous le souhaitez ; la salle est sans charme

Bon plan

Bon marché

Les gourmands et les chasseurs de bonnes affaires ne manqueront pas de faire un tour au Borough Market (p. 118), où il est possible de déguster gratuitement toutes sortes de produits sur les étals. Surprise garantie !

Comprendre

Être ou ne pas être, histoire du théâtre de Shakespeare

Le Globe Theatre d'origine (de forme circulaire avec un parterre à ciel ouvert) fut édifié en 1599. Rival du Rose Theatre, il fut réduit en cendres dans un incendie en 1613, au cours d'une représentation théâtrale ayant pour sujet Henri VIII (un canon sur scène mit le feu au toit de chaume). Il fut reconstruit à la hâte mais, fermé par les puritains en 1642, qui considéraient ce théâtre comme "l'atelier du diable", il fut démonté deux ans plus tard.

Le nouveau Globe fut conçu comme une réplique parfaite de l'original, en assemblant minutieusement 600 chevilles en chêne, des briques Tudor et des roseaux du Norfolk ; même le plâtre contient des poils de chèvre, de la chaux et du sable, comme c'était le cas à l'époque de Shakespeare. Une partie de la scène est également restée ouverte aux caprices du ciel londonien et au vrombissement des avions.

mais les saveurs sont au rendez-vous. (191 Waterloo Rd SE1 ; plats 8-16 £ ; ⊘fermé dim ; ⊖Waterloo)

Prendre un verre

George Inn   PUB

18 🍺 Plan p. 108, F3

Classée monument historique, la dernière auberge-relais de Londres occupe un charmant bâtiment de guingois chargé d'histoire. Elle ne manque pas d'animation, surtout l'été, quand sa cour déborde de monde. (Talbot Yard, 77 Borough High St ; ⊘tlj ; ⊖London Bridge)

Rake   PUB

19 🍺 Plan p. 108, F2

Le Rake détient deux titres de gloire : celui de seul pub du Borough Market et celui de plus petit bar de Londres.

Il sert un large choix de bières de qualité. Les claustrophobes passeront leur chemin (ou préféreront les tables de la terrasse). (14 Winchester Walk SE1 ; ⊘12h-23h lun-ven, 10h-23 sam ; ⊖London Bridge)

Baltic   BAR

20 🍺 Plan p. 108, D3

Ce bar élégant à l'avant d'un restaurant polonais est spécialisé dans les vodkas. Il en propose une cinquantaine de variétés, ainsi que des cocktails. (www.balticrestaurant.co.uk ; 74 Blackfriars Rd SE1 ; ⊘12h-24h lun-sam, 12h-22h30 dim ; ⊖Southwark)

Swan at the Globe   BAR–BRASSERIE

Au Shakespeare's Globe (voir **2** 🎯 plan p. 108, E2), ce bar-brasserie est ouvert pour le déjeuner et le dîner (déjeuner seulement le dimanche) et offre une vue superbe sur la Tamise et Saint-Paul, du 1er étage. (www.swanattheglobe.co.uk ; 21 New Globe Walk SE1 ; ⊙tlj ; ⊖London Bridge)

Anchor Bankside   PUB

21 ⊖ Plan p. 108, F2

Ce pub au bord de la Tamise date du début du XVIIe siècle (il fut reconstruit après le grand incendie de 1666 puis à nouveau au XIXe siècle). La terrasse jouit d'une vue fantastique sur le fleuve mais est constamment bondée. Les écrivains Samuel Johnson et Samuel Pepys y avaient leurs habitudes en leur temps. (34 Park St SE1 ; ⊙tlj ; ⊖London Bridge)

Shakespeare's Globe

King's Arms   PUB

22 ⊖ Plan p. 108, C3

Agréable et reposant quand il n'est pas bondé, ce pub de quartier très prisé est situé dans un ancien salon funéraire. On boit des bières goûteuses autour de son grand bar traditionnel. On peut aussi prendre place dans le jardin d'hiver rempli d'un incroyable bric-à-brac et déguster une bonne cuisine thaïe. (25 Roupell St SE1 ; ⊙tlj ; ⊖Waterloo ou Southwark)

Sortir

National Theatre   THÉÂTRE

23 ⭐ Plan p. 108, B2

Gros bloc de béton de South Bank, le National Theatre s'affirme de plus en plus sous la férule de son directeur artistique, Nicholas Hytner. Les spectateurs ont l'embarras du choix, car il comprend trois auditoriums dotés chacun d'une programmation différente. (☎7452 3000 ; www.nationaltheatre.org.uk ; South Bank ; ⊖Waterloo)

Shakespeare's Globe   THÉÂTRE

Le théâtre du Globe (voir **2** ⊙ plan p. 108, E2) où Shakespeare mettait en scène ses célèbres pièces fut détruit dans un incendie en 1613, mais le réalisateur américain Sam Wanamaker décida d'en construire une réplique parfaite (p. 110). Les spectacles se déroulent comme à l'époque. (☎renseignements 7902 1400, réservations 7401 9919 ; www.

 Bon plan

Joyeuex anniversaire, Shakespeare

Le samedi le plus proche du 23 avril (anniversaire de Shakespeare), le Globe (p. 117) propose une série de manifestations gratuites en hommage au dramaturge ; contactez le théâtre pour plus de détails.

shakespearesglobe.com ; 21 New Globe Walk SE1 ; ⊙tlj ; ⊖St Paul's ou London Bridge)

Southbank Centre CENTRE CULTUREL

24 Plan p. 108, A2

Récemment rénovée, la **Royal Festival Hall** (à l'intérieur du Southbank Centre) est la plus belle salle de Londres et peut accueillir 3 000 personnes. Elle propose des spectacles de musique et de danse. La Queen Elizabeth Hall et la Purcell Room, plus petites, permettent d'assister à des concerts plus éclectiques. (☎0844 847 9910 ; www. southbankcentre.co.uk ; Belvedere Rd SE1 ; ⊙tlj ; ⊖Waterloo)

Old Vic THÉÂTRE

25 Plan p. 108, C3

Beaucoup attendaient davantage de la nomination de Kevin Spacey au poste de directeur artistique, mais la qualité des récents spectacles semble avoir rétabli la réputation de l'Old Vic. L'acteur joue chaque année dans deux ou trois pièces et sir Ian McKellen se produit fréquemment dans la pièce de

Noël. (☎0844 871 7628 ; www.oldvictheatre. com ; The Cut ; ⊙tlj ; ⊖Waterloo)

BFI Southbank CINÉMA

26 Plan p. 108, B2

Le British Film Institute (BFI) conserve les archives nationales du septième art et projette gratuitement un grand nombre de films. Outre des classiques et des projections sur l'écran Imax (au milieu du carrefour de Waterloo Rd), il programme, à l'occasion des avant-premières, de grands cinéastes. Essayez de faire coïncider votre visite avec le London Film Festival, en octobre. (☎renseignements 7928 3535, réservations 7928 3232 ; www.bfi.org.uk ; South Bank ; ⊙11h-23h, médiathèque 12h-20h mar-dim ; ⊖Waterloo)

Shopping

Borough Market MARCHÉ

27 Plan p. 108, F2

Le "garde-manger de Londres" connaît un incroyable renouveau depuis dix ans. Les gastronomes se pressent devant les étals de fruits, légumes et viandes bio. Des stands de produits du terroir proposent des dégustations gratuites et beaucoup vendent de délicieux en-cas à emporter (saucisses, sandwichs au chorizo, hamburgers...). Le marché fait le plein le samedi (arrivez de bonne heure). (www. boroughmarket.org.uk ; angle Southwark St et Stoney St SE1 ; ⊙11h-17h jeu, 12h-18h ven, 8h-17h sam ; ⊖London Bridge)

Royal Festival Hall, Southbank Centre

Konditor & Cook ALIMENTATION

28 🔒 Plan p. 108, F2

Avec ses succulents gâteaux et biscuits, Konditor & Cook élève la pâtisserie au rang d'art : gâteaux à la lavande et à l'orange, au citron et à l'amande, énormes meringues aux fraises, cookies, bonshommes en pain d'épice, pains aux olives, aux noix et aux épices… Cinq autres enseignes dans Londres. (www.konditorandcook.com ; 10 Stoney St SE1 ; ⏰7h30-18h lun-ven, 8h30-17h sam ; ⊖London Bridge)

Bermondsey Market MARCHÉ

29 🔒 Plan p. 108, H4

Autrefois, vendre des marchandises volées était autorisé ici avant l'aube, et bien que ce marché soit aujourd'hui plus conventionnel, vous pourrez y faire de bonnes affaires (couteaux, argenterie, porcelaine ancienne, verres, peintures et bijoux d'époque) en arrivant tôt le matin. (www.bermondseysquare.co.uk ; Bermondsey Sq ; ⏰5h-13h ven ; ⊖Borough ou Bermondsey)

South Bank Book Market LIVRES

30 🔒 Plan p. 108, B2

Ce marché aux livres est idéal pour dénicher des ouvrages d'occasion épuisés. Il se tient par tous les temps devant le BFI Southbank, sous les arches du Waterloo Bridge. (⏰11h-19h ; Riverside Walk SE1 ; ⊖Waterloo)

Les incontournables
Hampton Court Palace

Comment y aller

⊖ **Train** Liaison régulière entre Waterloo et Hampton Court, via Wimbledon.

⛴ **Bateau** La Westminster Passenger Services Association (☎7930 2062 ; www.wpsa.co.uk) part de Westminster Pier.

Datant du XVIe siècle, Hampton Court Palace est le plus spectaculaire des palais Tudor londoniens. Chargé d'histoire, le palais recèle les somptueux appartements d'Henri VIII, de magnifiques jardins et un dédale de couloirs vieux de 300 ans. Étape incontournable pour les passionnés d'histoire britannique et les amateurs d'architecture Tudor ou de jardins anglais, la visite du palais fait une passionnante escapade d'une journée : prévoyez suffisamment de temps pour en profiter (le trajet en bateau depuis le centre de Londres prend déjà une demi-journée).

Hampton Court Palace

À ne pas manquer

Clock Court

En franchissant le porche impressionnant (Trophy Gate), on entre d'abord dans la Base Court, puis dans la Clock Court, qui porte le nom de son horloge astronomique du XVIe siècle, où l'on voit le Soleil tourner autour de la Terre. Cette cour est votre point de départ, d'où vous pouvez parcourir l'ensemble ou une partie des six pièces du complexe.

Henry VIII's State Apartments

De l'Anne Boleyn's Gateway, un escalier mène aux appartements d'Henri VIII, notamment le Great Hall, plus vaste pièce du palais, orné de tapisseries et de ce qui est considéré comme le plus beau toit en blochet du pays. La Horn Room, décorée de formidables bois de cerfs, mène à la Great Watching Chamber, où le roi recevait sous la surveillance des gardes.

Chapel Royal

Plus loin, le couloir mène à la magnifique chapelle royale, aménagée en neuf mois seulement, et lieu de culte depuis 450 ans. Les voûtes bleu et doré, initialement destinées à Christ Church (Oxford), ont été installées au plafond du palais. Grinling Gibbons est l'auteur du retable du XVIIIe siècle.

Tudor Kitchens

Les somptueuses cuisines Tudor, accessibles depuis l'Anne Boleyn's Gateway, nourrissaient autrefois les 1 200 membres de la maison royale. Elles ont retrouvé leur aspect d'origine : on y voit les "domestiques" du palais tourner les broches et farcir des paons. Le Great Wine Cellar (cellier à vin) vaut également le coup d'œil.

☎ 0844 482 7777

www.hrp.org.uk/HamptonCourtPalace

Hampton Court Rd, East Molesey KT8

Billet tout compris adulte/enfant 16/8 £

🕙 10h-18h tard mars-oct, jusqu'à 16h30 nov-tard mars

🚉 Hampton Court

☑ À savoir

▶ Faites des figures sur la patinoire du palais, de fin novembre à mi-janvier.
▶ Aussi amusantes qu'instructives, les visites se font sous la houlette de guides en costumes.

✕ Une petite faim ?

Les superbes jardins de Hampton Court Palace se prêtent idéalement à un pique-nique.

Le **Tiltyard Café** (🕙 10h-16h30 nov-tard mars 10h-18h tard mars-oct), dans le palais, affiche un menu correct, avec une jolie vue sur le jardin.

King's Apartments

À l'ouest de la colonnade de la Clock Court se trouve l'entrée des Wolsey Rooms et de la Young Henry VIII Exhibition. Côté est, dans la Clock Court, des escaliers mènent aux King's Apartments, dont la visite comprend le King's Staircase, peint par Antonio Verrio. Repérez la King's Great Bedchamber et le King's Closet (les toilettes de Sa Majesté, dont le siège est en velours vert).

Queen's Apartments

L'épouse de Guillaume, Marie II, avait ses propres appartements, desservis par le Queen's Staircase décoré par William Kent. À la mort de Marie en 1694, les travaux étaient encore inachevés, et ne prirent fin que sous George II. Les quartiers de la reine semblent plus austères que ceux du roi, mais la Queen's Audience Chamber possède un trône majestueux.

Georgian Rooms

Également dignes d'intérêt, les Georgian Rooms furent employées par George II et la reine Caroline lors de la dernière visite royale en 1737. Les premières pièces étaient destinées à loger le deuxième fils de George, duc de Cumberland, dont le lit semble étonnamment petit dans ce cadre imposant.

Cartoon Gallery

La galerie abritait naguère les cartons de Raphaël (aujourd'hui au Victoria & Albert Museum, voir p. 128) – ceux qui y sont suspendus sont des copies du XVIIe siècle.

Queen's Private Apartments

Après la Cartoon Gallery se trouvent les Queen's Private Apartments, le salon et la chambre de la reine, où dormait aussi le roi lorsque le couple royal souhaitait un peu d'intimité. Notez la Queen's Bathroom, avec sa baignoire posée sur un linge protégeant le sol des éclaboussures, et l'Oratory, jolie salle recouverte d'un ravissant tapis persan du XVIe siècle.

Jardins et labyrinthe

Derrière le palais s'étendent de superbes jardins et le Real Tennis Court, datant des années 1620. Ne quittez pas le domaine sans vous être aventuré dans le labyrinthe de 800 m, constitué de haies de charmes et d'ifs, et planté en 1690. Il est compris dans le billet, mais on peut aussi y accéder moyennant 3,85 £ (2,75/11 £ enfant/famille).

Beer & Jazz Festival

La bière et le jazz sont à l'honneur dans ce festival en plein air (www.hamptoncourtbeerandjazz.com), organisé au palais fin août pendant quatre jours. Le temps londonien est capricieux : habillez-vous chaudement.

Histoire

L'histoire de Hampton Court

Comme de nombreuses résidences royales, Hampton Court Palace ne fut pas édifié pour la monarchie. En 1515, le cardinal Thomas Wolsey, lord chancelier, se fit construire un palais à la hauteur de son statut. N'ayant pas su convaincre le pape de prononcer le divorce d'Henri VIII et de Catherine d'Aragon, Wolsey vit malheureusement ses relations avec le roi se dégrader. Dans ce contexte, on comprend aisément que Wolsey se soit senti contraint d'offrir son palais à Henri, peu disposé à se laisser supplanter. Wolsey fut accusé de trahison et périt en 1530 avant d'avoir été jugé.

Dès qu'il se fut emparé du palais, Henri s'employa à l'agrandir, le dotant du Great Hall, de la superbe Chapel Royal et des vastes cuisines. En 1540, le palais était l'un des plus somptueux et des plus sophistiqués d'Europe, même si Henri n'y passait guère plus de trois semaines par an. Jacques Ier entretint le palais, et Charles Ier y aménagea un court de tennis et se consacra à ses collections d'art, avant d'être assigné à résidence durant la Révolution. Oliver Cromwell, ses penchants royaux l'emportant sur son puritanisme, passa ses week-ends dans l'ancienne chambre à coucher de la reine et liquida la collection d'art de Charles Ier. À la fin du XVIIe siècle, Guillaume et Marie confièrent l'extension du palais à sir Christopher Wren, à qui l'on doit ce somptueux mélange d'architecture Tudor et de style baroque sobre.

Les fantômes de Hampton Court

Avec une histoire aussi ancienne et haute en couleur, le paranormal a toute sa place à Hampton Court Palace. Arrêtée pour adultère et détenue sur place en 1542, la cinquième épouse d'Henri, Catherine Howard, fut traînée par ses gardes après une tentative d'évasion. Elle hurlait. On raconte que son fantôme répète cette scène dans la Haunted Gallery (elle ferait également des apparitions dans la Tour de Londres). Le spectre de la Grey Lady (qui serait dame Sybil Penn, ancienne servante des Tudors) hanterait, lui, la Clock Court et les State Apartments.

Explorer

Musées
de Kensington

La visite de Kensington s'impose, ne serait-ce que pour ses trois musées incontournables, mais les visiteurs avides de shopping ne seront pas en reste, de King's Road à Knightsbridge et Harrods, plus huppés, via Sloane St. Prévoyez une journée pour découvrir Hyde Park et les Kensington Gardens. Quant aux gourmets, ils ne sauront plus où donner de la tête, tant le choix d'adresses où manger sur le pouce ou faire bombance est vaste.

L'essentiel en un jour

☀ Commencez par l'immense **Victoria & Albert Museum** (p. 126), où l'on peut aisément passer la journée. Avec des enfants, mieux vaut débuter par le **Natural History Museum** (p. 130) ou le **Science Museum** (p. 138). Au déjeuner, faites une halte aux **Refreshment Rooms** (p. 127) du V&A.

☀ Montez admirer la vue depuis la monumentale **Wellington Arch** (p. 139) avant d'explorer **Apsley House** (p. 139), en face. Consacrez le reste de l'après-midi à **Hyde Park** (p. 138) et aux **Kensington Gardens** (p. 138), sans omettre **Kensington Palace** (p. 138) et l'**Albert Memorial** (p. 139). Si votre porte-monnaie vous démange, rendez-vous plutôt chez **Harvey Nichols** (p. 145) ou **Lulu Guinness** (p. 145).

☾ Avant de dîner au **Launceston Place** (p. 140) ou au **Zuma** (p. 141), sirotez un cocktail devant le coucher du soleil chez **Galvin at Windows** (p. 142) ou mêlez-vous aux riverains à **Drayton Arms** (p. 143). Un spectacle à l'**Albert Hall** (p. 144) ou au **Royal Court Theatre** (p. 144) conclura cette journée intense.

Pour découvrir Kensington côté boutiques, voir p. 134.

 Les incontournables

Victoria & Albert Museum (p. 126)
Natural History Museum (p. 130)

 100% londonien

Shopping à Chelsea et Knightsbridge (p. 134)

❤ **Le meilleur du quartier**

Musées
Victoria & Albert Museum (p. 126)
Natural History Museum (p. 130)

Parcs et jardins
Hyde Park (p. 138)
Kensington Gardens (p. 138)
Wildlife Garden (p. 133)

Sorties
Royal Albert Hall (p. 144)
Royal Court Theatre (p. 144)

Musées pour les enfants
Science Museum (p. 138)
Natural History Museum (p. 130)

Comment y aller

🚇 **Métro** Stations South Kensington, Sloane Sq, Victoria, Knightsbridge, Hyde Park Corner, High St Kensington.

🚌 **Bus** Les bus n⁰ˢ 74, 52 et 360 desservent le quartier.

Les incontournables
Victoria & Albert Museum

Le Museum of Manufactures, comme s'appelait le V&A à son ouverture en 1852, est consacré aux arts décoratifs et abrite 4,5 millions d'objets, britanniques et étrangers, certains vieux de 3 000 ans. Le musée constitue un cadre fascinant pour une collection d'une variété et d'une richesse inouïes. Sa vocation première, revendiquée aujourd'hui encore, est "l'amélioration du goût du public pour le design" et "l'application des beaux-arts aux objets pratiques".

⊙ Plan p. 136, D4

www.vam.ac.uk

Cromwell Rd SW7

entrée libre

🕙 10h-17h45, jusqu'à 22h ven

⊖ South Kensington

Sculptures dans les British Galleries, Victoria & Albert Museum

À ne pas manquer

Islamic Middle East Gallery
SALLE 42, NIVEAU 1

Ces salles rassemblent plus de 400 objets moyen-orientaux : céramiques, textiles, tapis, verres et boiseries du califat, du VIIIᵉ siècle jusqu'à la veille de la Première Guerre mondiale.

Ardabil Carpet
SALLE 42, NIVEAU 1

Objet phare de la galerie, le tapis d'Ardabil serait le plus grand tapis du monde. Achevé en 1540, il est la moitié d'une paire commandée par Tahmasp, alors shah d'Iran. Il se distingue par la finesse du détail et la subtilité des motifs.

China Collection et Japan Gallery
SALLES 44, 45 ET 47E, NIVEAU 1

La collection TT Tsui China (salles 44 et 47e) rassemble des pièces ravissantes, dont une veste de femme de style Art déco (1925-1935) et des porcelaines Sancai de la dynastie Tang. Nimbée d'un éclairage tamisé, une armure impressionnante de style Domaru se dresse dans la Japan Gallery (salle 45).

Tipu's Tiger
SALLE 41, NIVEAU 1

Ce sinistre automate en bois et métal du XVIIIᵉ siècle représente un Européen renversé par un tigre. La poignée actionne un orgue, caché dans l'animal, simulant les cris d'agonie du mourant qui agite le bras.

Cast Courts
SALLE 46A, NIVEAU 1

Les Cast Courts, l'un des clous du musée, présentent une collection stupéfiante de plâtres rassemblés à l'époque victorienne, dont un *David*

☑ À savoir

▶ La nocturne du vendredi permet d'éviter les foules.

▶ Des visites guidées gratuites partent toutes les heures de l'accueil principal, de 10h30 à 15h30.

▶ Les expositions temporaires du V&A sont capivantes et ludiques (mais payantes).

▶ Le V&A possède un excellent programme de conférences et d'ateliers, et une boutique bien tentante.

▶ Le John Madejski Garden est un agréable jardin intérieur où manger sur le pouce.

✕ Une petite faim ?

Rendez-vous au café du V&A, dans les somptueuses **Refreshment Rooms** (Morris, Gamble and Poynter Rooms), datant des années 1860.

En été, le **Garden Café** (🕑10h-17h15) s'installe dans le John Madejski Garden et sert des en-cas et des boissons.

de Michel-Ange, acquis en 1858. Fermées pour travaux, elles rouvriront en 2013.

Photography Collection
SALLE 38A, NIVEAU 1

Forte de plus de 500 000 clichés acquis depuis 1852, la collection de photographies est l'une des plus belles du pays.

Raphael Cartoons
48A, NIVEAU 1

Les célébrissimes cartons de Raphaël, déplacés de Hampton Court Palace en 1865, sont les modèles des tapisseries destinées à la chapelle Sixtine.

Fashion Room
SALLE 40, NIVEAU 1

Consacrée à la mode, cette salle, qui a rouvert au printemps 2012, est l'une des plus prisées du musée. Elle présente une variété de tenues, des costumes élisabéthains aux robes Vivienne Westwood, des tailleurs Armani des années 1980 aux créations contemporaines.

Henry VIII's Writing Box
SALLE 58E, NIVEAU 2

Les British Galleries, dédiées au design britannique de 1500 à 1900, sont réparties entre les niveaux 2 (1500-1760) et 4 (1760-1900). Relique du règne d'Henri VIII, une écritoire en noyer et chêne du XVIe siècle arbore de magnifiques motifs : on distingue le blason d'Henri, encadré par Vénus (tenant Cupidon) et Mars.

Great Bed of Ware
SALLE 57, NIVEAU 2

Ne manquez pas ce "grand lit de Ware", meuble du XVIe siècle assez vaste pour accueillir cinq personnes ! Large de 326 cm, il est mentionné dans *La Nuit des rois* de William Shakespeare.

Hereford Screen
NIVEAU 3

Conçu par sir George Gilbert Scott, ce jubé était initialement destiné à la cathédrale de Hereford. Le musée dut trouver un emplacement résistant à cette structure massive, alliant bois, fer, cuivre, laiton et pierre.

Jewellery Gallery
SALLES 91-93, NIVEAU 3

La galerie des bijoux, dans l'aile "Materials and Techniques", est un modèle du genre : d'une finesse inouïe, de superbes tiares et bijoux contemporains succèdent aux joyaux égyptiens, grecs et romains. L'étage supérieur, relié par un escalier en colimaçon en verre et Plexiglas, renferme des sabres incrustés de pierreries, des montres et des boîtes en or.

20th Century Gallery
SALLES 74-76, NIVEAU 3

La galerie du XXe siècle réunit des classiques du design : chaise longue Le Corbusier, walkman Sony, T-shirts Katherine Hamnett et baskets Nike "Air Max" de 1992.

Plan du Victoria & Albert Museum

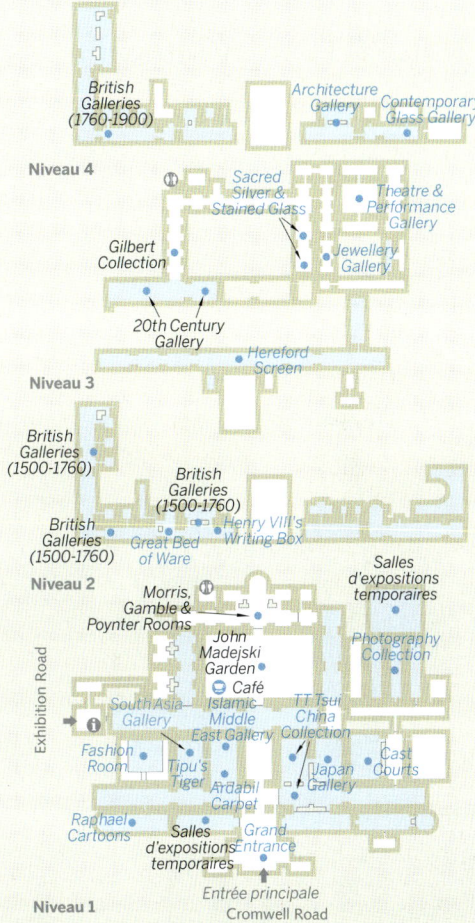

British Galleries (1760-1900)

Architecture Gallery

Contemporary Glass Gallery

Niveau 4

Sacred Silver & Stained Glass

Theatre & Performance Gallery

Gilbert Collection

Jewellery Gallery

20th Century Gallery

Hereford Screen

Niveau 3

British Galleries (1500-1760)

British Galleries (1500-1760)

Henry VIII's Writing Box

British Galleries (1500-1760)

Great Bed of Ware

Salles d'expositions temporaires

Niveau 2

Morris, Gamble & Poynter Rooms

John Madejski Garden

Café

Photography Collection

Exhibition Road

South Asia Gallery

Islamic Middle East Gallery

T.T. Tsui China Collection

Fashion Room

Tipu's Tiger

Ardabil Carpet

Japan Gallery

Cast Courts

Raphael Cartoons

Salles d'expositions temporaires

Grand Entrance

Niveau 1

Entrée principale
Cromwell Road

Les incontournables
Natural History Museum

Les Londoniens éprouvent un attachement particulier pour cet imposant Muséum d'histoire naturelle, incarnant la passion victorienne pour la collecte, la classification et l'interprétation du monde du vivant. Superbement coloré de brique bleu et sable, le bâtiment principal du musée dessiné par Alfred Waterhouse vaut presque autant que la collection mondialement célèbre qu'il renferme. Celle-ci connaît un énorme succès auprès des enfants curieux et des adultes.

Plan p. 136, C4

7942 5000

www.nhm.ac.uk

Cromwell Rd SW7

entrée libre

10h-17h50, jusqu'à 22h le dernier vendredi du mois

South Kensington

Hall d'entrée du Natural History Museum

À ne pas manquer

Architecture

Pendant la visite, observez le bâtiment conçu par Alfred Waterhouse : les piliers ouvragés, bas-reliefs animaliers, sculptures de plantes et bêtes, vitraux et arches sublimes sont un chef-d'œuvre. Outre la magnifique série d'arches de l'entrée, le Central Hall s'orne d'un superbe plafond peint, avec des panneaux illustrant les plantes des quatre coins du monde.

Diplodocus Skeleton
CENTRAL HALL

Après le monumental squelette de diplodocus dans le Central Hall, devant l'entrée principale, difficile de faire mieux. Quadrupède herbivore, le diplodocus ("lézard à double bande") est l'un des dinosaures qui a vécu le plus longtemps. Il pesait entre douze et seize tonnes.

Dinosaur Gallery
BLUE ZONE

La galerie des dinosaures (Blue Zone) résonne des rires des enfants : la galerie, qu'enjambe une impressionnante passerelle dominant les redoutables vélociraptors, mène à un superbe tyrannosaure animé, rugissant et battant la queue. Revenez en arrière et passez par les présentations interactives sur les dinosaures, notamment un squelette de tricératops (herbivore, malgré son aspect féroce).

Green Zone

Une kyrielle de fossiles et d'oiseaux empaillés compose ces galeries, où l'on peut admirer un paresseux géant (une espèce disparue), visiter la salle des Creepy Crawlies (arachnophobes s'abstenir) et mieux connaître la relation subtile

☑ À savoir

▶ Planifiez votre visite le dernier vendredi du mois, où le musée ferme à 22h (sauf en décembre).

▶ Une fois par mois, Dino Snores (46 £/enfant ; ⏱19h-9h50) permet aux enfants, ravis, de passer la nuit au musée. Réservez bien à l'avance. Les parents en profiteront pour suivre le Night Safari (28 £).

▶ Entrée pour les visiteurs handicapés dans Exhibition Rd.

✖ Une petite faim ?

Le musée est immense et épuisera même les plus endurants. Situé sous l'escalier du hall central, le **Central Hall Café** (⏱10h-17h30) sert des boissons et des en-cas chauds et froids.

Dans la Green Zone, le **Restaurant** (⏱11h-17h) propose des pizzas, hamburgers, salades et un menu enfants.

entre les humains et leur environnement, dans la passionnante section Ecology.

Blue Whale
BLUE ZONE

Suspendue au plafond, la reproduction grandeur nature d'une baleine bleue (*Balaenoptera musculus*) est l'un des temps forts du musée. Encore plus grand que les dinosaures, ce cétacé est la plus gigantesque créature qui ait existé. Elle pèse 2 tonnes à la naissance et consomme à l'âge adulte plus de quatre tonnes de krill par jour !

Earth Galleries
RED ZONE

Les galeries de la Terre sont facilement accessibles par l'entrée dans Exhibition Rd. L'ambiance victorienne surannée fait place à un décor moderne, dépouillé et aux murs noirs de la salle des cristaux, pierres et roches précieuses. Au pied de l'escalator du Rio Tinto Atrium, on découvre comment un crâne de mammouth percé (à la naissance de la trompe) serait à l'origine du mythe des cyclopes.

Earth's Treasury
RED ZONE

Dans ces galeries, la salle des trésors de la Terre présente une belle collection de minéraux, gemmes et pierres chatoyantes, des opales, des dioptases couleur de kryptonite et des chrysobéryls œil-de-chat d'un blanc laiteux.

The Power Within
RED ZONE

The Power Within (Red Zone) est la simulation du tremblement de terre de Kobe : une petite épicerie japonaise tremble lors de la reproduction du séisme de 1995, qui fit plus de 6 000 victimes. On y apprend aussi que les Japonais imputaient jadis les tremblements de terre à Namazu, un immense poisson prisonnier d'un rocher.

Pele's Hair
RED ZONE

Dans la section de volcanologie, aux étages supérieurs, on découvre les fibres luisantes des "cheveux de Pélé" (minces fils de verre volcanique), produites par une explosion volcanique. Le "cheveu" est suscité par les roches volcaniques en fusion, éjectées dans l'air et s'étirant sous l'effet du vent. Pélé est la déesse hawaïenne des Volcans.

Darwin Centre
ORANGE ZONE

Ce grand centre, consacré à la taxonomie (étude du vivant), rassemble quelque 450 000 spécimens en bocaux, notamment un calmar géant de 8,6 m surnommé Archie, que l'on peut voir durant les visites guidées, toutes les demi-heures (réserver au préalable). Le nouveau "cocon géant" du centre conserve 28 millions d'insectes et 6 millions de plantes.

Dinosaur Gallery, Natural History Museum

Sensational Butterflies

Installée sur l'East Lawn, cette longue tente abrite une belle collection de papillons. Ouverte de 10h à 18h, de mi-avril à mi-septembre (adulte/enfant 3,50 £, famille 12 £).

Wildlife Garden

Riche de milliers d'animaux locaux et étrangers, ce superbe zoo est ouvert d'avril à octobre. Il réunit plusieurs habitats britanniques de basse altitude, y compris un pré et un enclos, et un arbre hébergeant une colonie d'abeilles. Le mouton Greyface Dartmoor arrive à la fin de l'été. Les ornithologues repéreront poules d'eau, roitelets et chardonnerets.

Patinoire

Les mois d'hiver (de novembre à janvier), une partie de l'East Lawn devient une patinoire très attendue. Mieux vaut réserver un créneau bien à l'avance (www.ticketmaster.co.uk), visiter le musée et revenir ensuite pour s'élancer sur la glace.

Natural History Museum Shop

Non loin de l'entrée dans Cromwell Rd, la boutique du musée vend une kyrielle de jouets, objets à collectionner, papeterie et livres originaux et pédagogiques pour les naturalistes en herbe. Ouvert de 10h à 17h50.

100% londonien
Shopping à Chelsea et Knightsbridge

De Sloane Square, haut lieu de la mode à Chelsea, jusqu'à Knightsbridge, fréquenté par l'élite, cet itinéraire offre un grand choix pour le shopping : charmante librairie, idées design, architecture Art nouveau, chaussures sur mesure... Faites le plein de souvenirs dans le plus légendaire des grands magasins londoniens, et, pour vous remettre, offrez-vous un verre dans un authentique pub à l'anglaise.

❶ Art contemporain à la Saatchi Gallery

À courte distance de marche de King's Rd depuis Sloane Sq, la dynamique **Saatchi Gallery** (☏ 7823 2363 ; www.saatchi-gallery.co.uk ; Duke of York's HQ, King's Rd SW3 4SQ ; entrée libre ; ⏰ 10h-18h ; Ⓢ Sloane Sq) ravira les amateurs d'art contemporain : ses 6 500 m² sont consacrés aux expositions temporaires d'art et de sculpture internationaux.

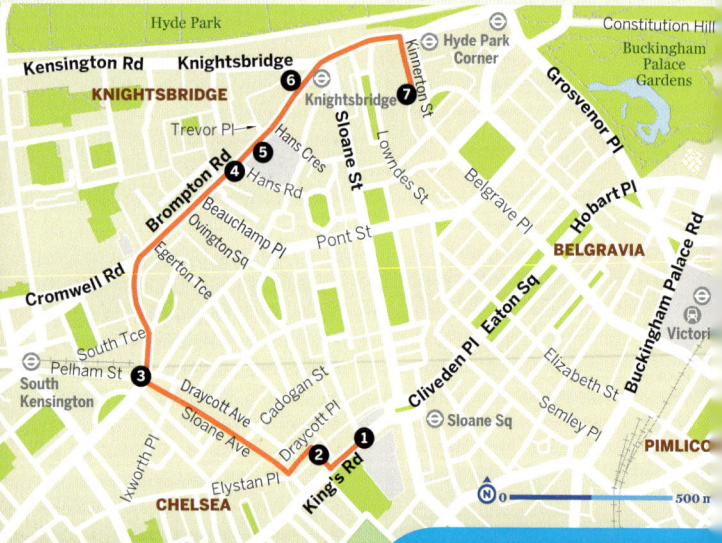

❷ Chiner chez John Sandoe Books

Tranchant avec les grandes chaînes, cette agréable **librairie** (www.johnsandoe. com ; 10 Blacklands Tce SW3 ; ⊙9h30-17h30 lun-sam, jusqu'à 19h30 mer, 12h-18h dim ; ⊖Sloane Sq) est une mine de bijoux et de surprises littéraires. L'établissement, en activité depuis des décennies, jouit d'une clientèle fidèle, et le personnel bien informé vous donnera des conseils éclairés.

❸ Repérer les nouvelles tendances design chez Conran Shop

Installé dans la très emblématique Michelin House (p. 140), de style Art nouveau, ce splendide **magasin de design** (www.conranshop.co.uk ; Michelin House, 81 Fulham Rd SW3 ; ⊙10h-18h lun, mar et ven, jusqu'à 19h mer et jeu, jusqu'à 18h30 sam, 12h-18h dim ; ⊖South Kensington) est une source permanente de nouvelles idées : tissus imprimés de premières éditions littéraires, jouets décalés pour enfants, meubles irrésistibles, montres minimalistes...

❹ S'offrir une paire de Church's

La réalisation d'une paire de chaussures **Church** (www.church-footwear. com ; 143 Brompton Rd SW3 ; ⊙10h30-18h30 lun-sam, 12h-18h dim ; ⊖Knightsbridge) peut prendre 8 semaines. Cela explique leur prix astronomique. Confectionnées à Northampton depuis 1873, elles sont faites avec tant de soin et de minutie qu'elles durent des années.

❺ Se perdre dans Harrods

Aussi kitsch que chic, **Harrods** (☎7730 1234 ; www.harrods.com ; 87-135 Brompton Rd SW1 ; ⊙10h-20h lun-sam, 11h30-18h dim ; ⊖Knightsbridge) est une étape obligée, que votre budget soit serré ou illimité. On entre sous un flot d'airs d'opéra, et l'on se console des prix exorbitants en admirant le choix et en flânant dans le somptueux rayon alimentaire.

❻ Cutler & Gross

La principale boutique de **Cutler & Gross** (www.cutlerandgross.com, 16 Knightsbridge Green ; ⊙9h30-19h lun-sam, 12h-17h dim ; ⊖Knightsbridge) vend toute une gamme de montures et de lunettes de soleil faites main. Les montures aux nuances classiques sont chics et originales, et des collections tendance sont présentées régulièrement. Une enseigne spécialisée dans les montures vintage se trouve à deux pas, au 7 Knightsbridge Green.

❼ Siroter une bière au Nag's Head

Superbe pub distingué du début du XIXe siècle, situé dans une paisible ruelle non loin de l'animation de Knightsbridge, le **Nag's Head** (53 Kinnerton St SW1 ; ⊖Hyde Park Corner) arbore un décor excentrique (imprimés de cricket du XIXe siècle) et des lambris traditionnels. Le comptoir bas et l'interdiction des téléphones portables en font un lieu tranquille et détendu où souffler après une journée de shopping.

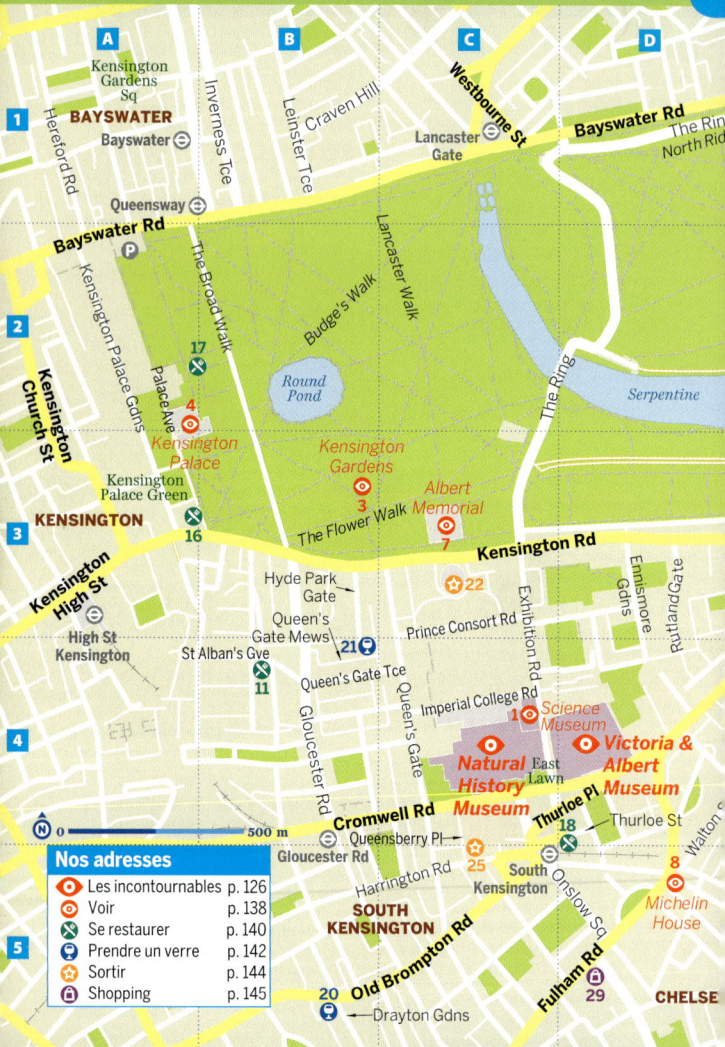

A

Kensington Gardens Sq
BAYSWATER
Bayswater
Hereford Rd
Inverness Tce

B

Leinster Tce
Craven Hill
Queensway
Leinster Tce

C

Westbourne St
Lancaster Gate

D

Bayswater Rd
The Ring
North Ride

1

Bayswater Rd

2

Kensington Palace Gdns
Kensington Church St
The Broad Walk
Palace Ave
Lancaster Walk
Budge's Walk
Round Pond
The Ring
Serpentine

17

4
Kensington Palace
Kensington Palace Green

3
Kensington Gardens

Albert Memorial
7

KENSINGTON

3

16
The Flower Walk
Kensington Rd

Kensington High St
High St Kensington

Hyde Park Gate
Queen's Gate Mews
St Alban's Gve

22

21
Queen's Gate Tce
Prince Consort Rd
Exhibition Rd
Ennismore Gdns
Rutland Gate

11

4

Gloucester Rd
Queen's Gate
Imperial College Rd
Science Museum

1

Natural History Museum
East Lawn

Victoria & Albert Museum
Thurloe Pl
Thurloe St
18
Thurloe St
Walton

N
0   500 m
Cromwell Rd
Queensberry Pl
Gloucester Rd
Harrington Rd
South Kensington
25
8
Michelin House
Onslow Sq

5

SOUTH KENSINGTON

20
Old Brompton Rd
Drayton Gdns
Fulham Rd
29
CHELSE

Nos adresses

◉	Les incontournables	p. 126
◉	Voir	p. 138
✕	Se restaurer	p. 140
🍷	Prendre un verre	p. 142
☆	Sortir	p. 144
🔒	Shopping	p. 145

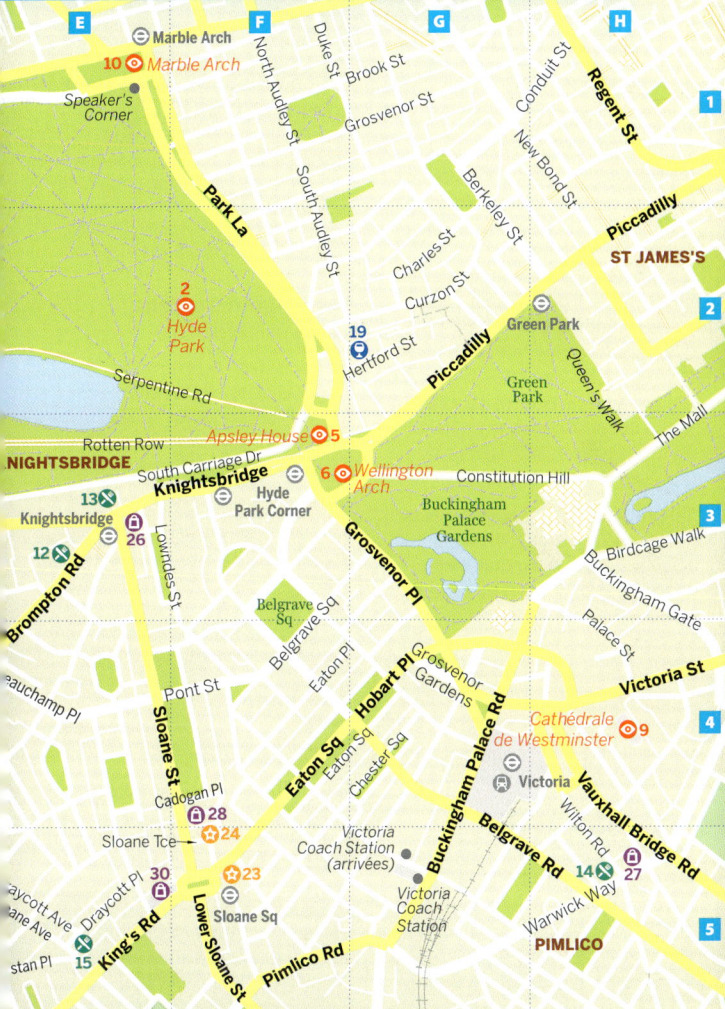

Marble Arch
10 Marble Arch

E F G H

Speaker's
Corner

Duke St
Brook St
Grosvenor St

Conduit St
Regent St

North Audley St
Park La
South Audley St

Berkeley St
New Bond St

Charles St
Curzon St

Piccadilly

ST JAMES'S

2
Hyde
Park

19
Hertford St

Green Park
Green Park

Piccadilly

Green
Park

Queen's Walk

Serpentine Rd

Apsley House **5**

The Mall

Rotten Row

KNIGHTSBRIDGE

South Carriage Dr

Knightsbridge

6 Wellington
Arch

Constitution Hill

13
Knightsbridge

Hyde
Park Corner

Buckingham
Palace
Gardens

Birdcage Walk

26

Lowndes St

Buckingham Gate

12
Brompton Rd

Belgrave Sq

Belgrave Pl

Grosvenor Pl

Palace St

Victoria St

Beauchamp Pl

Pont St

Eaton Pl

Belgrave Sq

Hobart Pl
Grosvenor
Gardens

Cathédrale
de Westminster **9**

Sloane St

Eaton Sq

Eaton Sq
Chester Sq

Buckingham Palace Rd

Vauxhall Bridge Rd

Cadogan Pl

28

24

Sloane Tce

Victoria
Coach Station
(arrivées)

Victoria

Belgrave Rd

Wilton Rd

14 **27**

Draycott Ave
Sloane Ave

30

23

Victoria
Coach
Station

Warwick Way

15

King's Rd

Lower Sloane St

Sloane Sq

Pimlico Rd

PIMLICO

stan Pl

Voir

Science Museum MUSÉE

 **1** Plan p. 136, C4

Avec ses sept étages d'installations interactives, cet extraordinaire musée des sciences retiendra l'attention des scientifiques en herbe, même très jeunes. La boutique, avec ses modificateurs de voix, lampes à lave, boomerangs, balles rebondissantes et bébés extraterrestres, est une caverne d'Ali Baba pour les enfants. L'Energy Hall, au rez-de-chaussée, et la Flight Gallery, au troisième étage, sont les musts du musée. (www.sciencemuseum.org.uk ; Exhibition Rd SW7 ; entrée libre ; 10h-18h ; W ; South Kensington)

Une petite faim ? Reprenez votre souffle autour d'une table rétro-éclairée dans le **Deep Blue Cafe** (rez-de-chaussée, Wellcome Wing, Science Museum).

Hyde Park PARC

 2 Plan p. 136, F2

Couvrant plus de 142 ha, le plus grand parc de Londres se compose de jardins paysagers, de vastes gazons et d'arbres majestueux, des hêtres déformés aux araucarias du Chili. Hyde Park est séparé des Kensington Gardens par le **Serpentine**, petit lac coudé qui a accueilli le triathlon et l'épreuve de nage du marathon des JO 2012. (5h30-24h ; Hyde Park Corner, Marble Arch, Knightsbridge ou Lancaster Gate)

Bon plan

Le Science Museum pour les tout-petits

Les moins de 5 ans ont leur espace, au sous-sol du Science Museum : **The Garden** comprend une aire de jeu et des bassins où les petits, vêtus d'imperméables rouges, peuvent s'éclabousser.

Kensington Gardens PARC

 **3** Plan p. 136, B3

Jouxtant Hyde Park à l'ouest, de l'autre côté du lac Serpentine, ces jardins appartiennent au Kensington Palace. La **Serpentine Gallery** (www.serpentinegallery.org ; Kensington Gardens W2 ; 10h-18h ;), l'un des grands musées d'art contemporain de Londres, la **Princess Diana Memorial Fountain** et la célèbre **statue de Peter Pan** comptent parmi les curiosités du parc. (7298 2000 ; www.royalparks.org.uk ; 6h-coucher du soleil ; Queensway, High St Kensington ou Lancaster Gate)

Kensington Palace BÂTIMENT HISTORIQUE

 4 Plan p. 136, A2

Édifié en 1605 et restauré en 2011, le palais devint la demeure de la royauté sous Guillaume d'Orange et Marie II Stuart en 1689, et conserva ce statut jusqu'à ce que George III monte sur le trône et s'installe à Buckingham Palace. Aux XVIIe et XVIIIe siècles, Kensington Palace fut rénové par sir Christopher Wren et William Kent.

On y admire la collection royale de robes de cérémonie et la salle de la coupole. (📞0844 482 7777 ; www.hrp. org.uk ; Kensington Gardens W8 ; adulte/enfant 12,50/6,25 £, parc et jardins gratuits ; 🕐10h-18h mars-sept, jusqu'à 17h oct-fév ; 🚇Queensway ou High St Kensington)

Apsley House
BÂTIMENT HISTORIQUE

5 ⊙ Plan p. 136, F3

Cette magnifique demeure fut conçue par Robert Adam pour le baron Apsley à la fin du XVIIIe siècle, puis vendue au premier duc de Wellington, qui y vécut jusqu'à sa mort en 1852. Les souvenirs de ce dernier sont exposés au sous-sol ; l'escalier est dominé par une impressionnante statue de Napoléon, haute de 3,4 m. Le service d'argenterie portugaise vaut le coup d'œil. (149 Piccadilly W1 ; adulte/enfant 7/4 £, avec la Wellington Arch 8/5 £ ; 🕐11h-17h mer-dim avr-oct, jusqu'à 16h nov-mars ; 🚇Hyde Park Corner)

Wellington Arch
MONUMENT

6 ⊙ Plan p. 136, F3

La magnifique arche néoclassique de 1826, dressée devant Apsley House, est surmontée de la plus grande statue de bronze d'Europe, *La Paix descendant sur le quadrige de la Guerre* (1912). Jusque dans les années 1960, le bâtiment était occupé par un poste de police ; transformé en un espace d'exposition, il offre aujourd'hui au public une vue magnifique. (Hyde Park Corner W1 ; adulte/enfant 4/3 £, avec Apsley House 8/5 £ ; 🕐10h-17h mer-dim avr-oct, jusqu'à 16h nov-mars ; 📶 ; 🚇Hyde Park Corner)

Albert Memorial
MONUMENT

7 ⊙ Plan p. 136, C3

Œuvre de George Gilbert Scott, cet imposant monument victorien, haut de 53 m, est un mémorial néo-gothique de 1872, dont la combinaison de mosaïques, feuilles d'or, marbre et ornements victoriens concourt à un résultat fort kitsch. Pour admirer de près la frise du Parnasse, suivez la visite guidée de 45 minutes. (📞7495 0916 ; visites adulte/enfant 6/5 £ ; 🕐visites 14h et 15h 1er dim du mois mars-déc ; 🚇Knightsbridge ou Gloucester Rd)

CHRISTER FREDRIKSSON/LONELY PLANET IMAGES ©

Café estival à la Serpentine Gallery, Hyde Park

 100% londonien

Speakers' Corner

L'angle nord-est de Hyde Park fait traditionnellement office de tribune politique – c'est le seul endroit de Grande-Bretagne où des manifestants peuvent se réunir sans autorisation policière. Karl Marx, Vladimir Lénine, George Orwell et William Morris fréquentaient ce "Speakers' Corner". Si vous avez envie de haranguer la foule, venez le dimanche, mais sachez que la place est disputée par les marginaux, les fanatiques religieux et les agitateurs de tout crin.

Michelin House   BÂTIMENT HISTORIQUE

8  Plan p. 136, D5

Édifié pour Michelin entre 1905 et 1911 par François Espinasse, et restauré en 1985, ce somptueux bâtiment réconcilie Art nouveau et Art déco. L'emblématique Bibendum Michelin y figure sur de magnifiques vitraux (les vitraux d'origine, déposés au début de la Seconde Guerre mondiale, ont disparu), et le hall d'entrée est orné d'un carrelage représentant des voitures du XXᵉ siècle. (81 Fulham Rd SW3 ; entrée libre ; South Kensington)

Cathédrale de Westminster   ÉGLISE

9  Plan p. 136, H4

Conçu par John Francis Bentley au XIXᵉ siècle, ce magnifique exemple d'architecture néobyzantine est le siège de l'Église catholique romaine d'Angleterre et du pays de Galles. Si sa construction commença en 1896, l'intérieur demeure inachevé. Les bas-reliefs en pierre des stations de la croix (1918) d'Eric Gill et la vue offerte par le clocher de 83 m (doté d'un ascenseur) sont impressionnants. (www.westminstercathedral.org.uk ; Victoria St SW1 ; entrée libre, exposition adulte/enfant 5/2,50 £, billet couplé clocher 8/4 £, clocher 5/2,50 £ ; ⊙cathédrale 7h-19h, clocher 9h30-12h30 et 13h-17h tlj avr-nov, jeu-dim déc-mars, exposition 9h30-17h lun-ven, jusqu'à 18h sam et dim ; ☎ ; ⊖Victoria)

Marble Arch   MONUMENT

10  Plan p. 136, E1

L'arche blanche qui prête son nom au quartier fut dessinée par John Nash en 1827. Située en face du Speakers' Corner, elle provient de Buckingham Palace, et fut déplacée en 1851. Si l'endroit réveille l'anarchiste qui sommeille en vous, franchissez le portail central : selon une loi (non appliquée), ce privilège est réservé à la famille royale et à la King's Troop Royal Horse Artillery. (⊖Marble Arch)

Se restaurer

Launceston Place   EUROPÉEN MODERNE ££

11 Plan p. 136, B4

Sis dans un alignement de demeures édouardiennes de carte postale, ce restaurant au décor raffiné est très chic. Le chef, Tristan Welch, protégé de Marcus Wareing, confectionne des plats aussi beaux que délectables. Les plus audacieux succomberont au menu dégustation (52 £). (☎ 7937 6912 ; www.launcestonplace-restaurant.co.uk ; 1a Launceston Pl W8 ; déj/déj dim/dîner 3 plats 18/24/42 £ ; ⊗ fermé déj lun ; ⊖ Gloucester Rd ou High St Kensington)

Zuma

JAPONAIS **£££**

 12 Plan p. 136, E3

Revisitant l'*izakaya* (taverne à saké) traditionnel, où les Japonais boivent en grignotant dans une atmosphère détendue et conviviale, le Zuma respire le chic et la sophistication. Relevés de touches modernes, les matériaux japonais (bois, pierre) confèrent une agréable atmosphère contemporaine, mais l'on y vient surtout pour les sushis, sashimis et *robata* (grillades), succulents et bien présentés. (☎ 7584 1010 ; www.zumarestaurant.com ; 5 Raphael St SW7 ; plats 15-75 £ ; ⊖ Knightsbridge)

Dinner by Heston Blumenthal

BRITANNIQUE MODERNE **£££**

13 Plan p. 136, E3

Une table attendue depuis des années : dans un cadre somptueux, au rez-de-chaussée du Mandarin Oriental, le Dinner est un tour de force gastronomique, proposant aux convives un voyage dans l'histoire de la cuisine britannique (revisitée avec créativité). De la paroi de verre séparant la cuisine à l'horloge nue et aux vastes fenêtres donnant sur

le parc, le design de la salle est un chef-d'œuvre. (☎ 7201 3833 ; www.dinnerbyheston.com ; Mandarin Oriental Hyde Park, 66 Knightsbridge SW1 ; menu déj 28 £, plats 32-72 £ ; ⊗ déj et dîner ; ⊖ Knightsbridge)

Kazan

TURC **££**

 14 Plan p. 136, H5

Savoureux et accueillant, le Kazan est couvert d'éloges pour ses mezze, ses kebabs et ses *karniyarik* (aubergines garnies d'agneau). Les saveurs sont riches et corsées, le service est attentif et le cadre sans prétention. Le soir viennent parfois des danseuses du ventre. Poissons et plats végétariens possibles. (www.kazan-restaurant.com ; 93-94 Wilton Rd SW1 ; plats 12-16 £, menu 26-40 £ ; ⊖ Victoria)

Rasoi Vineet Bhatia

INDIEN **£££**

15 Plan p. 136, E5

Non loin de King's Rd, ce restaurant est aussi splendide qu'intime : la porte à sonnette et le cadre donnent

 Bon plan

Garde montée

La garde à cheval de la reine (Household Cavalry) part chaque jour à 10h32 (9h32 le dimanche) des Hyde Park Barracks pour se rendre à la Horse Guards Parade pour la relève de la garde, un rituel qui remonte à 1660. Le cortège passe par Hyde Park Corner, Constitution Hill et le Mall.

Comprendre
Haute gastronomie

Les beaux quartiers attirent les tables de qualité, et certains des meilleurs établissements de Londres sont concentrés dans les hôtels de luxe et les *mews* (anciennes écuries) de Chelsea, Belgravia et Knightsbridge. Chic et cosmopolite, South Kensington a toujours été une bonne adresse pour la cuisine européenne.

l'impression de dîner chez des amis. L'accueil agréable, la décoration raffinée et les plats superbement présentés (nous conseillons le menu végétarien à 7 plats à 79 £) constituent une expérience mémorable. (📞7225 1881 ; www.rasoi-uk.com ; 10 Lincoln St SW3 ; déj 2/3/4 plats 21/27/32 £ ; ⏰déj dim-ven, dîner tlj ; 🚇Sloane Sq)

Min Jiang CHINOIS £££

 16 🍴 Plan p. 136, A3

Outre une vue dégagée sur Kensington Palace et les Gardens, le Min Jiang offre un excellent canard laqué (demi/ entier 27,50/53,50£) cuit au four à bois et de succulents poissons. Certains plats sont épicés (la Min Jiang est une rivière du Sichuan), mais la carte s'inspire de toute la Chine, des *dim sum* à l'autruche sautée à la mongole. (www.minjiang.co.uk ; 10ᵉ ét., Royal Garden Hotel, 2-24 Kensington High St W8 ; plats 10,50-48 £ ; 🚇High St Kensington)

Orangery SALON DE THÉ ££

 17 🍴 Plan p. 136, A2

L'Orangery, installé dans un jardin d'hiver du XVIIIᵉ siècle sur le domaine de Kensington Palace, est un cadre agréable où déjeuner, surtout par beau temps ; mais on retient principalement le thé, du Signature Orange Tea (14,85£/pers) au très décadent Tregothnan English Tea (33,75£), arrosé de champagne. Souvent réservé pour des événements privés. (Kensington Palace, Kensington Gardens W8 ; plats 9,50-14 £ ; ⏰10h-18h mars-sept, jusqu'à 17h oct-fév ; 🚇Queensway ou High St Kensington)

Gessler at Daquise POLONAIS £

 18 🍴 Plan p. 136, D4

Très fréquenté, ce café/cafétéria polonais sert un bon choix de vodkas et des plats à prix corrects, des *bigos* ("ragoût du chasseur" au chou et porc) aux *pierogi*, sorte de raviolis. (www.gessleratdaquise.co.uk ; 20 Thurloe St SW7 ; plats 6,50-13,50 £, menu déj 9,50 £ ; 🚇South Kensington)

Prendre un verre

Galvin at Windows BAR À COCKTAILS

 19 🍸 Plan p. 136, G2

Ce bar huppé jouxtant Hyde Park offre une vue splendide, surtout au coucher du soleil. Les cocktails ne sont pas donnés (13,50 à 15,25 £) mais les fauteuils en cuir sont douillets et le bar en marbre magnifique. (www.

galvinatwindows.com ; London Hilton dans Park Lane, 28th fl, 22 Park Lane W1 ; ⊙10h-1h lun-mer, jusqu'à 3h jeu-sam, jusqu'à 23h dim ; ⊖Hyde Park Corner)

Drayton Arms
PUB

20 Plan p. 136, B5

Aussi agréable à l'intérieur qu'en terrasse, le grand bistrot victorien arbore de beaux détails Art nouveau (boucles et arabesques ornent les fenêtres et les portes), des œuvres contemporaines aux murs et un somptueux plafond à caissons. Clientèle branchée et bon enfant, grand choix de bières et de vins.

(www.thedraytonarmssw5.co.uk ; 153 Old Brompton Rd SW5 ; ⊙12h-24h lun-ven, 10h-24h sam et dim ; ⊖West Brompton ou South Kensington, 🚌430)

Queen's Arms
PUB

21 Plan p. 136, B4

Niché dans de paisibles *mews* dans Queen's Gate, cet établissement, ses quatre fontaines à bière et sa cuisine de pub sont fréquentés par les nombreux étudiants du quartier et par le public du Royal Albert Hall (p. 144). (www.thequeensarmskensington. co.uk ; 30 Queen's Gate Mews SW7 ; ⊙tlj ; ⊖Gloucester Rd)

MIKE BOOTH/ALAMY ©

Orangery, Kensington Palace

Sortir

Royal Albert Hall
CONCERTS

22 Plan p. 136, C3

Cette splendide salle de concert, où l'on vient entendre de la musique classique, du rock et autre, est surtout connue pour le festival BBC Proms. Il est possible de réserver, mais de mi-juillet à mi-septembre, les spectateurs font aussi la queue pour les places debout à 5 £, mises en vente une heure avant le lever de rideau. Billetterie et retrait des billets payés à la porte 12. (📞 renseignements 7589 3203, réservations 7589 8212 ; www.royalalberthall. com ; Kensington Gore SW7 ; 🕐 tlj ; 🚇 South Kensington)

Royal Court Theatre
THÉÂTRE

23 Plan p. 136, F5

Autant réputé pour ses pièces modernes que pour ses classiques,

 Bon plan
Visite de l'Albert Hall
Une **visite guidée** (📞 7959 0558 ; adulte/tarif réduit 8,50/7,50 £ ; 🕐 visite toutes les heures 10h30-16h30 presque tous les jours) d'une heure dans les parties publiques de l'Albert Hall est proposée – départ de la billetterie porte 12. Plus rares, des **visites des coulisses** (📞 0845 401 5045 ; adulte 12 £) de 1 heure 30 sont aussi possibles (1 fois par mois ; consultez le site).

🔍 100% londonien
High Street Kensington
High Street Kensington, moins bondé et plus respectable qu'Oxford St, est une suite de chaînes de prêt-à-porter, de boutiques tendance, comme Topshop et Urban Outfitters, et de librairies comme Waterstone. De nombreux magasins d'antiquités bordent Kensington Church St, en direction de Notting Hill.

le Royal Court à Sloane Sq compte parmi les théâtres les plus innovants de Londres. Sous l'impulsion de son directeur artistique, Dominic Cooke, il continue de découvrir de grands dramaturges de tout le pays. (📞 7565 5000 ; www.royalcourttheatre.com ; Sloane Sq SW1 ; 🕐 tlj ; 🚇 Sloane Sq)

Cadogan Hall
CONCERTS

24 Plan p. 136, F5

Demeure du Royal Philharmonic Orchestra, le Cadogan Hall est une salle de référence pour la musique classique, l'opéra et la musique chorale, présentant parfois de la danse, du rock et du jazz. (📞 7730 4500 ; www.cadoganhall.com ; 5 Sloane Tce SW1 ; 🕐 tlj ; 🚇 Sloane Sq)

Ciné Lumière
CINÉMA

25 Plan p. 136, C5

Le Ciné Lumière, annexe de l'Institut français de South Kensington, est un grand cinéma Art déco de 300 sièges, où sont projetées des séries de films étrangers (notamment le London Spanish Film Festival) et des films français et étrangers sous-titrés en anglais. (☎7073 1350 ; www.institut-francais.org.uk ; 17 Queensberry Pl SW7 ; ⏲tlj ; ⊖South Kensington)

Shopping

Harvey Nichols
GRAND MAGASIN

26 🔒 Plan p. 136, E3

Dans le temple de la mode londonien, on trouve des sacs Chloé et Balenciaga, le meilleur choix de jeans de la ville, un immense rayon de cosmétiques avec des gammes en exclusivité, un superbe rayon bijouterie et un excellent restaurant, le Fifth Floor. (www.harveynichols.com ; 109-125 Knightsbridge SW1 ; ⏲10h-20h ou 21h lun-sam, 11h30-18h dim ; ⊖Knightsbridge)

Rippon Cheese Stores
ALIMENTATION

27 🔒 Plan p. 136, H5

Il suffit de se laisser guider par son nez pour trouver ce fromager proposant 500 variétés de fromages, d'Angleterre et d'ailleurs. Le choix est renversant, du Black Bomber à l'Idiazabal et à l'Isle of Mull Truckle, tous affinés sur place (demandez à goûter). (☎7931 0628 ; www.ripponcheese.com ; 26 Upper Tachbrook St SW1 ; ⏲8h-

17h30 lun-ven, 8h30-17h sam ; ⊖Victoria ou Pimlico)

Lulu Guinness
MODE

28 🔒 Plan p. 136, F4

Label britanniques décalé, fantasque et accrocheur (affectionné des Japonais), la collection va des petits sacs de soirée en forme de bouche aux parapluies et trousses de maquillage originales. (www.luluguinness.com ; 3 Ellis St SW1 ; ⏲10h-18h lun-ven, à partir de 11h sam ; ⊖Sloane Sq)

Butler & Wilson
ACCESSOIRES

29 🔒 Plan p. 136, D5

Bijoux en forme de crânes, bracelets de pacotille, colliers et une étourdissante sélection de boucles d'oreilles, broches et bagues multicolores, housses d'iPhone scintillantes et autres accessoires. (www.butlerandwilson.co.uk ; 189 Fulham Rd ; ⏲10h-18h lun, mar et jeu-sam, 10h-19h mer, 12h-18h dim ; ⊖South Kensington)

Peter Jones
GRAND MAGASIN

30 🔒 Plan p. 136, E5

Emblématique de Chelsea, ce grand magasin des années 1960 a été modernisé avec style. On vient dans cet espace chic futuriste pour la mode, les cosmétiques et l'électroménager. (www.peterjones.co.uk ; Sloane Sq ; ⏲9h30-19h lun-sam, jusqu'à 20h mer, 11h-17h dim ; ⊖Sloane Sq)

100% londonien
Un samedi à Notting Hill

Comment s'y rendre

⊕ **Métro** La station Notting Hill Gate se situe sur les lignes Circle, District et Central.

⊕ **Métro** La gare Ladbroke Grove, sur les lignes Hammersmith & City et Circle, dessert aussi le quartier.

C'est le samedi que Notting Hill est le plus animé : Portobello Market se pare de couleurs chatoyantes, et le quartier abonde en excellents restaurants, pubs, boutiques et cinémas.
La journée est placée sous le signe du shopping, de la gastronomie et de la cinéphilie dans un cadre historique.

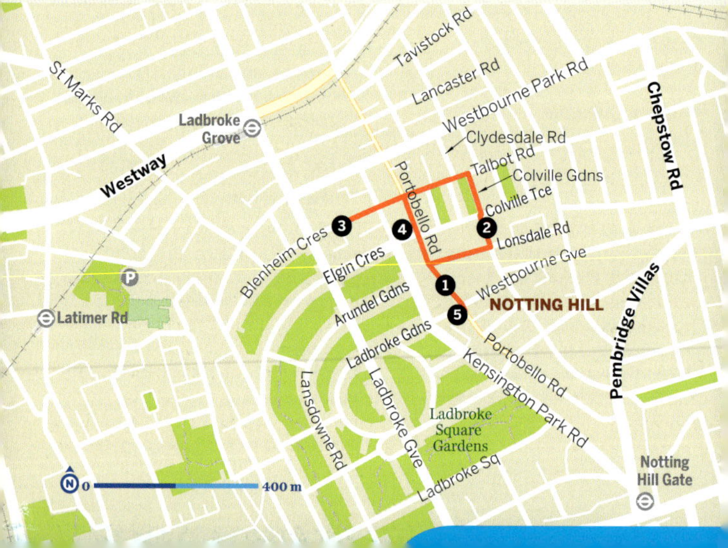

St Marks Rd
Tavistock Rd
Lancaster Rd
Westbourne Park Rd
Ladbroke Grove
Clydesdale Rd
Westway
Talbot Rd
Colville Gdns
Colville Tce
Portobello Rd
Blenheim Cres
❸
❹
❷
Lonsdale Rd
Elgin Cres
❶
Westbourne Gve
Latimer Rd
❺
NOTTING HILL
Arundel Gdns
Chepstow Rd
Ladbroke Gdns
Portobello Rd
Pembridge Villas
Lansdowne Rd
Ladbroke Gve
Kensington Park Rd
Ladbroke Square Gardens
Notting Hill Gate
Ladbroke Sq
N 0
400 m

❶ Flâner au marché

À 10 minutes de marche de la station de métro Notting Hill Gate, le célèbre **Portobello Road Market** (www.portobelloroad.co.uk ; Portobello Rd W10 ; ⏱8h-18h lun-mer, 9h-13h jeu, 7h-19h ven et sam, 9h-16h dim ; ⊖Notting Hill Gate ou Ladbroke Grove) se compose de stands d'alimentation, de fruits et légumes, d'antiquités, de vêtements bariolés et de babioles.

❷ Découvrir un musée

Insolite, le **Museum of Brands, Packaging & Advertising** (musée des Marques)(www.museumofbrands.com ; 2 Colville Mews, Lonsdale Rd W11 ; adulte/enfant 6,50/2,25 £ ; ⏱10h-18h mar-sam, 11h-17h dim ; ⊖Notting Hill Gate) recèle d'intéressantes présentations de produits de marque et des expositions consacrées à l'évolution des emballages de produits bien connus, comme le talc de Johnson's ou la Guinness.

❸ Dîner au Mediterraneo

Difficile de trouver plus authentique que le **Mediterraneo** (www.mediterraneo-restaurant.co.uk ; 37 Kensington Park Rd W11 ; plats 13-22 £ ; ⊖Ladbroke Grove). Les pâtes sont maison, et le menu fait la part belle au veau (une rareté dans la cuisine anglaise).

❹ Aller au cinéma

Unique en son genre et plus que centenaire, l'**Electric Cinema** (www.electriccinema.co.uk ; 191 Portobello Rd W1 ; ⊖Ladbroke Grove ou Notting Hill Gate) est le plus vieux cinéma du pays. Depuis sa rénovation, il est doté de luxueux fauteuils en cuir, de repose-pieds et de tables pour se restaurer dans l'auditorium, et jouxte la très chic Electric Brasserie. Consultez le programme, qui allie films grand public, d'art et d'essai, classiques et nuits blanches fabuleuses.

❺ Prendre un verre au Earl of Lonsdale

Le cadre douillet de l'**Earl of Lonsdale** (277-281 Westbourne Grove W11 ; ⊖Notting Hill Gate ou Westbourne Park) attire pendant la journée une paisible clientèle de vieilles dames et de jeunes branchés. Dégustez une ale Samuel Smith dans l'arrière-salle épatante, avec ses canapés, banquettes et cheminées, ou dans le beau *beer garden* à l'ombre d'un arbre immense.

Notting Hill Carnival

Créé en 1964 par la communauté afro-caribéenne locale désireuse de fêter sa culture et ses traditions, le **carnaval de Notting Hill** (www.thenottinghillcarnival.comk, ⏱dernier week-end d'août) réunit jusqu'à un million de personnes. C'est la plus grande fête de rue d'Europe. Les défilés musicaux cessent à 21h, mais la fête se poursuit, battant son plein dans les bars, restaurants et tout le quartier, tandis que des stands de spécialités caribéennes et de célèbres chefs, comme Levi Roots, s'installent dans les rues.

Regent's Park et Camden

Regent's Park, Camden Market et Hampstead Heath comptent parmi les meilleures excursions dans le nord de Londres. Camden dégage une énergie communicative et Hampstead Heath, apprécié des Londoniens le week-end, offre une magnifique escapade en plein air. Entre les pubs de Hampstead et les salles de concert de Camden, l'animation nocturne ne manque pas dans les trois quartiers.

L'essentiel en un jour

Commencez votre escapade par une promenade matinale dans **Regent's Park** (p. 152) et une visite du superbe **London Zoo** (p. 152). Longez ensuite le **Regent's Canal** (p. 155), au nord de Regent's Park, puis traversez **Primrose Hill** (p. 152) et son ravissant parc – une jolie marche de 15 à 20 minutes. À Camden Town, déjeunez au **Market** (p. 153), une excellente table britannique moderne, ou au **Camden Market** (p. 154) où vous attendent des en-cas variés.

Finissez d'explorer **Camden Market** (p. 159) avant de vous offrir une succulente glace chez **Marine Ices** (p. 154) ou un verre dans le *beer garden* d'**Edinboro Castle** (p. 155). Suivez la visite du **Lord's Cricket Ground** (p. 152), terrain de prédilection des amateurs de cricket.

Pour dîner, Camden abonde en restaurants au renom international. Les couche-tard ne manqueront pas de choix : Camden a d'excellents **pubs** (p. 155) et une kyrielle de **clubs de musique live** (p. 157) qui représentent tous les styles musicaux.

 Le meilleur du quartier

Pubs
Edinboro Castle (p. 155)

Lock Tavern (p. 155)

Restaurants
Market (p. 153)

Rock live
Proud Camden (p. 157)

Barfly (p. 157)

Parcs
Regent's Park (p. 152)

Pour les enfants
London Zoo (p. 152)

Balades méconnues
Promenade le long de Regent's Canal (p. 155)

Comment s'y rendre

⊖ **Métro** Baker St (sur les lignes Jubilee, Metropolitan, Circle, Hammersmith & City et Bakerloo) est commode pour rejoindre Regent's Park.

⊖ **Métro** Les stations Camden Town et Chalk Farm, sur la Northern Line, se trouvent à Camden. Hampstead est sur la Northern Line.

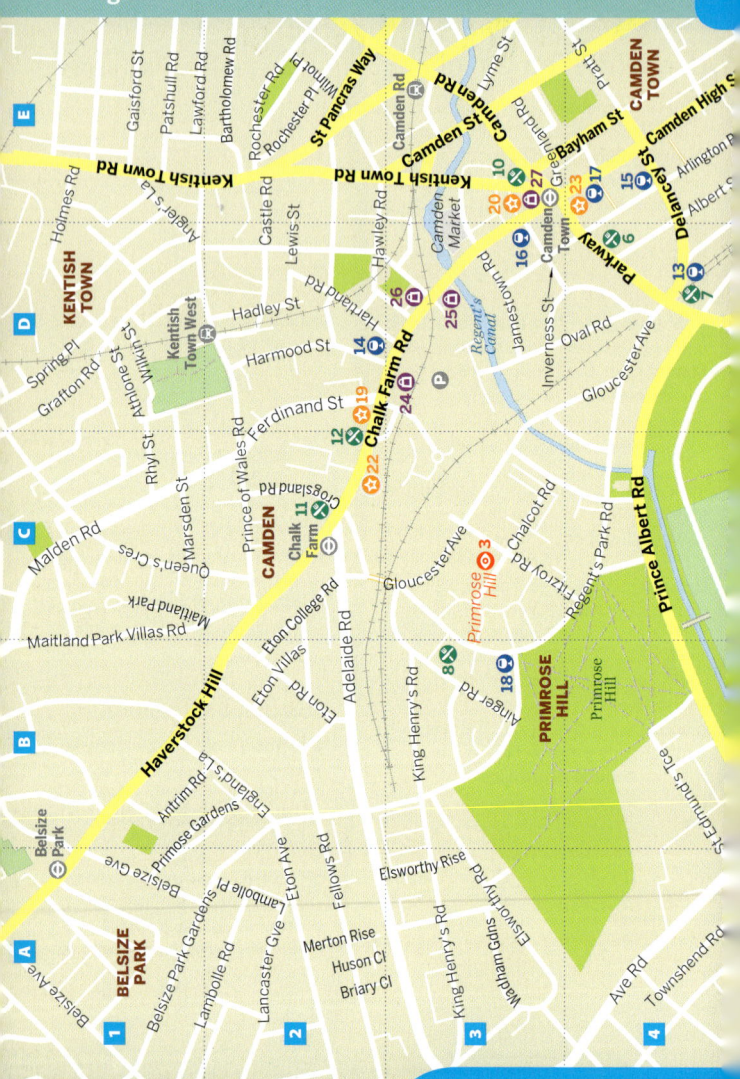

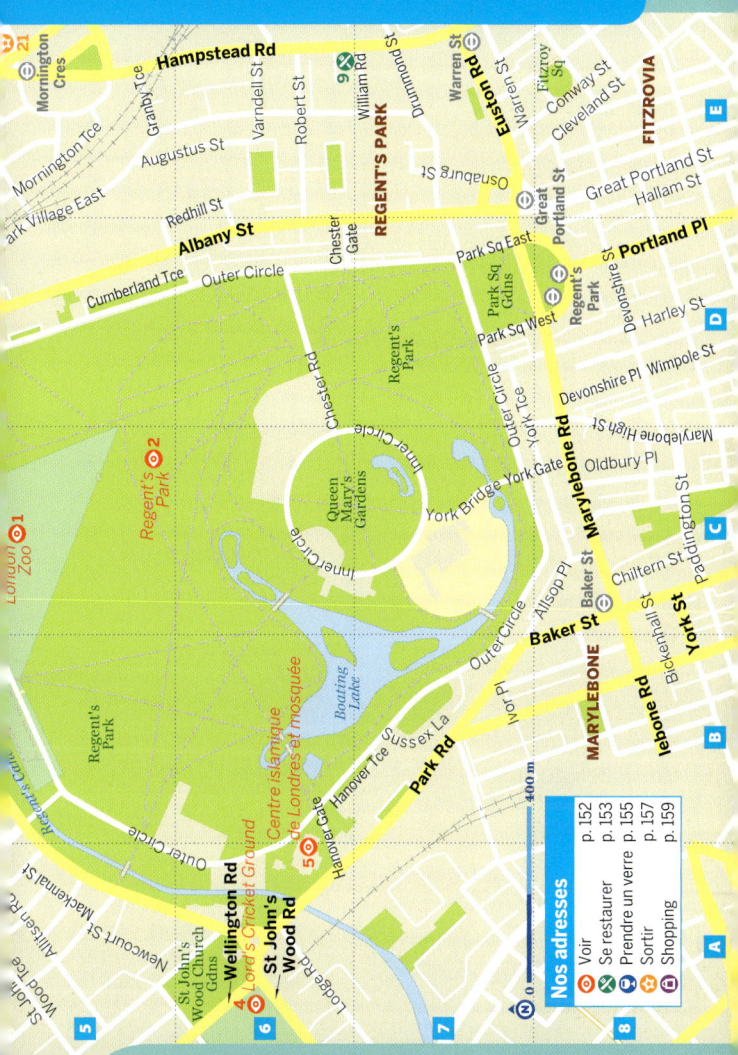

Hampstead Rd

Mornington Cres

Mornington Tce

Granby Tce

ark Village East

Augustus St

Redhill St

Albany St

Cumberland Tce

Outer Circle

Varndell St

Robert St

William Rd

Drummond St

Osnaburg St

Warren St

Euston Rd

Warren St

Fitzroy Sq

Conway St

Cleveland St

FITZROVIA

Great Portland St

Hallam St

Great Portland St

Portland Pl

REGENT'S PARK

Chester Gate

Chester Rd

Regent's Park

Park Sq East

Park Sq Gdns

Park Sq West

Regent's Park

Devonshire St

Harley St

Devonshire Pl

Wimpole St

Marylebone High St

Inner Circle

Queen Mary's Gardens

York Bridge

York Gate

Devonshire Pl

York Tce

Oldbury Pl

Marylebone Rd

Regent's Park London Zoo 1

Regent's Park 2

Regent's Park

Inner Circle

Outer Circle

Boating Lake

Allsop Pl

Baker St

Baker St

Chiltern St

Bickenhall St

Paddington St

York St

MARYLEBONE

Baker St

Regent's Park

Ivor Pl

Regent's Canal

Outer Circle

St John's Wood Church Gdns

Newcourt St

Alitson Rd

Wood Tce

St John's Rd

Wellington Rd

St John's Wood Rd

Lord's Cricket Ground 4

Centre islamique de Londres et mosquée

Hanover Gate

Hanover Tce

Sussex La

Park Rd

Lodge Rd

5

400 m

N

lebone Rd

Voir

London Zoo
ZOO

1 🎯 Plan p. 150, C5

Ces jardins zoologiques, qui comptent parmi les plus vieux au monde, privilégient la conservation, l'éducation et la reproduction des espèces. Ne manquez pas l'enclos de Penguin Beach, dernière innovation du parc qui permet d'observer les pingouins sous l'eau, Gorilla Kingdom, les adorables mammifères du Clore Rainforest Lookout et de Nightzone, ni le Butterfly Paradise. Repas des animaux et conférences toute la journée. (www.zsl.org /london-zoo ; Outer Circle, Regent's Park NW1 ; adulte/enfant 19/15 £ ; ⏰10h-16h nov-mars, jusqu'à 17h30 avr-mi-juil, sept et oct, jusqu'à 18h mi-juil et août 🚇Regent's Park ou Camden Town)

Regent's Park
PARC

2 🎯 Plan p. 150, C5

Le plus soigné des nombreux parcs de Londres fut imaginé vers 1820 par

---

Comprendre

Nouvelles du zoo

Le zoo de Londres ne cesse de réinventer ses enclos ou d'en construire de nouveaux. Le nouvel enclos des tigres, dont l'ouverture est prévue pour Pâques 2013, reproduira la jungle de Sumatra et sera cinq fois plus grand que l'actuel.

John Nash. Ancien terrain de chasse royal, flanqué de Regent's Canal au nord, Regent's Park abrite aussi le London Zoo, un lac d'ornement, un théâtre en plein air dans les Queen Mary's Gardens, des étangs et de jolis parterres fleuris, des roseraies et des terrains de sport. (⏰5h-coucher du soleil ; 🚇Baker St ou Regent's Park)

Primrose Hill
QUARTIER

3 🎯 Plan p. 150, C3

Encadré par Regent's Park, très huppé, et Camden, plus décalé, l'îlot de Primrose Hill est un quartier de Londres très recherché. Ses boutiques (décoration d'intérieur, librairies, vêtements pour enfants, accessoires pour chiens...), ses séduisants restaurants et ses pubs lui donnent le charme d'un village, mais son attrait tient aussi à son parc splendide et à sa vue sur Londres.

Lord's Cricket Ground
TERRAIN DE CRICKET

4 🎯 Plan p. 150, A6

Les fans de ce jeu typiquement britannique ne manqueront pas la visite de ce berceau du cricket : réservez tôt pour assister aux matchs ou suivez la passionnante visite guidée (90 minutes) comprenant le terrain, les locaux et la célèbre Long Room, sans omettre le musée. Durant les Jeux olympiques de 2012, le Lord's a accueilli les épreuves de tir à l'arc. (www.lords.org ; St John's Wood Rd NW8 ; visite adulte/enfant 15/9 £ ; ⏰visite guidée en

l'absence de match 10h, 12h et 14h avr-sept ;
⊖ St John's Wood)

London Central Islamic Centre & Mosque   MOSQUÉE

5 ◎ Plan p. 150, A6

Sur le flanc ouest de Regent's Park se dresse l'immense mosquée de Londres, coiffée d'un dôme brillant. Les visiteurs sont les bienvenus (prévoyez une tenue appropriée et ôtez vos chaussures à l'entrée), mais l'intérieur est moins impressionnant que l'extérieur. (www.iccuk.org ; 146 Park Rd NW8 ; ☺tlj ; ⊖Marylebone)

Se restaurer

Market   BRITANNIQUE MODERNE ££

6 🍴 Plan p. 150, D4

Revisitant la cuisine britannique, cet excellent restaurant vous accueille dans une salle sobre et spacieuse, aux murs en briques apparentes, tables en acier et chaises en bois. Au menu figurent de savoureux classiques, comme le poussin rôti aux légumes printaniers ou le carrelet au beurre de câpres et frites. (www.marketrestaurant. co.uk ; 43 Parkway NW1 ; plats 10-14 £ ; ☺fermé dîner dim ; ⊖Camden Town)

York & Albany   BRASSERIE ££

7 🍴 Plan p. 150, D4

Cette élégante brasserie, l'une des nombreuses tables de Gordon Ramsay, concocte des classiques avec une touche méditerranéenne et

MARKET ©

Restaurant Market

d'alléchantes pizzas cuites au four à bois. La cuisine est parfaite et l'ambiance détendue ; installez-vous au comptoir, dans le bar ou dans le cadre plus chic de la salle à manger. (www.gordonramsay.com/yorkandalbany ; 127-129 Parkway NW1 ; plats 13-19 £ ; ☺petit-déj, déj et dîner ; ⊖Camden Town)

Manna   VÉGÉTARIEN ££

8 🍴 Plan p. 150, B3

Niché dans une ruelle de Primrose Hill, ce petit établissement affiche une palette originale de plats végétariens appétissants, comme le korma vert, le gâteau de risotto à l'ail des ours et petits pois, sans oublier les savoureux desserts. Des plats végétaliens sont

Bon plan

Manger sur le pouce à Camden Market

Le **Lock Market** (p. 159) et le **Stables Market** (p. 159) réunissent des dizaines de stands alimentaires représentant nombre de cuisines, de la France à l'Argentine, au Japon et aux Caraïbes. Les plats sont assez bons (même si la qualité varie) et les prix corrects. On les déguste sur les grandes tables collectives ou près du canal.

aussi proposés, le tout présenté avec soin : salades en éventail et plats pyramidaux. Réservation souvent nécessaire. (📞7722 8082 ; www.mannav.com ; 4 Erskine Rd NW3 ; plats 11-14 £ ; ⊙déj sam et dim, dîner mar-dim ; 🔧 ; 🚇Chalk Farm)

Bar Gansa

ESPAGNOL ££

Très prisé, paré de jaune et de rouge vif, le Bar Gansa, près du Bar Vinyl (voir **16** 🚇 plan p. 150 ; D3), est l'un des épicentres gastronomiques dc Camden. Les tapas constituent l'essentiel du menu, idéal entre amis. Le lundi, des concerts de flamenco animent la soirée. Le Gansa ferme tard (0h30 ou 1h30) et fait aussi bar. (📞7267 8909 ; www.bargansa.co.uk/menco.uk ; 2 Inverness St NW1 ; tapas 5 £ ; ⊙10h-0h30 dim-mer, jusqu'à 1h30 jeu-sam ; 🚇Camden Town)

Mestizo

MEXICAIN ££

9 🍴 Plan p. 150, E6

Ce vaste et beau restaurant-bar à tequila vous réconciliera avec la cuisine mexicaine, souvent synonyme de tacos et de haricots pâteux. Essayez les *quesadillas* (chaussons au fromage) et les *enchiladas* de maïs, et ne manquez pas les spécialités : le *pozole* (potée de maïs à la viande) et les recettes de *mole* (poulet ou porc dans une épaisse sauce au cacao). (www.mestizomx.com ; 103 Hampstead Rd NW1 ; plats 10-20 £ ; ⊙déj et dîner ; 🚇Warren St)

Mango Room

CARIBÉEN ££

10 🍴 Plan p. 150, E3

Alliant un charmant décor pastel et un service distingué, le Mango Room est une introduction aux saveurs caribéennes. Au menu, bar grillé au lait de coco et sauce douce au poivre, morue séchée à l'aki (fruit jamaïcain), curry de chèvre aux piments et épices. Côté musique, ska des années 1950 et vieux reggae. (www.mangoroom.co.uk ; 10-12 Kentish Town Rd NW1 ; plats 10-13 £ ; ⊙déj et dîner ; 🚇Camden Town)

Marine Ices

ITALIEN £

11 🍴 Plan p. 150, C2

Ce glacier sicilien, une institution à Chalk Farm, offre désormais des plats salés, des pizzas et de généreuses assiettes de pâtes. Les glaces (goûtez noix de coco caribéenne et noix-érable) sont succulentes, et, le week-end, des files d'attente s'allongent dans Haverstock Hill. (www.marineices.co.uk ; 8 Haverstock Hill NW3 ; plats 7-15 £ ; ⏲ déj et dîner mar-dim ; ⊖ Chalk Farm)

Belgo Noord   BELGE ££

12 Plan p. 150, C2

Cette enseigne d'une chaîne de restaurants belges prépare des moules-frites à déguster avec l'une des nombreuses bières belges à la carte. (www.belgo-restaurants.co.uk ; 72 Chalk Farm Rd NW1 ; plats 9-16 £ ; ⏲ 12h-23h ; ⊖ Chalk Farm)

Prendre un verre

Edinboro Castle   PUB

13 Plan p. 150, D4

Valeur sûre de Camden, ce pub vaste et détendu dégage une atmosphère raffinée, à l'image de Primrose Hill. Outre sa carte complète, ses fauteuils confortables et son bar élégant, l'Edinboro est apprécié pour son immense *beer garden* équipé d'un barbecue et d'un baby-foot, et éclairé aux lampions les soirs d'été. (www.edinborocastlepub.co.uk ; 57 Mornington Tce NW1 ; ⏲ tlj ; ⊖ Camden Town)

Proud Camden   BAR

L'ancien House Hospital de Stables Market (voir **24** ⊖ plan p. 150, D3), où étaient soignés les chevaux de halage de Grand Union Canal, est devenue l'un des meilleurs bars de Camden. Les box ont été aménagés en kiosques individuels où boire un verre, jouer

au baby-foot ou regarder des matchs sur des écrans géants. Groupes live et DJ assurent la musique, et l'ambiance monte d'un cran en été, quand la terrasse est ouverte. (www.proudcamden.com ; The Horse Hospital, Stables Market, Chalk Farm Rd NW1 ; ⏲ jusqu'à 1h30 lun-mer, jusqu'à 2h30 jeu-sam, jusqu'à 0h30 dim ; ⊖ Camden Town ou Chalk Farm)

Lock Tavern   PUB

14 Plan p. 150, D2

Institution de Camden, la Lock Tavern a tout pour plaire : un cadre sombre

100% londonien

Promenade le long de Regent's Canal

Si les canaux étaient jadis un lien vital pour l'approvisionnement de la capitale, les Londoniens viennent aujourd'hui s'y promener, fuyant les voitures et la foule. On peut aller de Little Venice à Camden en moins d'une heure, en traversant Regent's Park, le London Zoo, Primrose Hill, de superbes résidences d'architectes tel John Nash, ainsi que de vieux édifices industriels transformés en immeubles d'habitation haut de gamme. Compter 15 à 20 minutes entre Camden et Regent's Park, puis 25 à 30 minutes entre Regent's Park et Little Venice. Plusieurs sorties et des panneaux d'affichage bordent la promenade.

100% londonien

Rock dans North London

North London est le berceau du rock indé, et ses bars obscurs ont vu émerger des groupes et musiciens devenus célèbres : Stereophonics, Coldplay, Amy Winehouse, Feeder... Les portes ouvrent généralement vers 19h30, mais la musique ne commence pas avant 21h ou plus tard. Les bars ferment vers 2h, mais tout dépend du programme.

et une salle intime, une terrasse sur le toit donnant sur le marché, de bons plats, quantité de bières et une programmation de groupes et DJ le week-end. (www.lock-tavern.co.uk ; 35 Chalk Farm Rd NW1 ; jusqu'à 1h ven et sam ; Chalk Farm ou Camden Town)

Crown & Goose

PUB

15 Plan p. 150, E4

La salle carrée, organisée autour d'un bar en bois, arbore des murs verts décorés de miroirs à cadres dorés et éclairés par de hautes fenêtres. Son attrait tient autant à l'accueil chaleureux et convivial, à la clientèle sympathique, à la bonne cuisine, qu'au choix de bières à petits prix. L'un de nos pubs londoniens préférés. (www.crownandgoose.co.uk ; 100 Arlington Rd NW1 ; jusqu'à 2h ven et sam ; Camden Town)

Bar Vinyl

BAR AVEC DJ

16 Plan p. 150, D3

Avec ses platines, sa boutique de disques et ses graffitis aux murs, le Bar Vinyl a la cote auprès des jeunes branchés de Camden mais reste très accueillant. Le week-end est très animé, le milieu de semaine plus calme, et la bonne musique toujours au rendez-vous. *Happy hour* tous les jours entre 17h et 21h. (www.barvinyl. com ; 6 Inverness St NW1 ; jusqu'à 1h jeu-sam ; Camden Town)

Black Cap

GAY

17 Plan p. 150, E4

Bastion gay de Camden, ce bar immense draine des clients de tout North London. Débit d'alcool depuis 1751, l'établissement rassemble une superbe terrasse, le Shufflewick, bar-pub à l'étage, et une discothèque accueillant des spectacles de cabaret hilarants et de la musique dance correcte. (www.faucetinn.com/blackcap ; 171 Camden High St NW1 ; 12h-2h lun-jeu, jusqu'à 3h ven et sam, jusqu'à 1h dim ; Camden Town)

Queen's

PUB

18 Plan p. 150, B3

L'intérieur tient davantage du café (après tout, vous êtes à Primrose Hill), mais la Queen's demeure un bon pub, affichant une belle carte de vins, ales et bières, à déguster en observant la foule, l'endroit étant assidûment fréquenté par les riverains les plus branchés de Primrose Hill. (www.

thequeensprimrosehill.co.uk ; 49 Regent's Park Rd NW1 ; ⊙11h-23h ; ⊖Camden Town ou Chalk Farm)

NW1 ; ⊙jusqu'à 1h30 lun-mer, jusqu'à 2h30 jeu-sam, jusqu'à 0h30 dim ; ⊖Camden Town ou Chalk Farm)

Sortir

Proud Camden
MUSIQUE LIVE

Résolument tendance, le Proud (voir **24 🅟** plan p. 150, D3), dans le Stables Market, attire les branchés du quartier qui viennent admirer le coucher de soleil sur la terrasse et, en été, profiter des concerts en plein air. Adresse de référence de North London, le Proud propose des concerts et des expositions. (www.proudcamden.com ; The Horse Hospital, Stables Market, Chalk Farm Rd

Barfly
MUSIQUE LIVE

19 ⭐ Plan p. 150, D2

Ce club de rock indé à tendance grunge est réputé découvrir les grands noms de demain. Le rock américain et anglais est à l'honneur, et la chaîne de radio Xfm organise régulièrement des soirées de musique alternative. La salle est petite et l'ambiance des concerts, intimiste. (www.barflyclub. com ; Monarch, 49 Chalk Farm Rd NW1 ; ⊙tlj ; ⊖Chalk Farm ou Camden Town)

Edinboro Castle (p. 155)

The Horrors en concert à l'Electric Ballroom

Electric Ballroom

MUSIQUE LIVE

20 Plan p. 150, E3

Le vénérable Electric Ballroom fait vibrer North London depuis 1938, accueillant de nombreux groupes et musiciens réputés, de Blur à Paul McCartney, des Clash à U2. La salle se transforme en club le vendredi (Sin City : métal) et le samedi (Shake : des classiques des années 1970, 1980 et 1990, parfaits pour se déhancher). (www.electricballroom.co.uk ; 184 Camden High St NW1 ; ⊘daily ; ⊖Camden Town)

KOKO

SALLE DE CONCERT

21 Plan p. 150, E5

Le légendaire Camden Palace, où Charlie Chaplin, les Goons et les Sex Pistols se sont produits, est devenu le KOKO mais figure toujours parmi les meilleurs lieux de concerts londoniens, accueillant Madonna et les Red Hot Chilli Peppers. Il comprend une piste de danse et de luxueux balcons, et attire des amateurs de rock indé pour la soirée Club NME le vendredi. Groupes live presque tous les soirs. (www.koko. uk.com ; 1a Camden High St NW1 ; ⊘19h-23h dim-jeu, jusqu'à 4h ven et sam ; ⊖Mornington Cres)

Roundhouse

SPECTACLES

22 Plan p. 150, C2

Théâtre d'avant-garde dans les années 1960 puis dédié au rock, le Roundhouse est tombé dans l'oubli avant de rouvrir il y a quelques années. Entre les concerts et les spectacles, les numéros de cirque et les one-man shows, la poésie slam et les soirées improvisation, la programmation est épatante. La forme circulaire caractéristique de l'édifice est souvent utilisée dans la mise en scène. (www.roundhouse.org.uk ; Chalk Farm Rd NW1 ; ⊘tlj ; ⊖Chalk Farm)

Jazz Café

MUSIQUE LIVE

23 Plan p. 150, E4

Malgré son nom, ce club est moins spécialisé en jazz qu'en musique grand public. Une fois par semaine, le restaurant huppé au décor industriel programme du jazz, ainsi que de grands noms de l'Afro, du funk, du hip-hop, du R&B et de la soul les

Comprendre
Camden Market

Bien qu'il ne soit plus à la pointe de la mode depuis longtemps, Camden Market attire encore 10 millions de visiteurs par an. Mêlant vêtements (de qualité variable), sacs, bijoux, objets artisanaux, bougies, encens et gadgets décoratifs, Camden Market est divisé en quatre zones : Stables Market, Lock Market, Canal Market et Buck Street Market.

autres soirs, pour le plus grand plaisir des fidèles de Camden. (www.jazzcafe. co.uk ; 5 Parkway NW1 ; Camden Town)

Shopping

Stables Market
MARCHÉ

24 Plan p. 150, D3

Derrière les rails, face à Hartland Rd, les Stables recèlent le meilleur de Camden Market. Ses spécialités : antiquités, objets asiatiques, tapis, meubles en pin et vêtements vintage. (www.stablesmarket.com ; Chalk Farm Rd NW1 ; 10h-18h ; Chalk Farm)

Camden Lock Market
MARCHÉ

25 Plan p. 150, D3

Près de l'écluse, cette partie de Camden Market rassemble divers aliments, céramiques, meubles, tapis orientaux, instruments de musique et vêtements de créateurs. (www. camdenlockmarket.com ; Camden Lock Pl NW1 ; 10h-18h ; Camden Town)

Canal Market
MARCHÉ

26 Plan p. 150, D3

Au-dessus du pont qui enjambe le canal, Canal Market est un bric-à-brac des quatre coins du monde. En 2008, une chaudière à gaz, laissée allumée, a provoqué un terrible incendie qui a coûté 30 millions de livres. Le marché a été reconstruit depuis. Mention spéciale aux sièges de scooters près du canal. (angle Chalk Farm Rd et Castlehaven Rd NW1 ; 10h-18h jeu-dim ; Chalk Farm ou Camden Town)

Buck Street Market
MARCHÉ

27 Plan p. 150, E3

Ce marché couvert abrite des stands de vêtements, de bijoux et de souvenirs. Bien qu'il soit proche de la station de métro, c'est le moins intéressant des marchés de Camden. (angle Camden High St et Buck St NW1 ; 9h-17h30 jeu-dim ; Camden Town)

100% londonien
Promenade dans Hampstead Heath

Comment s'y rendre

⊕ **Métro** Pour le Highgate Cemetery : station Archway (Northern Line).

⊕ **Métro** Hampstead Heath et Gospel Oak (métro aérien), Hampstead (Northern Line).

Étendue de forêts et de prairies ondoyantes, Hampstead Heath semble bien loin de la City (qui n'est pourtant qu'à 6,5 km). Ses 320 ha se composent essentiellement de bois, de collines et de prés, abritant quelque 180 espèces d'oiseaux, 23 sortes de papillons, de couleuvres, de chauves-souris et une grande diversité végétale, offrent une vaste perspective depuis Parliament Hill.

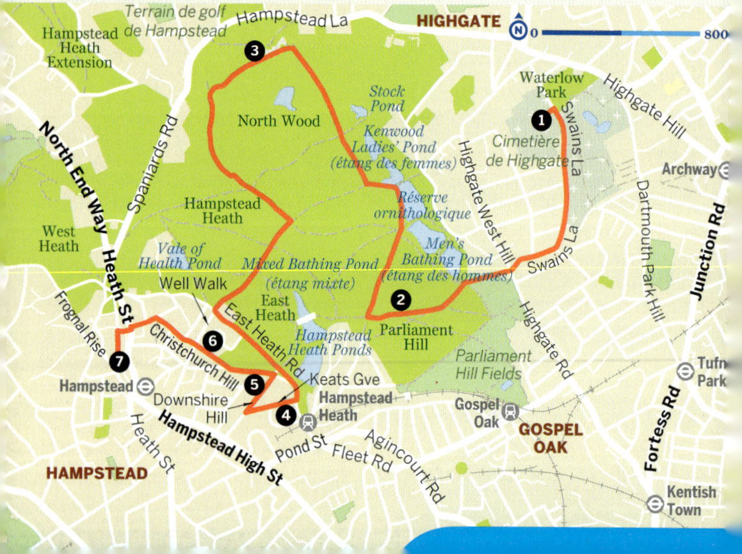

❶ Explorer le cimetière local

Highgate Cemetery (www.highgate-cemetery.org ; Swain's Lane N6 ; adulte/enfant 3 £/gratuit ; ⏰10h-17h lun-ven, 11h-17h sam et dim avr-oct, fermeture 16h tlj nov-mars ; 🚇Archway), où reposent Karl Marx, George Eliot et d'autres célébrités, se divise en East et West. Une visite guidée permet d'admirer le ravissant West Cemetery.

❷ Vue depuis Parliament Hill

Depuis le cimetière, descendez Swain's Lane jusqu'au rond-point menant à Highgate West Hill, et gravissez **Parliament Hill**, où vous attend une vue superbe sur le sud de la ville. L'endroit est prisé des Londoniens pour pique-niquer : dénichez un coin où déjeuner et profitez du panorama avant d'aller faire trempette dans Men's Bathing Pond ou la Kenwood Ladies' Pond (deux lacs ouverts toutes l'année ; baignade surveillée).

❸ Visiter la Kenwood House

Traversez le domaine jusqu'à la **Kenwood House** (Kenwood Lane NW3 ; entrée libre ; ⏰11h30-16h, circuit 14h30), splendide résidence néoclassique du XVIIIe siècle encadrée de jardins paysagers menant à un joli lac où ont lieu des concerts en été. La maison abrite une somptueuse collection d'art, notamment des œuvres de Rembrandt, Constable et Turner.

❹ Rendre visite à Keats

Rejoignez la magnifique **Keats House** (www.keatshouse.org.uk ; Wentworth Pl, Keats Grove NW3 ; adulte/enfant 5 £/gratuit ; ⏰13h-17h mar-dim mai-oct, ven-dim nov-avr ; 🚇Hampstead/ 🚇Hampstead Heath), où vécut jadis le grand poète romantique. C'est dans le jardin, assis sous un prunier (disparu mais replanté depuis), que Keats composa son *Ode à un rossignol,* en 1819.

❺ 2 Willow Road

Les amateurs d'architecture moderne feront un détour par le **n°2 Willow Road** (2 Willow Rd NW3 ; adulte/enfant 6/3 £ ; ⏰12h-17h mer-sam mars-oct, visite guidée 11h, 12h, 13h et 14h ; 🚇Hampstead/ 🚇Hampstead Heath), structure centrale d'un groupe de trois édifices conçus par Ernö Goldfinger en 1939. Visite guidée jusqu'à 15h (visite libre après).

❻ Dîner à la Wells Tavern

Très appréciée, la **Wells Tavern** (📞7794 3785 ; www.thewellshampstead. co.uk ; 30 Well Walk NW3 ; plats 10-16 £ ; ⏰déj et dîner ; 🚇Hampstead) sert des classiques de pub anglais : saucisses du Cumberland, purée et sauce à l'oignon, ou rôti et ses condiments. Réservation conseillée le week-end.

❼ Un dernier verre au Holly Bush

Niché au sommet de la colline, le magnifique **Holly Bush** (22 Holly Mount NW3 ; ⏰11h-113h ; 🚇Hampstead) est une étape idéale pour clore l'itinéraire. Son décor victorien et ses feux de bois en hiver contribuent au charme de ce pub, situé au-dessus de Heath St (accès par les Holly Bush Steps).

Explorer

Observatoire royal et Greenwich

L'architecture remarquable et les parcs magnifiques de Greenwich (prononcer *gren*-itch), dans le sud de Londres, attirent des flots de visiteurs dans ce quartier coquet bordé par la Tamise : entre le fascinant Observatoire royal et le fabuleux National Maritime Museum, Greenwich ne manque pas d'attraits et mérite qu'on lui consacre au moins une journée.

L'essentiel en un jour

☀️ Venez tôt et promenez-vous dans **Greenwich Park** (p. 167), puis gravissez la colline jusqu'à la statue du général Wolfe pour embrasser la vue de Greenwich et de Londres. Visitez l'**Observatoire royal** (p. 167) avant de descendre jusqu'à la **Queen's House** (p. 167), remarquable pour son Tulip Staircase, et l'**Old Royal Naval College** (p. 168) pour les étonnantes fresques du Painted Hall.

☀️ Faites le plein d'énergie avec un bol de nouilles chez **Tai Won Mein** (p. 170), puis lancez-vous dans la visite du **National Maritime Museum** (p. 167), récemment agrandi. Plus grand musée de la marine au monde, il fascine les visiteurs de tous les âges. La magnifique collection d'art de la **Ranger's House** (p. 167) vaut le coup d'œil, mais ne manquez pas l'insolite **Fan Museum** (p. 168). S'il vous reste du temps, faites un tour à **Discover Greenwich** (p. 169) pour connaître l'histoire de ce ravissant quartier.

🌙 Dînez à l'**Inside** (p. 169) ou à l'**Old Brewery** (p. 169) et finissez la soirée à **Greenwich Union** (p. 170), ou longez la Tamise jusqu'à la **Cutty Sark Tavern** (p. 170) pour un dernier verre en contemplant le fleuve.

Pour une journée 100% londonienne à Greenwich, voir p. 164.

🔍 **100% londonien**

Les coulisses de Greenwich (p. 164)

 Le meilleur du quartier

Édifices prestigieux
Queen's House (p. 167)
Old Royal Naval College (p. 168)

Musées
National Maritime Museum (p. 167)

Panoramas
Greenwich Park (p. 167)

Prendre un verre et se restaurer
Greenwich Union (p. 170)

Pubs historiques
Cutty Sark Tavern (p. 170)
Trafalgar Tavern (p. 164)

Comment y aller

🚆 **Train** Depuis le centre, le plus rapide est d'emprunter les grandes lignes entre Charing Cross ou London Bridge et la gare de Greenwich.

🚈 **Docklands Light Railway (DLR)** La plupart des adresses de Greenwich sont proches de la gare DLR de Cutty Sark.

⛴ **Bateau** Les bateaux Thames Clipper desservent Greenwich et Woolwich Arsenal depuis le London Eye Millennium Pier.

100% londonien
Les coulisses de Greenwich

L'intérêt de ce quartier distingué et charmant de South London, idéalement situé près d'un coude de la Tamise contournant l'Isle of Dogs, ne se limite pas à ses curiosités touristiques. Cet itinéraire vous fait découvrir un autre Greenwich, offre un agréable aperçu du quartier et finit par une promenade au bord de l'eau.

❶ Déguster des saucisses au Nevada Street Deli

Ce charmant **traiteur** (☎0208 293 9199 ; 8 Nevada St, SE10 ; sandwichs 3,75-4 £ ; ⏰tlj ; DLR Cutty Sark/Greenwich, 🚆Greenwich) dans Nevada St est prisé pour ses sandwichs, ses tartines de champignons ou saumon mariné et ses généreuses assiettes de diverses saucisses maison (saumon fumé, épinards et feta...). On peut aussi n'y prendre qu'un café.

Tamise

Tunnel piétonnier de Greenwich

❼
❻
❺

Trafalgar Rd

Maze Hill

Park Row

Romney Rd

Thames St

Park Vista

Cutty Sark DLR

Creek Rd ❸ ❹

King William Walk

St Alfege Passage ❷

Roan St

GREENWICH Greenwich Park

Straightsmouth St

Greenwich High Rd

Stockwell St

Burney St

Nevada St ❶

Croom's Hill

The Avenue

Greenwich et Greenwich DLR

N 0 ————— 200 m

❷ Faire halte à la St Alfege Church

Dessinée par Nicholas Hawksmoor en 1714, cette **église paroissiale** (www.st-alfege.org ; Church St SE10 ; entrée libre ; ⏱10h-16h lun-sam, 13h-16h dim ; 🚉Greenwich ou DLR Cutty Sark) est une splendeur, bordée par St Alfege Passage, ravissante petite allée pavée.

❸ Chiner chez Beehive

Les adeptes du vinyle de Greenwich ne jurent que par cette boutique de vieux disques (Bowie, Rolling Stones, soul...) et de fringues rétro (robes, chemisiers, vestes en cuir et manteaux). **Beehive** (320-322 Creek Rd, SE10 ; ⏱10h30-18h mar-dim, 10h30-18h30 sam et dim ; DLR Cutty Sark) est un paradis pour les chineurs : on entre pour jeter un coup d'œil, et l'on ressort avec une robe *mods*, un téléphone en Bakelite et *Hunky Dory* en 33 tours.

❹ Halte gourmande au Greenwich Market

Jouxtant les étals de ce **marché** (www.greenwichmarket.net ; Greenwich Market, SE10 ; ⏱10h-17h30 mer, sam et dim ; DLR Cutty Sark) les mercredis, samedis et dimanches, des stands alimentaires vendent toute une variété d'en-cas à emporter : tapas espagnoles, curries thaïs, sushis, crêpes, *churros* brésiliens, et bien d'autres.

❺ Se promener sous la Tamise

Achevé en 1902 et long de 370 m, le **tunnel piétonnier de Greenwich** rejoint l'Isle of Dogs, de l'autre côté de la Tamise. Expérience insolite, il est accessible en ascenseur (7h-19h du lundi au samedi et 10h-17h30 le dimanche) ou, pour les plus endurants, par l'escalier (24h/24) : compter entre 88 et 100 marches dans chaque sens.

❻ Prendre un verre à la Trafalgar Tavern

Léché par les eaux brunes de la Tamise, sur laquelle donnent ses hautes fenêtres, cet immense **pub** (www.trafalgartavern.co.uk ; 6 Park Row SE10 ; ⏱12h-23h lun-jeu, jusqu'à 24h ven et sam, jusqu'à 22h30 dim ; DLR Cutty Sark ou Maze Hill) est chargé d'histoire : il fut fréquenté par Dickens (qui y situe la scène du petit-déjeuner de mariage dans *L'Ami commun*), et Gladstone et Disraeli, tous deux Premiers ministres, amateurs de la célèbre friture du pub.

❼ Promenade au bord du fleuve

C'est en longeant la Tamise vers l'est que l'on prend conscience de la dimension fluviale de Greenwich : cette section du Thames Path est particulièrement belle près de Greenwich et offre une vue magnifique sur Canary Wharf et le fleuve. Joignez-vous aux riverains et prenez l'apéritif à la **Cutty Sark Tavern** (p. 170).

Manchester Rd

Island Gardens DLR

Saunders Ness Rd

Pelton Rd

ISLE OF DOGS

Tamise

Lassell St

Old Woolwich Rd

Maze Hill

Tunnel piétonnier de Greenwich

Old Royal Naval College

Park Row

Trafalgar Rd

Cutty Sark

Discover Greenwich

Chapel at Old Royal Naval College

Cutty Sark DLR

National Maritime Museum

Romney Rd

Park Vista

Creek Rd

Bardsley La

Queen's House

Greenwich Park

King William Walk

Straightsmouth St

Stockwell St

Greenwich & Greenwich DLR

Burney St

GREENWICH

Greenwich High Rd

Croom's Hill

The Avenue

Observatoire royal

Royal Hill

Circus St

King George St

Greenwich Park

Greenwich South St

Croom's Hill

Prior St

Brand St

Ranger's House (Wernher Collection)

Royal Hill

Hyde Vale

0 — 200 m

Nos adresses

Voir	p. 167
Se restaurer	p. 169
Prendre un verre	p. 170
Sortir	p. 171
Shopping	p. 171

Voir

Observatoire royal
SITE HISTORIQUE

1 ⊙ Plan p. 166, C4

Rénové moyennant 15 millions de livres, le passionnant Observatoire royal comprend deux parties. L'accès aux Flamsteed House et Meridian Courtyard (où les visiteurs s'amusent à placer un pied dans chaque hémisphère), côté nord, est désormais payant. Au sud se trouvent l'Astronomy Centre, pédagogique et gratuit, et le futuriste **Peter Harrison Planetarium** (adulte/enfant 6,50/4,50 £ ; ⊙spectacles toutes les heures 12h45-15h45 lun-ven, 11h-16h15 sam et dim), unique planétarium de Londres. (www.nmm.ac.uk/places/royal-observatory ; Greenwich Park, Blackheath Ave SE10 ; adulte/enfant 10 £/gratuit, centre d'astronomie gratuit ; ⊙10h-17h ; 🚉Greenwich ou DLR Cutty Sark)

National Maritime Museum
MUSÉE

2 ⊙ Plan p. 166, C3

Le plus grand musée maritime au monde évoque l'histoire navale haute en couleur du pays. Le musée, organisé par thèmes, abrite le canot d'apparat doré, long de 19 m et construit en 1732, de Frédéric, prince de Galles L'immense hélice est exposée au rez-de-chaussée. Le musée s'est enrichi fin 2011 d'une nouvelle aile, la Sammy Ofer Wing. Visites guidées à 12h, 13h et 15h. (www.nmm.ac.uk ; Romney Rd SE10 ; entrée libre ; ⊙10h-17h ; 🚉Greenwich ou DLR Cutty Sark)

Une petite faim ? L'excellent **Tai Won Mein** (p. 170) sert des portions de nouilles roboratives.

Greenwich Park
PARC

3 ⊙ Plan p. 166, D4

Avec sa majestueuse allée, sa roseraie et ses belles promenades, ce parc est l'un des plus grands et des plus beaux de la capitale : un cadre magnifique pour les épreuves équestres des JO de 2012. Au sommet de la colline, à proximité de la **statue du général Wolfe**, face à l'Observatoire royal, la vue est splendide. (⊙lever-coucher du soleil, voitures à partir de 7h ; 🚉Greenwich ou Maze Hill, DLR Cutty Sark)

Queen's House
BÂTIMENT HISTORIQUE

4 ⊙ Plan p. 166, C3

Premier édifice palladien réalisé par l'architecte Inigo Jones à son retour d'Italie, cette demeure fut celle de Charles Ier et Henrietta Maria. Le grand hall, pièce principale, arbore un sol carrelé au motif complexe de 1637. Le **Tulip Staircase**, escalier hélicoïdal, mène à la galerie du 1er étage. (www.nmm.ac.uk/places/queens-house ; Romney Rd SE10 ; entrée libre ; ⊙10h-17h ; 🚉Greenwich ou DLR Cutty Sark)

Ranger's House (Wernher Collection)
BÂTIMENT HISTORIQUE

5 ⊙ Plan p. 166, C5

Édifiée en 1723, cette élégante villa georgienne dans l'angle sud-ouest de Greenwich Park recèle aujourd'hui une collection de 700 œuvres d'art (peintures médiévales et de la Renaissance, porcelaines, argenterie, tapisseries, etc.) rassemblées par un certain Julius Wernher (1850-1912). Sa collection de bijoux de la Renaissance espagnole est la plus belle d'Europe, et la roseraie devant la maison est à couper le souffle. (Greenwich Park, Chesterfield Walk SE10 ; adulte/enfant 7/4 £ ; ⏱visites 11h30 et 14h30 lun-mer, 11h-17h dim début avr-sept ; Greenwich ou DLR Cutty Sark)

Old Royal Naval College
BÂTIMENT HISTORIQUE

6 Plan p. 166, B2

Occupé essentiellement par l'université de Greenwich, l'ancien

---

Comprendre
Architecture

Greenwich possède un ensemble extraordinairement homogène d'édifices classiques. Tous les grands architectes des Lumières y ont contribué, essentiellement pour une clientèle royale. Queen's House, l'une des premières demeures de style Renaissance d'Angleterre, fut bâtie au début du XVIIe siècle par Inigo Jones. Charles II, très épris de Greenwich, confia à sir Christopher Wren la construction de l'Observatoire royal et d'une partie du Royal Naval College, achevé par John Vanbrugh au début du XVIIe siècle.

Naval College compte parmi les prestigieux bâtiments conçus par sir Christopher Wren. Ne manquez pas la chapelle rococo et le Painted Hall, décoré d'étonnantes fresques baroques dues à sir James Thornhill. (www.oldroyalnavalcollege.org ; King William Walk ; entrée libre ; ⏱10h-17h lun-sam, accès au domaine 8h-18h dim ; 🚇 ; DLR Cutty Sark)

Cutty Sark
NAVIRE

7 Plan p. 166, B2

Grande attraction de Greenwich, cet édifice est le dernier des grands clippers qui circulaient entre la Chine et l'Angleterre au XIXe siècle. Il a été très endommagé par un incendie. Il a rouvert au printemps 2012 – heureusement, la moitié des meubles et des gréements, dont le mât, avaient été déposés avant l'accident pour entretien. (www.cuttysark.org.uk ; Cutty Sark Gardens SE10 ; Greenwich ou DLR Cutty Sark)

Musée de l'éventail
MUSÉE

8 Plan p. 166, B4

Fort d'une superbe collection d'éventails en ivoire, en écaille de tortue ou en plumes de paon, ce musée est le seul au monde entièrement consacré à cet accessoire. L'hôtel particulier georgien du XVIIIe siècle qui l'abrite possède un jardin japonais. Le thé de cinq heures est servi deux fois par semaine dans l'Orangery, ornée de ravissantes fresques en trompe l'œil. (www.fan-museum.org ; 12 Crooms Hill SE10 ; adulte/

enfant 4/3 £ ; ⏱11h-17h mar-sam, 12h-17h dim ; 📶 ; 🚇Greenwich ou DLR Cutty Sark)

Discover Greenwich MUSÉE

 9 Plan p. 166, B2

Découvrez l'histoire de Greenwich dans ce nouveau musée, équipé de maquettes et d'installations interactives, souvent destinées aux enfants. Le musée comprend le centre d'information touristique de Greenwich.

Une petite faim ? Pour manger un morceau ou prendre un verre, rendez-vous à l'Old Brewery voisine.

Se restaurer

Inside EUROPÉEN MODERNE ££

 10 Plan p. 166, A5

Murs blancs, art moderne et nappes en lin plantent le décor sans prétention de ce restaurant détendu, l'une des meilleures tables de Greenwich. On y savoure des plats européens modernes, privilégiant le poisson et les viandes provenant

☑ Bon plan

Récital à Greenwich

Le premier dimanche de chaque mois, à 15h, la chapelle de l'Old Royal Naval College accueille un récital d'orgue gratuit de 50 minutes. Vous pouvez aussi faire coïncider votre visite avec la messe chantée, le dimanche à 11h.

Queen's House (p. 167)

JANE SWEENEY/LONELY PLANET IMAGES ©

de petits fournisseurs locaux. (www. insiderestaurant.co.uk ; 19 Greenwich South St ; plats 12,50-18 £, menu déj 2/3 plats 13/18 £, menu dîner 18/23 £ ; ⏱ fermé dîner dim, déj et dîner lun ; DLR/ 🚇Greenwich)

Old Brewery BRITANNIQUE MODERNE ££

Les magnifiques cuves en cuivre et la haute salle baignée de lumière de cette brasserie en activité invitent à se désaltérer après avoir arpenté Greenwich. Jouxtant Discover Greenwich (voir **9** plan p. 166, B2), le café se transforme le soir en restaurant, où les meilleurs ingrédients de saison sont à l'honneur. (www.oldbrewerygreenwich.com ; Pepys Bldg, Old Royal Naval College, SE10 ; plats 11,50-26 £ ; ⏱café 10h-17h lun-dim, restaurant

18h-23h lun-sam et 18h-22h30 dim ; DLR
Cutty Sark)

Tai Won Mein
CHINOIS £

11 Plan p. 166, B3

Malgré le personnel mollasson, ce
restaurant cantonais (littéralement
"gros bol de nouilles") sert d'énormes
portions aux saveurs simples mais
fraîches. Le *tai won mein*, bouillon
garni de fruits de mer, est succulent.
(39 Greenwich Church St, SE10 ; 11h30-
23h30 ; plats à partir de 5 £ ; DLR Cutty Sark)

Spread Eagle
FRANÇAIS ££

12 Plan p. 166, B4

Ancien relais de poste, ce restaurant
chic d'inspiration française, face
au Greenwich Theatre et près du
Nevada Street Deli, offre un cadre
détendu et agréable. (8853 2333 ;
www.spreadeaglerestaurant.co.uk ;
1-2 Stockwell St SE10 ; menu 2/3 plats sam
et dim 13/16 £, menu déj/dîner 2/3 plats
lun-ven 16,50/19,50 £ ; DLR Cutty Sark ou
Greenwich)

Prendre un verre

Greenwich Union
PUB

13 Plan p. 166, B5

Couronné de prix, l'Union sert six ou
sept bières de la Meantime Brewery
(framboise et blanche, notamment),
une solide sélection d'ales, et un
excellent choix de bouteilles de bières
du monde. Vieux fauteuils en cuir et
ambiance conviviale dans la longue

---

salle menant à la véranda et au *beer
garden* à l'arrière. (www.greenwichunion.
com ; 56 Royal Hill SE10 ; tlj ; DLR
Greenwich ou Greenwich)

Cutty Sark Tavern
PUB

14 Plan p. 166, D1

Installé dans un charmant édifice
georgien donnant sur le fleuve,
avec vitraux en saillie et poutres
en bois, le Cutty Sark est l'un des
rares pubs indépendants restant
à Greenwich. Un chapelet de fûts
d'ales à la pression borde le bar et
des tables sont installées près du
fleuve. Marcher 15 minutes de la gare
DLR de Cutty Sark, ou prendre un

bus dans Trafalgar Rd puis marcher vers le nord. (www.cuttysarktavern.co.uk ; 4-6 Ballast Quay SE10 ; ☺tlj ; DLR Cutty Sark, 🚌177 ou 180)

Old Brewery   BAR

Commodément situé près de Discover Greenwich (voir **9** ⊙ plan p. 166, B2), ce bar en briques appartient à la Meantime Brewery, qui y vend sa propre Imperial Pale Ale (brassée sur place) et 50 autres types : bières trappistes belges, aux fruits, fumées et autres, à siroter en terrasse, dans la cour. (www.oldbrewerygreenwich.com ; Pepys Bldg, Old Royal Naval College, SE10 ; ☺11h-23h lun-sam, 12h-22h30 dim ; DLR Cutty Sark)

Sortir

Up the Creek   COMÉDIE

15 ⭐ Plan p. 166, A3

Créé par le légendaire Malcolm Hardee et digne héritier de son humour, ce club épatant érige la

100% londonien

Greenwich Comedy Festival

Début septembre, le plus grand festival d'humour de Londres, le **Greenwich Comedy Festival** (www.greenwichcomedyfestival.co.uk) prend ses quartiers à l'Old Royal Naval College et fait pleurer de rire tout Greenwich.

malice et l'impertinence au rang de norme. Scène ouverte le jeudi (4 £) et soirée spéciale le dimanche. On vient autant pour les humoristes que pour les voir se faire chahuter par le public (6 £ ; www.sundayspecial.co.uk). (☎8858 4581 ; www.up-the-creek.com ; 302 Creek Rd SE10 ; ☺ven et sam ; 🚌Greenwich ou DLR Cutty Sark)

Shopping

Compendia   CADEAUX ET SOUVENIRS

16 🔒 Plan p. 166, B3

Compendia, tenu par des fanatiques de jeux, est une mine de cadeaux : backgammon, échecs, Scrabble, solitaire ou jeux plus confidentiels, puzzles Escher… Ceux qui veulent aller jouer à Greenwich Park y dénicheront même des frisbees, cerfs-volants, balles de jonglage et diabolos. (www.compendia.co.uk ; 10 Greenwich Market ; ☺11h-17h30 ; DLR Cutty Sark)

Emporium   MODE

17 🔒 Plan p. 166, A3

Les vitrines et les penderies de cette adorable boutique (unisexe) de vêtements vintage débordent d'articles originaux : bijoux, vieilles bouteilles de parfum, chapeaux de paille, superbes vestes et blazers. (330- Creek Rd SE10 ; ☺10h30-18h mer-dim ; DLR Cutty Sark)

♥ Londres

selon ses envies

Carnaval de Notting Hill (p. 147)
JANE SWEENEY/LONELY PLANET IMAGES ©

Les plus belles balades

De la Tour de Londres à la Tate Modern

🏃 Itinéraire

L'un des édifices les plus mémorables de Londres marque le début de cette promenade, qui franchit la Tamise par le superbe Tower Bridge avant de longer le fleuve, vers l'ouest, où vous attendent de magnifiques points de vue, de saisissants édifices anciens et modernes et le Shakespeare's Globe, pour finir à la Tate Modern, temple de l'art contemporain.

Départ Tour de Londres ; ⊖Tower Hill

Arrivée Tate Modern ; ⊖Southwark ou London Bridge

Durée 3 km ; 1 heure 30

🍴 Une petite faim ?

Depuis le Shard, empruntez Tooley St vers l'est : dégustez un succulent repas britannique dans le cadre distingué du Magdalen (p. 114), faites votre choix d'en-cas à Borough Market (p. 118) ou admirez le marché d'en haut, au Roast (p. 115, entrée et ascenseur dans Borough Market).

Borough Market (p. 118)

❶ Tour de Londres

Dominant la Tamise, la **Tour de Londres** (p. 86) jouit d'un emplacement idéal. Vous pouvez y admirer l'énorme diamant Koh-i-Noor, explorer la White Tower et profiter d'une passionnante visite menée par un Yeoman Warder (hallebardier).

❷ Tower Bridge

Rejoignez le sud de la Tamise par le **Tower Bridge** (p. 92), ouvrage du XIXe siècle. Plus de 40 000 personnes l'empruntent chaque jour. Pour en savoir davantage, visitez la Tower Bridge Exhibition.

❸ HMS Belfast

Suivez la Queen's Walk jusqu'au **City Hall** (p. 113). Amarré un peu plus loin, le **HMS Belfast** (p. 111), croiseur ayant servi durant la Seconde Guerre mondiale et d'autres conflits, abrite aujourd'hui un musée.

❹ Shard

Traversez le complexe commercial de **Hay's Galleria** jusqu'à Tooley St pour admirer le **Shard**, de l'architecte Renzo Piano. À son inauguration, en 2013, ce sera le plus haut immeuble de l'UE ; il comprendra un hôtel cinq étoiles, des restaurants et une galerie panoramique.

❺ Borough Market

Continuez vers l'ouest par Tooley St, descendez Borough High St et remontez Stoney St jusqu'à **Borough Market** (p. 118), où se fournir en produits frais du jeudi au samedi. Puis passez par Stoney St jusqu'à Winchester Walk et

offrez-vous une bière au **Rake** (p. 116).

❻ Southwark Cathedral

La **Southwark Cathedral** (p. 110) date en partie du Moyen Âge, comme en témoigne sa ravissante collection d'objets anciens, parmi lesquels un buffet élisabéthain et une icône du Christ.

❼ Shakespeare's Globe

Vers l'ouest, Clink St mène aux vestiges de Winchester Palace,

à Bankside et au **Shakespeare's Globe** (p. 117), que vous visiterez si le temps le permet.

❽ Tate Modern

Non loin du Shakespeare's Globe, à l'ouest, le **Millennium Bridge** (p. 111) jouxte l'emblématique **Tate Modern** (p. 104), musée d'art moderne et contemporain. L'entrée la plus spectaculaire se trouve près de Holland St, côté ouest, où une longue pente pénètre dans la **Turbine Hall** (p. 105).

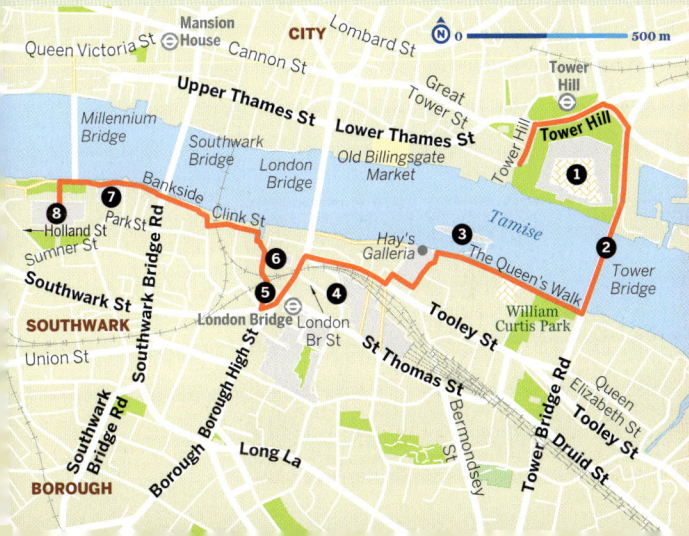

Les plus belles balades
Sur les pas de la reine

🏃 Itinéraire

Englobant la fine fleur des édifices monarchiques londoniens, cet itinéraire passe par des curiosités incontournables, et par les édifices et sites historiques parmi les plus célèbres de la capitale – n'oubliez pas votre appareil photo ! La marche, circulaire, revient commodément près de votre point de départ, d'où vous pouvez rejoindre d'autres quartiers de Londres.

Départ Westminster Abbey ; ⊖Westminster ou St James's Park

Arrivée Banqueting House ; ⊖Westminster

Durée 3,5 km ; 2 heures

🍴 Une petite faim ?

S'il fait beau, prévoyez un pique-nique et installez-vous dans le ravissant St James's Park (p. 34). Sinon, l'Inn the Park (p. 37), sur votre parcours, permet de se restaurer en admirant la vue.

DAVID COPEMAN / ALAMY ©

Banqueting House (p. 35)

❶ Westminster Abbey

Commencez par découvrir l'imposante **Westminster Abbey** (p. 24), si possible en arrivant tôt (avant la foule). Moins massive, la jolie **St Margaret's Church** au nord, sur le flanc de l'abbaye, est l'église paroissiale de la Chambre des communes.

❷ Cabinet War Rooms & Churchill Museum

Flânez sur Parliament Sq, près de la **cour suprême du Royaume-Uni** (les salles sont ouvertes au public pendant les audiences), à l'ouest de la place. Au **Cabinet War Rooms & Churchill Museum** (p. 34), dans King Charles St, découvrez comment Churchill dirigea les Alliés contre Hitler.

❸ Buckingham Palace

La Birdcage Walk vous conduit au majestueux **Buckingham Palace** (p. 28), dont les pièces d'apparat sont accessibles aux détenteurs de billets en août et septembre, ou visitez, non loin, les **Royal Mews** (écuries royales ; p. 29) et la **Queen's Gallery** (p. 29).

❹ St James's Park

Promenez-vous sur le Mall et dans **St James's Park** (p. 34), l'un des plus beaux parcs royaux de Londres. Longez le **St James's Park Lake**, peuplé de canards, oies, cygnes et autres oiseaux aquatiques.

❺ Trafalgar Square

Regagnez le Mall et franchissez l'Admiralty Arch jusqu'à **Trafalgar Square** (p. 50), où Whitehall offre une vue royale sur le Parlement.

❻ Horse Guards Parade

Descendez Whitehall jusqu'à l'entrée du **Horse Guards Parade** (p. 35), où la prestigieuse garde montée privée de la reine veille de 10h à 16h, et assistez à la relève.

❼ Banqueting House

À l'extrémité de Whitehall, la superbe **Banqueting House** (p. 35) est le dernier vestige du Whitehall Palace, qui occupait jadis une bonne partie de Whitehall mais qu'un incendie détruisit à la fin du XVIIᵉ siècle. Plus loin dans Whitehall se trouvent l'entrée du **n°10 Downing Street** (p. 36), puis Parliament Sq et les **Houses of Parliament** (Chambres du Parlement) (p. 30).

Les plus belles balades

De South Bank aux Houses of Parliament

🏃 Itinéraire

Succession de magnifiques points de vue, cette marche sans difficulté le long de la Tamise part du Southbank Centre, lieu emblématique du paysage culturel londonien, et vous achemine vers l'un des plus beaux édifices de la capitale : les Houses of Parliament. Le London Eye, l'élégant Westminster Bridge et des haltes panoramiques sur la ville composent l'itinéraire.

Départ Southbank Centre ; 🚇Waterloo ou Embankment

Arrivée Jewel Tower ; 🚇Westminster

Durée 1,5 km ; 1 heure

🍴 Une petite faim ?

Pique-niquez dans les Jubilee Gardens, près du London Eye (p. 110) ou faites bombance au très chic Skylon (p. 113), au Royal Festival Hall.

London Eye (p. 110) et County Hall

RICHARD I'ANSON/LONELY PLANET IMAGES ©

❶ Southbank Centre

Institution culturelle de premier plan, plus grand centre d'art au monde, le **Southbank Centre** (p. 118) jouxte la silhouette rénovée du **Royal Festival Hall**, construit dans les années 1950. Un marché aux livres, le **South Bank Book Market** (p. 119), s'installe sous les arches, près du Waterloo Bridge.

❷ London Eye

Pour monter dans le **London Eye** (p. 110), vertigineuse grande roue surplombant la Tamise, mieux vaut se procurer un billet coupe-file. Vous pouvez aussi lézarder au soleil sur les pelouses des **Jubilee Gardens**, bel espace vert entièrement repensé en 2012.

❸ County Hall

Débuté en 1909 et achevé seulement en 1922, le **County Hall** est un imposant édifice en pierre de Portland jouissant d'une vue enviable sur les Houses of Parliament, sur l'autre rive de la Tamise. Pendant nombre d'années, le County Hall fut le siège du conseil municipal ; il abrite aujourd'hui le **Sea Life London Aquarium** (p. 112), un musée du cinéma et des hôtels.

④ Westminster Bridge

Achevé en 1862, le Westminster Bridge est un ouvrage néogothique à sept arches, postérieur au pont à 15 arches en pierre de Portland, sur lequel William Wordsworth créa son sonnet *Composé sur le pont de Westminster, 3 septembre 1802.*

La version moderne apparaît dans le film *28 Jours plus tard.*

⑤ Houses of Parliament

Au bout de Westminster Bridge se dressent les murs ouvragés en pierre des **Houses of Parliament** (p. 30) également appelé palais de Westminster, dotées de trois majestueuses tours : la Clock Tower (surnommée Big Ben), la Victoria Tower dans l'angle sud-ouest et la Central Tower entre les deux.

⑥ Jewel Tower

Vieille de 700 ans, la **Jewel Tower** (tour des Joyaux) est séparée de la Victoria Tower par Abingdon St. La tour était l'un des deux édifices (avec Westminster Hall) ayant résisté à l'incendie de 1834, qui détruisit le palais de Westminster. Parmi les plus anciens édifices de Londres, elle abrite une exposition sur l'histoire du Parlement.

Envie de...
Manger

Londres, jadis risée du monde pour la médiocrité de sa cuisine, s'est hissé en vingt ans au rang des destinations culinaires de premier plan. Outre sa kyrielle de restaurants étoilés, la liste des tables du monde ressemble à un annuaire culinaire, illustrant à merveille la diversité culturelle de la ville.

Cuisine du monde

Les tables londoniennes représentent un melting-pot gourmand. Pour des raisons historiques, l'Inde est très présente (le curry a été élu plat national), mais les cuisines chinoise, thaïlandaise, japonaise et coréenne sont également très populaires, sans oublier les établissements "fusion" qui combinent avec raffinement les saveurs venues d'Asie.

Les Britanniques sont tout aussi friands des cuisines européennes (française, italienne, espagnole, grecque, scandinave), et nombre de restaurants chics en revisitent les classiques. Les saveurs d'ailleurs sont surtout représentées dans les quartiers où vivent les communautés de la même origine.

Gastropubs

Si l'on allait autrefois au pub pour boire un verre, éventuellement accompagné d'un paquet de chips, l'avènement du *gastropub* dans les années 1990 a changé la donne ; aujourd'hui, presque tous les pubs proposent des repas complets de qualité variable, de l'assiette décongelée au plat de haute volée.

☑ **Bons plans**

▶ Le week-end, pensez à réserver.

▶ À midi, les restaurants haut de gamme proposent des formules ou des plats à la carte tout à fait abordables.

▶ Beaucoup de restaurants du West End proposent des menus d'avant ou après spectacle à petit prix.

Britannique

Dinner by Heston Blumenthal (p. 141). Bel hommage moderne à la grande tradition culinaire britannique.

Laughing Gravy (p. 113). Superbe menu britannique et cadre apaisant.

TRICIA DE COURCY LING/ALAMY ©

Skylon (p. 113)

Market (p. 153). Murs en brique nue, sérénité et classiques britanniques.

Magdalen (p. 114). Décor élégant, cuisine fine et service attentif.

Européen

Vincent Rooms (p. 36). Cuisine menée avec brio par les apprentis du Westminster Kingsway College.

Bocca di Lupo (p. 53). Cuisine italienne sophistiquée à Soho.

Launceston Place (p. 140). Plats aussi impressionnants que le décor.

Asiatique

Yauatcha (p. 53). *Dim sum* renversants dans un cadre chic.

Mooli's (p. 53). Succulents *rotis* indiens. On en redemande…

Cinnamon Club (p. 37). Cuisine fine indienne dans l'élégante Old Westminster Library.

Rasoi Vineet Bhatia (p. 141). Discrète table indienne près de King's Rd.

Salle à manger avec vue

Skylon (p. 113). Vue imprenable sur la Tamise, bonne carte internationale.

Oxo Tower Restaurant & Brasserie (p. 114). Vue renversante et excellente carte "fusion".

Min Jiang (p. 142). Canard laqué sur fond de Kensington Gardens.

Vaut le détour

L'épatant **Providores & Tapa Room** (📞 7935 6175 ; www.theprovidores. co.uk ; 109 Marylebone High St W1 ; plats 18-26 £ ; 🕐 déj et dîner ; 🚇 Baker St ou Bond St) se divise en deux niveaux : d'alléchantes tapas (2,80 à 15 £ ; sans réservation) sont servies au rez-de-chaussée, et une remarquable carte "fusion" dans l'élégante salle à manger à l'étage. Nous recommandons le brunch le samedi et le dimanche.

Envie de...
Prendre un verre et sortir

Les Londoniens sont des noceurs dans l'âme. Depuis les « Gin Lane » de Hogart, gravures du XVIIIe vantant la boisson, jusqu'à la décision, en 2008, du maire Boris Johnson d'interdire la consommation d'alcool dans les transports en commun, les londoniens passent d'un extrême à l'autre. Cependant ils n'ont rien perdu de leur obsession pour l'alcool, ni de leur propension à en abuser. Certains quartiers de la capitale ne s'animent qu'à l'heure de l'apéritif – et ne retrouvent leur calme qu'au petit matin.

© JACK CAREY/ALAMY

☑ **Bons plans**

▶ Consultez la rubrique Sorties dans Time Out (www.timeout.com) ou l'Evening Standard (www.thisislondon.co.uk).

▶ Dans les clubs branchés, comme à Kensington, sortez vos plus beaux atours (pas de jeans-baskets). Plus à l'est, les tenues sont plus détendues et décalées.

Pubs

Le pub (raccourci de "public house") occupe une place privilégiée dans la vie sociale londonienne.

On y sert un vaste choix de boissons, mais la bière est de rigueur. Certains pubs spécialisés servent les bières de microbrasseries locales ou parfumées aux fruits, des cidres bio et autres breuvages plus rares, tandis que d'autres, notamment les *gastropubs*, affichent une solide carte de vins. Quelques établissements ont de ravissants jardins, pris d'assaut en été.

Sauf mention contraire, tous les pubs et bars répertoriés dans ce guide accueillent leurs clients de 11h à 23h du lundi au samedi, et ferment à 22h30 le dimanche. Certains restent ouverts plus tard, jusqu'à 2h ou 3h au maximum.

Bars

Fermant plus tard que les pubs mais plus tôt que les clubs, les bars ne sont pas assujettis à la fermeture obligatoire à 23h. Des DJ y officient parfois, et certains ont une petite piste de danse, l'entrée étant payante après 23h. Le décor y est plus moderne et les boissons et cocktails plus sophistiqués (et plus chers).

Pubs authentiques

Edinboro Castle (p. 155). Ambiance cultivée et *beer garden*.

Lock Tavern (p. 155). Superbe pub de Camden avec terrasse sur le toit et musique live.

Lock Tavern (p. 155)

Greenwich Union (p. 170). Belle sélection de bières à Greenwich.

Black Friar (p. 98). Célèbre pub plein de cachet.

Pubs historiques

George Inn (p. 116). Irrésistible pour son charme historique.

Cutty Sark Tavern (p. 170). Large choix d'ales à déguster au bord du fleuve.

Queen's Larder (p. 77). Pub douillet au cachet royal.

Trafalgar Tavern (p. 165). Parfait pour siroter une pinte face au fleuve.

Bars

Experimental Cocktail Club (p. 55). Cocktails audacieux dans un cadre somptueux.

Academy (p. 55). Cocktails pour connaisseurs.

Vertigo 42 (p. 98). Cocktails classiques et vue splendide.

Galvin at Windows (p. 142). Coucher de soleil et cocktails assortis.

French House (p. 47). Bar bohème de Soho, riche en histoire.

Clubs

Cargo (p. 101). Programme musical créatif et public branché.

Catch (p. 101). Nuit animée garantie à Shoreditch.

Madame Jo Jo's (p. 56). Cabaret kitsch dans un club souterrain.

Vaut le détour

Bob Dylan et John Lennon se sont illustrés au **Troubadour** (www.troubadour.co.uk ; 265 Old Brompton Rd SW5 ; 9h-24h ; Earl's Court) – des décennies plus tard, ce café-bar n'a rien perdu de son ambiance détendue et bohème. La musique live (folk, blues) retentit presque tous les soirs, et un vaste jardin est ouvert l'été. Côté boissons, vous aurez l'embarras du choix : le Troubadour a un bar à vin et jouxte un caviste.

Envie de...
Spectacles

Quels que soient vos goûts, Londres abonde en scènes en tout genre : pièces innovantes, comédies musicales étourdissantes, one-man-shows, danse, opéra ou concerts… Il faudrait plus d'une vie pour en faire le tour.

Théâtre

Une soirée au théâtre est une étape incontournable de tout séjour à Londres. Seul Broadway, à New York, rivalise avec "Theatreland", dans le West End, fort de 40 salles. Les théâtres londoniens, parmi les plus vieux au monde, présentent aussi une programmation d'une rare variété, des classiques de Shakespeare aux spectacles les plus osés, et des reprises de comédies musicales à tout casser aux pièces confidentielles données dans les combles des pubs.

Musique classique

Entre les quatre orchestres symphoniques, les deux troupes d'opéra, la variété de formations plus modestes et les épatantes salles de concert (à prix raisonnables), les mélomanes ne sauront plus où donner de la tête. Les concerts traditionnels à grand succès succèdent à des programmes plus innovants à l'affiche du Southbank Centre, du Barbican et du Royal Albert Hall, tandis que les Proms (p. 144) sont le temps fort du calendrier des festivals.

Rythmes londoniens

La capitale est un creuset de musiques décalées et créatives. Rock, blues, jazz, folk ou autre, la musique live est à l'honneur tous les soirs de la semaine, des clubs débridés aux pubs bondés et aux salles de concert à plein volume.

☑ **Bons plans**

▶ Plusieurs salles de théâtre proposent des billets invendus à tarif réduit, notamment le National Theatre, le Barbican et le Southbank Centre.

▶ La plupart des cinémas grand public ou d'art et d'essai pratiquent des réductions toute la journée le lundi et les après-midi en semaine.

Théâtre

Shakespeare's Globe (p. 117). Cadre authentiquement élisabéthain à ciel ouvert.

National Theatre (p. 117). Trois salles dédiées au théâtre d'avant-garde.

Concert des BBC Proms, Royal Albert Hall (p. 144)

Royal Court Theatre
(p. 144). Salle de
Sloane Sq privilégiant
des pièces innovantes et
passionnantes.

Musique classique et opéra

Royal Albert Hall
(p. 144). Au sud des
Kensington Gardens,
cet édifice victorien en
briques rouges renferme
une magnifique salle de
concert.

Royal Festival Hall
(p. 118). Salle de concert
phare de la capitale, à
South Bank.

Royal Opera House
(p. 57). Pour les amateurs
de ballet et d'opéra.

Jazz live

Ronnie Scott's (p. 58).
Club légendaire de
Frith St, au cœur du West
End.

Pizza Express Jazz Club
(p. 58). Fondez pour les
grands noms du jazz... et
les pizzas.

Rock live

12 Bar (p. 57). De grands
noms sont à l'affiche de
cette dynamique petite
salle du West End.

Proud Camden (p. 157).
Excellente salle de
concert de renom dans
North London.

Barfly (p. 157). Club
petit mais ambitieux
dénichant les talents de
demain.

 Vaut le détour

Wigmore Hall
(www.wigmore-hall.
org.uk ; 36 Wigmore St
W1 ; Bond St),
est l'une des
meilleures salles
de concert de la
Capitale, grâce à
son accoustique
exceptionnelle
et à sa salle
Art Nouveau.
Elle accueille
des concerts et
récitals variés et
des spectacles de
grande qualité.
Édifiée en 1901,
elle demeure l'une
des meilleures
scènes au monde
pour la musique
de chambre.

Envie de...
Scène gay et lesbienne

Tout à tour exubérants, cabotins et décalés, les bars, clubs, soirées et événements londoniens font de la ville d'Oscar Wilde, Quentin Crisp et Elton John une destination de premier plan pour le tourisme rose : grâce au dynamisme des communautés gays et lesbiennes, Londres s'élève au rang des capitales mondiales de l'homosexualité, au même titre que New York ou San Francisco.

LEBRECHT MUSIC AND ARTS PHOTO LIBRARY/ALAMY ©

Les quartiers

Résolument branché, Shoreditch (p. 100) concentre les lieux gays les plus alternatifs de Londres, que ne dédaigne pas la clientèle hétérosexuelle. Longtemps au cœur du Londres gay, Soho a été supplanté par l'East End, plus décalé.

Vaut le détour

Vauxhall, au sud de la Tamise, est le rendez-vous des amateurs de pectoraux gonflés, tandis que Stoke Newington et Hackney, dans le nord-est de Londres, accueillent une communauté lesbienne très active.

Valant à Vauxhall une réputation de nouveau centre de la vie nocturne homo, le **Fire** (www.fireclub.co.uk ; South Lambeth Rd SW8 ; ⏰22h-4h ; 🚇Vauxhall) est un club vaste et élégant installé sous les voûtes de la voie de chemin de fer. Au programme : A:M le vendredi et Later le dimanche après-midi, suivi d'Orange qui promet une nuit blanche.

Manifestations

Lesbian & Gay Film Festival (www.bfi.org.uk / llgff). Au BFI Southbank (p. 118), début avril.

Gay Pride (www.pridelondon.org). Fin juin/début juillet, l'une des plus importantes *gay prides* au monde.

☑ **Bon plan**

▶ Consultez www.gingerbeer.co.uk pour tout connaître du calendrier, des soirées et des bars lesbiens.

Bars et clubs

Edge (p. 56). Plus grand bar gay de Londres, ouvert sept soirs par semaine.

Candy Bar (p. 57). Valeur sûre parmi les bars lesbiens de Londres.

Heaven (p. 57). Cette institution gay séduit toujours les foules le samedi soir.

Envie de...
Marchés

KIMBERLEY COOLE/LONELY PLANET IMAGES ©

Les célèbres marchés de la capitale sont autant de fourre-tout où l'on découvre des petits créateurs et l'on déniche des bijoux uniques, des photographies et affiches originales, des objets rétro, des 33 tours rares et autres babioles. Aux antipodes des grandes chaînes uniformes et anonymes, ils sont généralement en plein air, et toujours animés, quelle que soit la météo.

☑ **Bon plan**

▶ Plein de dégustations gratuites vous attendent à Borough Market.

Comme un Londonien

Le plaisir qu'offrent les marchés londoniens ne consiste pas seulement à dénicher les bonnes affaires et à fouiner dans des montagnes de bricoles en tout genre (même si les occasions ne manquent pas) : c'est aussi l'occasion de prendre le pouls de la ville et de se mêler aux Londoniens, qui adorent flâner au marché.

Vaut le détour

Sur Electric Ave, où se succèdent soieries, perruques, tenues fabuleuses, boucheries halal et évangelistes se tient le **Brixton Market** (www.brixtonmarket.net ; Reliance Arcade, Market Row, Electric Lane et Electric Ave SW9 ; ⏱8h-18h lun-sam, 8h-15h mer ; 🚇Brixton). Cosmopolite et éclectique, le marché vaut le détour, ainsi que, non loin, **Brixton Village** (⏱10h30-18h lun-mer, jusqu'à 22h jeu-sam, 10h30-17h dim ; 🚇Brixton), marché couvert récemment réhabilité.

Marchés

Borough Market (p. 118). Une mine de spécialités gourmandes, au sud du fleuve.

Portobello Market (p. 147). Le plus célèbre marché de la capitale, dans le très chic Notting Hill.

Smithfield Market (p. 99). Riche en histoire (et en épisodes sinistres), l'un des marchés classiques de Londres.

Greenwich Market (p. 165). Destination idéale pour vos idées cadeaux ou pour faire le plein de plats exotiques sur le pouce.

Camden Market (p. 159). L'un des marchés incontournables de North London.

Envie de...
Shopping

Boutiques solidaires ou maroquiniers de luxe, les occasions de dépenser son argent ne manquent pas. Entre les lieux incontournables, comme Harrods, Hamleys ou Portobello Market, et une kyrielle d'autres enseignes, votre carte bleue ne chômera pas.

MATTHEW CHATTLE/ALAMY ©

Grandes chaînes

N'en déplaise à ceux qui déplorent l'omniprésence des grandes chaînes et la disparition des petits commerces, les Londoniens plébiscitent ces enseignes bon marché, branchées et commodément situées. Les marques étrangères, comme Gap, H&M, Urban Outfitters, Zara et Primark, jouxtent de nombreuses chaînes britanniques : French Connection UK (www. frenchconnection.com), Jigsaw (www.jigsaw-online.com), Karen Millen (www.karenmillen.com), Marks & Spencer (www.marksandspencer.co.uk), Miss Selfridge (www.missselfridge.com) et TopShop (www.topshop.com).

Horaires

Les commerces londoniens ouvrent généralement de 9h ou 10h à 18h ou 19h, du lundi au samedi. La majorité des magasins du West End (Oxford St, Soho et Covent Garden), à Chelsea, Knightsbridge, Kensington, Greenwich et Hampstead sont aussi ouverts le dimanche de 12h à 18h, voire de 10h à 16h, ainsi que le jeudi soir (jusqu'à 21h) dans le West End et le mercredi soir à Chelsea, Knightsbridge et Kensington. Bien souvent, les magasins ouvrent aussi lorsqu'un marché s'installe à proximité.

☑ **Bon plan**

▶ Les vitrines affichant le logo "tax free" permettent aux visiteurs non ressortissants de l'UE d'être remboursés des 20% de TVA acquittés lors de leurs achats.

Quartiers de shopping

West End (p. 59). Concentration de grands noms pour portefeuilles bien garnis.

Knightsbridge (p. 134). Harrods et d'autres enseignes drainent les acheteurs compulsifs de tout Londres.

Harrods (p. 135).

Grand magasins

Harvey Nichols (p. 145).
De grands noms de la
mode, parfums, bijoux et
autres articles chics.

Harrods (p. 135). Chic et
parfois tape-à-l'œil, mais
toujours irrésistible.

Liberty (p. 60). Choix
de styles contemporains
dans un ravissant cadre
Tudor.

Fortnum & Mason
(p. 38). L'épicerie fine la
plus ancienne et chic de
Londres.

Librairies

John Sandoe Books
(p. 135). Librairie
délicieusement surannée,
chérie par ses clients.

Stanfords (p. 60).
Adresse de référence
pour les livres de voyage.

Foyles (p. 47). Immense
magasin de livres et de
supports audio.

Waterstone's Books
(p. 60). La plus grande
librairie d'Europe ;
personnel bien informé,
nombreuses lectures et
dédicaces.

Cadeaux

Penhaligon's (p. 38).
Superbe choix d'eaux
de toilette et parfums
d'intérieur, sous la
houlette d'un personnel
attentif.

Compendia (p. 171).
Large collection de jeux,
puzzles et jouets, souvent
mystérieux.

Shepherds (p. 39).
Magnifiques papiers à
lettres, albums de photos
et agendas.

Vaut le détour

Les échoppes
qui composent la
Silver Vaults (www.
thesilvervaults.com ;
53-64 Chancery Lane
WC2 ; 9h-17h30 lun-
ven, jusqu'à 13h sam ;
Chancery Lane),
galerie souterraine
et ultra-sécurisée,
rassemblent
la plus grande
concentration
d'argentiers au
monde et sont
généralement
spécialisées par
type d'argenterie
(couverts, cadres
de photos et des
quantités de
bijoux). Qualité
garantie.

Envie de...
Musées

Les musées sont l'attraction numéro un de Londres, et pas seulement les jours de pluie quand les Londoniens trempés viennent s'y réfugier. Certains musées de la capitale abritent des collections remarquables de renommée mondiale.

Visite de nuit

Le soir, après le départ des foules, les musées offrent un autre visage. Ouvrant tard une à deux fois par semaine, plusieurs musées proposent aussi des soirées spéciales, accueillant des manifestations ou présentant leurs collections sous un jour inédit. Consultez les calendriers sur les sites Internet (dans certains musées, une seule ouverture nocturne est prévue, en mai).

Pratique

Les musées nationaux (British Museum, National Gallery, Victoria & Albert Museum) sont gratuits, à l'exception des expositions temporaires. Les collections privées sont généralement gratuites (ou demandent un don), tandis que les institutions plus modestes réclament environ 5 £ (réductions parfois consenties sur les billets achetés en ligne). Les collections nationales ouvrent généralement de 10h à environ 18h, avec une ou deux fermetures tardives chaque semaine.

Musées spécialisés

Éventails, transports londoniens ou histoire de la chirurgie... Les musées londoniens raviront les passionnés, quels que soient leurs centres d'intérêt – même les plus obscurs – et intéresseront aussi les béotiens.

WIBOWO RUSLI/LONELY PLANET IMAGES ©

☑ **Bon plan**

▶ Raison supplémentaire d'arpenter les musées : les plus grands possèdent bien souvent d'excellents restaurants.

Collections gratuites

British Museum (p. 64). Collection exceptionnelle d'objets rares.

Victoria & Albert Museum (p. 126). Arts décoratifs et design dans un cadre somptueux.

National Gallery (p. 44). Surtout consacré aux chefs-d'œuvre pré-modernes.

Tate Modern (p. 104). Édifice spectaculaire et splendide

Entrée principale dans la salle des turbines, Tate Modern (p. 104)

collection moderne et contemporaine.

Natural History Museum (p. 130). Un enchantement pour petits et grands.

Petits musées

London Transport Museum (p. 52). Retrace l'histoire des transports londoniens – fascinant.

Old Operating Theatre Museum & Herb Garret (p. 112). Édifiante description des techniques de chirurgie d'autrefois.

Architecture de musée

Victoria & Albert Museum (p. 126). Un édifice aussi beau que la collection variée qu'il renferme.

Natural History Museum (p. 130). Tout droit sorti d'un conte gothique.

Tate Modern (p. 104). Ancienne centrale électrique devenue musée emblématique.

Tate Britain (p. 34). Majestueux bâtiment, jumelé à la Tate Modern.

National Maritime Museum (p. 167). Collection remarquable dans un écrin magnifique.

Vaut le détour

Le **Horniman Museum** (www.horniman.ac.uk ; 100 London Rd SE23 ; entrée libre ; 10h30-17h30 ; Forest Hill) contient une véritable caverne d'Ali Baba : immense morse empaillé, méduse ondulante, inquiétante statue de Kali en papier mâché, exposition musicale... Outre la Music Gallery, l'aquarium et la serre, le musée possède 6,5 ha de superbes jardins vallonnés.

Envie de...
Parcs et jardins

Il suffit d'observer une carte en couleurs de Londres pour constater l'immensité des espaces verts, jardins et parcs. Certains des plus beaux parcs urbains au monde sont ici, généralement entretenus avec soin, accessibles et ravissants en toute saison.

OLIVER STREWE/LONELY PLANET IMAGES ©

Accès et activités

Généralement en accès libre, les parcs royaux et municipaux sont souvent ouverts du lever au coucher du soleil. Les plus importants, comme Regent's Park (p. 152), comprennent parfois des courts de tennis et terrains de football, ainsi que des parcours de golf à Richmond Park et Greenwich Park (p. 167). Traversés d'itinéraires de jogging ou de cyclisme, certains (comme Richmond Park) offrent aussi de vastes terrains se prêtant à la course tout-terrain ou aux parcours d'orientation.

Les parcs sont un terrain de jeu idéal pour les petits, et certains accueillent des concerts en plein air et des rencontres sportives. On peut aussi s'y adonner à diverses activités, comme l'équitation (Hyde Park p. 138 et Richmond Park), le cerf-volant et le frisbee.

Une faune très riche peuple les parcs londoniens, surtout les plus grands, les plus boisés et les lacs (comme St James's Park, p. 34), tandis que les jardins (comme Kew Gardens, p. 40) s'illustrent par leur flore remarquable.

Heaths et *commons*

Moins formels, plus négligés et plus sauvages que les parcs, les *heaths* et les *commons* sont des espaces verts municipaux librement accessibles, dont le plus célèbre est le magnifique Hampstead Heath (p. 160), dans North London.

Parcs

Hyde Park (p. 138). Immense havre de verdure en plein Kensington.

St James's Park (p. 34). Vue splendide pour ce jardin idéalement situé.

Greenwich Park (p. 167). Beau parc royal jouissant d'un panorama impressionnant sur Londres.

Regent's Park (p. 152). Le plus soigné des parcs paysagers royaux de Londres.

Rameurs sur la Serpentine, Hyde Park (p. 138)

Jardins

Kew Gardens (p. 40). Une étonnante variété de spécimens botaniques et une vue magnifique.

Kensington Gardens (p. 138). Très agréable et ravissante annexe de Hyde Park.

Wildlife Garden (p. 133). Poche de verdure et de nature au cœur de Kensington.

Architecture

Kew Gardens (p. 40). Splendide architecture victorienne, palais, pagode, porche japonais et bien d'autres attraits.

Kensington Gardens (p. 138). L'un des palais les plus prisés de Londres, un somptueux monument victorien et un célèbre musée.

Greenwich Park (p. 167). L'Observatoire royal, la Ranger's House et une vue merveilleuse sur les majestueux édifices de Greenwich.

Vaut le détour

D'une superficie de presque 10 km², **Richmond Park** (entrée libre ; ◷ 7h-coucher du soleil mars-sept, à partir de 7h30 oct-fév ; ⊖ / 🚉 Richmond, puis 🚌 65 ou 371) est le plus grand parc urbain d'Europe. Comprenant des jardins paysagers, des chênes ancestraux et des vues incroyables sur le centre de Londres, à 19 km de là, il est peuplé de plus de 600 cerfs et daims.

Envie de...
Architecture

Partout dans Londres, la variété des styles architecturaux témoigne de la longue histoire de la capitale. En flânant, le visiteur attentif repérera ainsi un mur romain enchâssé dans l'entrée d'un édifice postmoderne près de St Paul ou, dissimulé dans une cour près d'une artère de Borough, le balcon d'un relais de poste de la Restauration.

30 ST MARY AXE ('THE GHERKIN') DESIGNED BY FOSTER AND PARTNERS; DAVID TOMLINSON/LONELY PLANET IMAGES ©

Un style à part

Contrairement à d'autres grandes villes, et malgré le grand incendie de 1666 qui faillit la réduire en cendres, Londres n'a jamais connu de planification urbaine, mais plutôt un développement organique (autant dire anarchique) ; faute d'unité architecturale, la ville est un ravissant patchwork de références où s'expriment toutes les époques.

Shard et South Bank

Outre la renaissance architecturale de Lea Valley avec l'Olympic Park (p. 196), certains quartiers de South London et de la City se métamorphosent. Au cœur du London Bridge Quarter (www. londonbridgequarter.com), pôle de commerces, de bureaux et de transports aménagé à grands frais dans Borough, se dresse le Shard (p. 174). Pareil à une aiguille, le Shard domine Borough et tout Londres. Quant à la Tate Modern, elle sera dotée en 2016 d'une magnifique aile moderniste.

Architecture moderne

30 St Mary Axe (p. 95). Tour en forme de balle de revolver, emblématique de la City.

Lloyd's of London (p. 94). Audacieuses façade "intérieur-extérieur" de Richard Roger.

☑ **Bon plan**

▶ Une série de manifestations, marches, conférences, visites et débats ponctuent tous les deux ans le London Festival of Architecture (www.lfa2012.org). Prochaine édition au début de l'été 2014.

The Shard (p. 174). Domine fièrement le London Bridge depuis 2012.

Tate Modern (p. 104). Ancienne usine, aujourd'hui référence de l'art moderne.

Millennium Bridge (p. 111). Passerelle enjambant élégamment la Tamise.

City Hall (p. 113). Gonade en verre, casque

Hampton Court Palace (p. 120)

de Dark Vador... Et vous, qu'y verrez-vous ?

Architecture ancienne

Westminster Abbey (p. 24). Monument phare de l'histoire architecturale londonienne.

Westminster Hall (p. 31). Somptueux vestige au cœur de Westminster Palace.

Tour de Londres (p. 86). Célébrissime bastion riche en légendes, mythes et événements sanglants.

All Hallows-by-the-Tower (p. 93). Fragments romains dans l'une des plus anciennes églises de Londres.

Architecture royale

Buckingham Palace (p. 28). Pied-à-terre de la reine.

Chambres du Parlement (p. 30). Extraordinaire monument victorien et siège de la démocratie parlementaire britannique.

Queen's House (p. 167). Superbe création d'Inigo Jones Palladian, dans le cadre charmant de Greenwich.

Old Royal Naval College (p. 168). Fresques magnifiques et chapelle saisissante.

Hampton Court Palace (p. 120). Aventurez-vous dans le célèbre dédale et chassez les fantômes dans les couloirs Tudor.

Monuments

Monument (p. 93). Au sommet de l'escalier en colimaçon, la vue est panoramique.

Albert Memorial (p. 139). Le style victorien dans toute sa splendeur et son excès.

Wellington Arch (p. 139). Coiffée de la plus grande sculpture en bronze d'Europe.

Nelson's Column (p. 50). Les quatre lions enchanteront les plus petits.

Envie de...
Sports et activités

Par l'excellence et la variété de ses équipements, Londres s'est mis à la pointe des activités sportives ; pour les Jeux olympiques, les Londoniens ont été pris d'une fièvre athlétique, s'entraînant au semi-marathon ou au triathlon, pédalant jusqu'au bureau, échangeant des ballons ou maniant les haltères.

Billets

Pris d'assaut par les abonnés, les billets pour assister aux matchs londoniens du championnat d'Angleterre, pendant la saison entre août et mi-mai, sont rares, mais il est possible de réserver (bien à l'avance) les autres rencontres sportives. L'hebdomadaire **Time Out** (www.timeout.com/london) est la meilleure source d'information sur les équipements, les horaires, les lieux et le prix des billets.

Vaut le détour

Dans l'**Olympic Park** (www.london2012.com/olympic-park ; ⊖ Stratford ou Hackney Wick) l'Olympic Stadium et le l'Aquatics Centre sont renversants. Couronné de prix, le Velodrome (surnommé "Pringle") se distingue par ses lignes effilées, son respect de l'environnement et sa fonctionnalité. Avec son allure de narguilé, l'ArcelorMittal Orbit, spirale rouge d'Anish Kapoor, culmine à 115 m et offre une vue dégagée depuis sa plateforme panoramique.

OLIVER STREWE/LONELY PLANET IMAGES ©

☑ **Bons plans**

▶ Louer un vélo Barclays (p. 214) est la solution idéale pour de courts trajets.

▶ Pour tout savoir du programme de matchs de cricket et des billets, contactez l'English Cricket Board (☎0870 533 8833 ; www.ecb.co.uk).

Sports et activités dans les parcs

Regent's Park (p. 152). Football, tennis, cricket, rugby, athlétisme, canotage.

Hampstead Heath (p. 160). Football, natation, jogging, cerf-volant, tennis.

Richmond Park (p. 193). Équitation, pêche, golf, cyclisme.

Envie de...
Londres gratuit

Même si Londres est l'une des villes les plus chères au monde, nombre de lieux et d'attractions sont gratuits (ou très bon marché). Voici quelques conseils pour profiter de Londres sans se ruiner.

JOHN HAY/LONELY PLANET IMAGES ©

Vaut le détour

La **Wallace Collection** (www.wallacecollection.org ; Hertford House, Manchester Sq W1 ; entrée libre ; ⏱10h-17h ; Ⓣ Bond St), sans doute le plus petit musée de Londres, offre un passionnant aperçu de la vie des aristocrates au XVIIIe siècle. Somptueusement restaurée, cette résidence italianisante abrite des toiles de Rembrandt, Titien, Rubens, Poussin, Velázquez et Gainsborough, une magnifique collection d'armures médiévales et de la Renaissance, des chandeliers éblouissants et un immense escalier, considéré comme le summum de l'architecture à la française.

Musées gratuits

National Gallery (p. 44). Somptueuse collection d'art.

Victoria & Albert Museum (p. 126). Passez une journée sans bourse délier à arpenter le magnifique V & A.

Natural History Museum (p. 130). Architecture, magnifiques galeries, tyrannosaure animé... sans débourser un penny.

Tate Modern (p. 104). La collection est richissime, mais l'entrée est gratuite.

Visites gratuites

Houses of Parliament (p. 30). Lorsque le Parlement siège, on vient librement assister au spectacle de la démocratie britannique.

Relève de la garde (p. 34). Plus célèbre attraction gratuite de Londres.

☑ Bons plans

▶ Tous les musées subventionnés sont gratuits (à l'exception des expositions temporaires).

▶ Les moins de 16 ans circulent gratuitement en bus, les moins de 11 ans en métro et les moins de 5 ans en train. À l'occasion du London Open House (www.londonopenhouse.org), un week-end par an en septembre, 700 édifices privés ouvrent gratuitement leurs portes.

Envie de...
Londres en famille

London est une excellente destination pour les enfants. Les musées de la ville passionneront les petits, tandis que des pièces, spectacles de danse et concerts raviront les plus grands et les ados. Entre les aires de jeux et les espaces verts (parcs, fermes urbaines et réserves naturelles), les petits ne manqueront pas d'occasion de s'ébattre ou de se détendre.

NATHAN KING/ALAMY ©

☑ **Bons plans**

▶ Le bus est gratuit jusqu'à 16 ans, le métro jusqu'à 11 ans et le train jusqu'à 5 ans.

▶ En hiver (de novembre à janvier), des patinoires s'installent au Natural History Museum, aux Kew Gardens, à Somerset House, à la Tour de Londres et à Hampton Court Palace.

Musées

Les activités pour les enfants abondent dans les musées londoniens : lectures au National Gallery (p. 44), ateliers artisanaux au Victoria & Albert Museum (p. 126), fabrication de trains au London Transport Museum (p. 52), peinture avec les doigts à la Tate Modern (p. 104) et la Tate Britain (p. 34)… Des soirées pyjama sont aussi organisées au British Museum, au Natural History Museum, au Science Museum et ailleurs – consultez les sites Internet.

Restauration

Les bambins sont admis dans la plupart des restaurants et cafés londoniens, équipés de tables à langer et de chaises hautes. Avec les tout-petits, évitez néanmoins les établissements huppés et les restaurants et cafés plus paisibles : vous serez mieux accueillis dans les lieux plus détendus et moins silencieux.

Cuisine chinoise de qualité (et sans glutamate), italienne, française, mexicaine, japonaise, indienne… Londres rassemble toutes les tables du monde : profitez de votre séjour pour élargir la palette gourmande de vos enfants ! La plupart des établissements proposent des menus enfants ou, pour les gourmets en herbe, des portions réduites des plats à la carte.

Science Museum (p. 138)

Attractions pour les enfants

London Zoo (p. 152). Près de 750 espèces animales et l'excellente Penguin Beach.

Sea Life London Aquarium (p. 112). Superbe ménagerie de créatures aquatiques, à quelques coups de nageoires de la Tamise.

London Eye (p. 110). Prenez de la hauteur et repérez d'un coup d'œil tous les monuments londoniens.

London Bridge Experience & London Tombs (p. 112). Fous rires, cris d'horreur et frissons assurés.

Musées pour les enfants

Science Museum (p. 138). Une mine de distractions pédagogiques pour les férus de technique et salle de jeux pour les tout-petits au sous-sol.

Imperial War Museum (p. 110). Passionnantes expositions, avions de guerre et collection militaire.

British Museum (p. 64). Les momies vous attendent dans le musée numéro un de la ville.

Natural History Museum (p. 130). Ne manquez pas le tyrannosaure animé ni la Dinosaur Gallery.

Envie de...
Vues

Tout est question de point de vue, et Londres abonde en collines et lieux surélevés d'où admirer la ville dans toute sa gloire.

DOUG MCKINLAY/LONELY PLANET IMAGES ©

Collines avec vue

Greenwich Park (p. 167). L'Observatoire royal offre une vue magnifique.

Parliament Hill (p. 161). Un superbe panorama se déploie depuis le nord de la ville.

Richmond Hill, près de Richmond Park (p. 193). La seule vue de Londres protégée par décision du Parlement.

Bâtiments avec vue

London Eye (p. 110). Une vue idéale.

Monument (p. 93). Le sommet permet d'embrasser Londres à 360°.

St Paul's Cathedral (p. 82). Le dôme offre une des plus belles vues de Londres.

Rhizotron and Xstrata Treetop Walkway (p. 41). Pour admirer de haut les serres victoriennes et les Kew Gardens.

ArcelorMittal Orbit (p. 196). Du sommet de la plus haute sculpture du pays, on peut contempler l'Olympic Park.

Westminster Cathedral (p. 140). La tour de cette fascinante cathédrale permet d'admirer toute la ville.

Restaurants avec vue

Oxo Tower Restaurant & Brasserie (p. 114). Surplombe la Tamise.

Skylon (p. 113). L'un des meilleurs restaurants donnant sur le fleuve.

Portrait (p. 55). Vaut autant pour le lieu que pour la vue.

Level 7 (p. 105). Depuis la Tate Modern, vue bluffante sur Saint Paul's.

Bars avec vue

Vertigo 42 (p. 98). Par beau temps, le lieu idéal pour contempler le coucher du soleil.

Galvin at Windows (p. 142). Vue vertigineuse sur Hyde Park.

Cutty Sark Tavern (p. 170). Pub historique de Greenwich, idéalement situé au bord du fleuve.

Envie de...
Circuits organisés

Croisières

Thames River Boats
(📞 7930 2062 ; www.wpsa.
co.uk ; Westminster Pier,
Victoria Embankment SW1 ;
Kew adulte/enfant aller
simple 12/6 £, aller-retour
18/9 £, Hampton Court
adulte/enfant aller simple
15/7,50 £, aller-retour
22,50/11,25 £ ; 🕐 10h30,
11h30, 12h et 14h avr-oct ;
⊖ Westminster). Croisière
entre Westminster Pier,
Kew (1 heure 30) et
Hampton Court Palace
(1 heure 30 de plus, un
seul départ à 12 h).

Thames River Services
(📞 7930 4097 ; www.
westminsterpier.co.uk ;
Westminster Pier, Victoria
Embankment SW1 ;
adulte/enfant aller simple
8,40/4,20 £, aller-retour
11/5,50 £ ; 🕐 visites
toutes les 30 min 10h-
16h, jusqu'à 17h avr-oct ;
⊖ Westminster). Croisières
entre Westminster Pier et
Greenwich, avec un arrêt
à la Tour de Londres.

Visites en bus

Big Bus Tours (📞 0207
233 9533 ; www.bigbustours.

com ; adulte/enfant 27/12 £ ;
🕐 toutes les 15 min 8h30-
18h). Commentaires en
huit langues ; le billet
comprend aussi une
balade en bateau et
quatre promenades
thématiques à pied.

Original Tour (www.
theoriginaltour.com ; adulte/
enfant 26/13 £ ; 🕐 toutes
les 20 min, 8h30-17h30).
Bus à ciel ouvert et visite
à la carte.

Balades guidées

**Association of
Professional Tourist
Guides** (APTG ; 📞 7611
2545 ; www.touristguides.
org.uk ; demi-journée/
journée 127/200 £ ;
⊖ Holborn). Promenade
avec l'un des prestigieux
et incollables Blue Badge
Guides.

London Walks (📞 7624
3978 ; www.walks.com ;
adulte/enfant 8 £/gratuit).
Nombreux itinéraires,
sur les traces de Jack
l'Éventreur, des Beatles
ou de Sherlock Holmes.

London Mystery Walks
(📞 0795 738 8280 ; www.
tourguides.org.uk ; adulte/

PAUL CARSTAIRS/ALAMY ©

enfant 10/9 £ ; ⊖ Aldgate).
Sur les traces de Jack
l'Éventreur. Réservez !

Circuits spécialisés

London Duck Tours
(www.londonducktours.
co.uk ; adulte/enfant à partir
de 21/14 £ ; ⊖ Waterloo).
Ce véhicule amphibie,
inspiré des engins du
débarquement, part
non loin du London Eye
et parcourt les rues de
Londres avant de plonger
dans la Tamise.

Open City (www.
open-city.org.uk ; tarifs
variables ; 🕐 10h sam).
Cet organisme caritatif
organise chaque
semaine des visites
architecturales des
quartiers de Square Mile,
South London, du West
End ou des Docklands.

Envie de...
Secrets londoniens

L'intérêt touristique de Londres ne se résume pas à une liste de sites célèbres : la ville dissimule quantité d'attractions ignorées des foules. Désireux de sortir des sentiers battus ? Londres réserve aux plus curieux des expériences bizarres, secrètes et inattendues.

SECRET CINEMA ©

Londres inconnu

À quelques pas des grandes curiosités ou à l'autre bout de la ville, Londres recèle une myriade de lieux insolites : musées spécialisés, moulin du début du XIXe siècle à Brixton, pagode chinoise, promenades près du canal, tombes gothiques…

Accès

Si certains de ces lieux clandestins sont gratuits, d'autres, en particulier les visites guidées, sont payants et se réservent bien à l'avance, ou s'explorent en groupe.

☑ **Bon plan**

▶ Secret Cinema (www.secretcinema. org) organise des projections impromptues dans des lieux (cimetière, parc, hangar, etc.) révélés seulement le jour même – toute une aventure !

Lieux insolites

Fan Museum (p. 168). Fascinant musée dédié à l'éventail, un objet vieux de 3 000 ans.

Monument (p. 93). Mémorial au grand incendie de Londres, offrant une vue panoramique.

Wildlife Garden (p. 133). Enclave bucolique en plein cœur de la ville.

Old Operating Theatre Museum & Herb Garret (p. 112). Pour découvrir les pratiques chirurgicales d'antan.

Wellcome Collection (p. 72). Collection aussi fascinante qu'éclectique.

Greenwich Foot Tunnel (p. 165). Passage sous la Tamise entre Greenwich et l'Isle of Dogs.

Trésors méconnus

Michelin House (p. 140). Magnifique demeure Art nouveau nichée dans Fulham Rd.

Chinese Pagoda (p. 40). Saisissant ouvrage oriental vieux de 250 ans dans les célèbres jardins de Kew.

Westminster Cathedral (p. 140). Moins connu, l'intérieur recèle des merveilles.

Highgate Cemetery (p. 161)

Bedford Square (p. 68). Imprégnez-vous du charme de la place georgienne la mieux préservée de la ville.

Cafe in the Crypt (p. 52). Savourez un café dans la ravissante crypte de St-Martin-in-the-Fields.

Electric Cinema (p. 146). Le plus ancien cinéma de Londres, aussi classique que sa programmation.

Visites guidées dans les coulisses de Londres

Highgate Cemetery (p. 161). Promenade dans l'ouest du cimetière, envahi par la végétation.

British Library (p. 72). Redécouvrez cette merveilleuse bibliothèque.

St Paul's Tours (p. 82). Ne manquez pas le superbe Geometric Staircase et le chœur.

Albert Memorial (p. 139). Admirez de près la frise du Parnasse.

All Hallows-by-the-Tower (p. 93). Visite gratuite de 20 minutes dans l'église, six mois par an.

Balades dans un Londres méconnu

Promenade le long de Regent's Canal (p. 155). Tout le charme des canaux londoniens, de Camden à Little Venice.

Bloomsbury littéraire (p. 68). Le beau quartier de Bloomsberry, sur les traces de ses intellectuels.

Vaut le détour

Édifié pour John Ashby en 1816, **Brixton Windmill** (www.brixtonwindmill. org ; Blenheim Gardens SW2 ; ⊖ Brixton) est le moulin à vent le plus proche du centre de Londres. Employé jusqu'en 1934 et fonctionnant alors au gaz, il a été rénové, doté de voiles et d'un mécanisme de moulin à vent. Il est parfois ouvert aux visites (consulter le site), mais l'on peut aussi l'observer de l'extérieur.

Envie de...
Visions royales

Les Britanniques ont un talent particulier pour les cérémonies royales, et nulle part dans le pays, ces démonstrations d'apparat ne sont plus impressionnantes qu'à Londres. La capitale concentre l'essentiel des sites royaux du Royaume-Uni, souvent accessibles au public, comme la relève de la garde à Buckingham Palace, Hampton Court Palace et les joyaux de la Couronne exposés dans la Tour de Londres.

ANDREW HOLT ©

Londres côté monarchie

Pour les amateurs de royauté, Buckingham Palace (p. 28) est un must, sans oublier la Tour de Londres (pour les bijoux de la Couronne), le somptueux Hampton Court Palace (p. 120), au sud-ouest, et les attractions royales de Greenwich (p. 162).

Calendrier royal

Pour tout savoir de l'actualité de la famille royale, consultez www.royal.gov.uk et la page Facebook officielle de la famille royale (www.facebook.com/TheBritishMonarchy). Tous deux indiquent le *Court Circular*, calendrier des engagements royaux. L'année 2012 a marqué le jubilé d'argent de la reine, et les célébrations ont été de rigueur.

Palais et domaines royaux

Buckingham Palace (p. 28). Les somptueux salons d'apparat ouvrent leurs portes entre août et septembre.

Hampton Court Palace (p. 120). Ce chef-d'œuvre Tudor admirablement conservé, près de la Tamise, est une magnifique excursion.

Kensington Palace (p. 138). Palais récemment restauré dans les Kensington Gardens.

Queen's House (p. 167). Ravissant édifice du XVIIe siècle abritant le splendide Tulip Staircase.

Kew Palace (p. 41). Le plus petit des palais royaux de Londres.

St James's Palace (p. 36). Demeure officielle des monarques anglais depuis plus de trois siècles.

Événements royaux

Relève de la garde (p. 34). Grande attraction touristique, devant Buckingham Palace.

Relève de la garde montée au Horse Guards Parade (p. 35). Plus accessible que celle de Buckingham Palace.

Trooping the Colour (p. 208). Pompe et défilés en l'honneur de l'anniversaire officiel de la reine (en juin).

Plafond du Painted Hall, Old Royal Naval College (p. 168)

Parcs royaux

St James's Park (p. 34). Magnifique parc en plein cœur du quartier royal.

Hyde Park (p. 138). Le plus grand et sans doute le plus connu des parcs royaux de Londres.

Greenwich Park (p. 167). Vue panoramique dans ce parc, idéalement situé dans l'un des plus jolis quartiers de Londres.

Kensington Gardens (p. 138). Jouxtant Hyde Park, un immense parc abritant quantité de lieux emblématiques.

Green Park (p. 35). Magnifique espace naturel dans le West End.

Trésors royaux

Joyaux de la Couronne (p. 87). Joyaux somptueux et diamant d'une taille prodigieuse.

Westminster Abbey (p. 24). La Henry VII Lady Chapel vaut à elle seule la visite.

Banqueting House (p. 35). Dernier vestige du splendide Tudor Whitehall Palace.

Buckingham Palace (p. 28). Prestigieuse demeure de la reine à Londres.

Royal Mews (p. 29). Pour admirer les divers véhicules et les splendides chevaux de la reine.

Old Royal Naval College (p. 168). Ne manquez pas la ravissante chapelle et le captivant Painted Hall.

Vaut le détour

Le Brompton Cemetery (Old Brompton Rd SW5 ; 8h-coucher du soleil tlj, visite gratuite 14h dimanche ; West Brompton ou Fulham Broadway), seul cimetière de la Couronne, a suggéré nombre de ses personnages à Beatrix Potter. Vivant autrefois non loin, elle s'était inspirée des noms indiqués sur les tombes : Mr Nutkin, Mr McGregor, Jeremiah Fisher, Tommy Brock, et même un certain Peter Rabbett !

Envie de...
Églises

Nulle part ailleurs dans le pays les églises ne présentent une telle concentration et une telle diversité : anciens ou modernes, de toutes les confessions, les lieux de culte offrent de superbes exemples d'architecture historique, des vestiges saxons d'All Hallows-by-the-Tower à la majesté de St Paul's Cathedral et de Westminster Abbey.

GEOFF STRINGER/LONELY PLANET IMAGES ©

☑ **Bon plan**

▶ Des récitals gratuits ont parfois lieu dans les églises.

Disparitions et renaissances

La capitale a perdu des centaines d'églises au cours des siècles, en particulier durant le grand incendie de Londres (p. 96) et le Blitz de la Seconde Guerre mondiale, mais quantité d'édifices religieux ont survécu. Très endommagés, certains, comme St Paul's Cathedral (p. 82) ont été rebâtis et modernisés. D'autres, comme St James's Piccadilly, ont connu une restauration progressive après les dommages de la guerre. Un grand nombre d'églises londoniennes, comme Southwark Cathedral (p. 110), mêlent les styles architecturaux, témoignant de l'histoire de la ville, du Moyen Âge aux temps modernes.

Grandes églises

Cathédrale Saint-Paul (p. 82). La plus célèbre église de Londres, un monument emblématique.

Westminster Abbey (p. 24). Lieu de couronnement des souverains britanniques depuis Guillaume le Conquérant.

Cathédrale de Westminster (p. 140). Inachevé, le sombre intérieur arbore de scintillantes mosaïques byzantines.

Cathédrale de Southwark (p. 110). Plusieurs siècles d'histoire, des Normands à l'ère victorienne.

Églises historiques

All Hallows-by-the-Tower (p. 93). Église de la City recelant une crypte saxonne et des fragments de l'ère romaine.

St Bartholomew-the-Great (p. 93). Authentiques vestiges romains et sérénité.

St Stephen Walbrook (p. 94). Chef-d'œuvre de Wren du XVIIe siècle dans la City.

St Mary Woolnoth (p. 93). Superbe édifice à deux tours de Hawksmoor (XVIIIe siècle) dans la City.

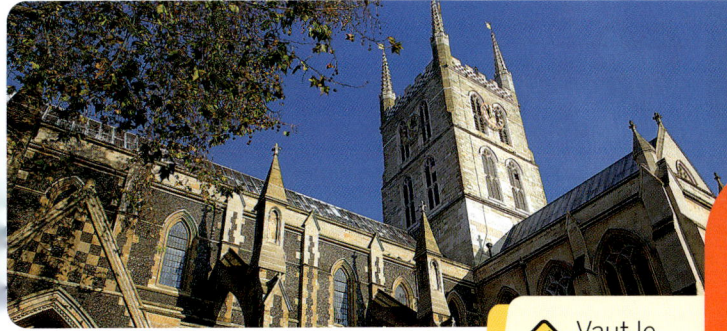

Southwark Cathedral (p. 110)

St Mary-le-Bow (p. 93). Un autre chef-d'œuvre d'élégance par sir Christopher Wren.

Récitals gratuits dans une église

St Martin-in-the-Fields (p. 52). Concerts gratuits à 13h les lundis, mardis et vendredis.

St James's Piccadilly (p. 52). Récitals gratuits (don bienvenu) les lundis, mercredis et vendredis à 13h10.

St George's Bloomsbury (p. 74). Consultez le site Internet pour connaître le programme des concerts de l'église, parfois gratuits.

Cafés et restaurants d'églises

Restaurant At St Paul's (p. 96). Cuisine britannique moderne et raffinée dans un cadre classique.

Café Below (p. 95). Café plein de cachet dans la crypte de St Mary-le-Bow.

Café in the Crypt (p. 52). Excellent café au sol couvert de pierres tombales dans une église historique.

Vaut le détour

Le magnifique **Temple Church** (www.templechurch.com ; Temple EC4 ; 3 £ ; ⊙14h-16h mer-dim ⊖Temple ou Chancery Lane) fut édifié par les Templiers. L'église présente un plan original : le "Round" (nef ronde, consacrée en 1185, conçue sur le modèle de l'église du Saint-Sépulcre à Jérusalem) jouxte le chœur (construit en 1240), centre de l'église moderne (gravement endommagés par une bombe en 1941, les deux ont été restaurés).

Envie de…
Fêtes
et festivals

Londres ne cesse jamais de vibrer, l'année étant rythmée par un chapelet de festivals traditionnels ou modernes célébrés avec entrain et enthousiasme. Entre le plus grand carnaval en plein air d'Europe, le déploiement de fleurs à l'occasion du Chelsea Flower Show et le Trooping the Colour, célébré en grande pompe, il y en a pour tous les goûts.

ANTHONY WILES/ALAMY ©

☑ **Bon plan**

▶ Consultez le calendrier des événements à Londres et alentour sur www.visitlondon. com ou www. timeout.com/ london.

Vaut le détour

Organisé en mai au Royal Hospital à Chelsea, le **Chelsea Flower Show** (www. rhs.org.uk ; Royal Hospital Chelsea, Royal Hospital Rd SW3), salon d'horticulture le plus réputé au monde, réunit la crème de la société de West London et les inconditionnels des fleurs.

Festivals

Notting Hill Carnival (p. 147). Londres passe à l'heure caribéenne pour le plus vivant des carnavals en plein air de la ville. En août.

Nouvel An chinois à Chinatown (p. 46). Festival de rue pittoresque dans Chinatown ; fin janvier ou février.

The Proms. Deux mois de concerts classiques au Royal Albert Hall (p. 144) ; de juillet à septembre.

London Film Festival. Grand festival de cinéma au BFI Southbank (p. 118) et dans d'autres salles ; en octobre.

Manifestations

Relève de la garde (p. 34). Des foules assistent chaque jour à la relève devant Buckingham Palace.

Trooping the Colour. Défilés et manifestations officielles marquent l'anniversaire officiel de la reine en juin ; Horse Guards Parade (p. 35).

Saint-Sylvestre. Le 31 décembre, après un compte à rebours, on fête minuit sur Trafalgar Square (p. 50) avec de superbes feux d'artifice.

Carnet pratique

Carnet pratique

Arriver à Londres

☑ **Bon plan** Nos conseils pour vous rendre à votre hébergement p. 217

Heathrow

À environ 24 km à l'ouest du centre de Londres, **Heathrow** (LHR ; www.heathrowairport. com) est l'aéroport international le plus fréquenté de la planète. Il compte cinq terminaux (le terminal 2 est fermé pour rénovation jusqu'en 2014). Chacun possède des guichets de change, d'information et d'hébergement.

➡ **Métro** (www.tfl.gov.uk). Les métros (aller simple 5 £, 1 heure depuis le centre de Londres) circulent de 5h/5h45 depuis/vers l'aéroport (5h50/7h dimanche) à 23h45/0h30 (23h30 dimanche dans les deux sens).

➡ **Heathrow Express** (www.heathrowexpress. com). Ce train (aller/ aller-retour 16,50/32 £, 15 min, toutes les 15 min) relie Heathrow Central à la gare de Paddington. Liaison à partir de 5h dans les deux sens, jusqu'à 23h45 (depuis Paddington) et peu après minuit (depuis l'aéroport).

➡ **Heathrow Connect** (www.heathrowconnect. com). Entre Heathrow et la gare de Paddington, ce train (aller 8,50 £, 25 min, toutes les 30 min) marque cinq arrêts. Premier départ d'Heathrow vers 5h20 (6h dimanche), dernier vers minuit. Depuis Paddington, les trains partent de 4h30 (6h dimanche) à 23h.

➡ **Taxi** Le trajet en *black cab* (taxi noir) avec compteur vers/depuis le centre de Londres (45-60 min) coûte entre 45 et 65 £ (55 £ depuis Oxford St).

➡ **National Express** (www.nationalexpress. com). Des bus (aller/ aller-retour à partir de 5/9 £, 45-90 min, toutes les 30 min à 1 heure) relient régulièrement Heathrow Central Bus Station et **Victoria coach station** (carte p. 136, G5 ; 164 Buckingham Palace Rd SW1 ; ⊖Victoria). Depuis Heathrow Central Bus (terminaux 1, 2 et 3), premier départ à 5h25, dernier à 21h40. Le premier bus quitte Victoria à 7h15, le dernier à 23h30.

➡ **Bus de nuit** Le bus N9 (1,30 £, 1 heure 15, toutes les 20 min) circule entre Heathrow et le centre de Londres.

Gatwick

À environ 48 km au sud du centre de Londres, **Gatwick**

(LGW ; www.gatwickairport.com) est moins grand qu'Heathrow. Les terminaux nord et sud sont reliés 24h/24 par un train monorail (compter 3 min).

➡ **National Rail** (www.nationalrail.co.uk). Des trains réguliers assurent la liaison avec London Bridge (30 min, toutes les 15-30 min), King's Cross (45 min, toutes les 15-30 min) et London Victoria (30 min, toutes les 10-15 min). Tarifs variables, environ 7- 10 £ l'aller simple.

➡ **Gatwick Express** (www.gatwickexpress.com). Train (aller/aller-retour 18/31 £, 30 min, toutes les 15 min) entre la station proche du terminal sud et la gare de Victoria. De Gatwick, départs entre 4h30 et 1h35. Depuis Victoria, départs entre 3h30 et 0h30.

➡ **National Express** (www.nationalexpress.com). Des bus (aller/aller-retour 7,50/15 £, 65-90 min) circulent entre Gatwick et la gare routière de Victoria au moins une fois par heure entre 6h et 21h45, partant toutes les heures à l'heure pile de Victoria entre 7h et

19h (puis plus rarement jusqu'à 23h30).

➡ **easyBus** (www.easybus.co.uk). Minibus de 19 sièges (aller 10 £, à partir de 2 £ en ligne, 1h10 min, toutes les 20 min) entre Earl's Court/West Brompton et Gatwick, tous les jours de 3h à 23h30. Départ de Gatwick entre 4h30 et 1h. Achat des billets auprès du chauffeur ou aux guichets des terminaux nord et sud.

➡ **Taxi** En taxi avec compteur vers/depuis le centre de Londres, compter environ 90 £ (un peu plus d'une heure).

St Pancras International Station

Eurostar (www.eurostar.com). Une ligne à grande vitesse relie la gare St Pancras International et Paris – Gare du Nord (2 heures) ou Bruxelles Midi (2 heures 30), avec une vingtaine de départs chaque jour à des tarifs très variables, de 69 £ pour l'aller-retour le moins cher à plus de 300 £ pour le même billet échangeable à une heure d'affluence. Certains trains

rejoignent Avignon (7 heures) en été, et les Alpes françaises (8 à 10 heures) en hiver. King's Cross St Pancras se trouve sur les lignes de métro Victoria, Piccadilly, Northern, Hammersmith & City, Circle et Metropolitan.

Comment circuler

Les transports londoniens sont commodes mais chers. Gérés par **Transport for London** (www.tfl.gov.uk), ils disposent d'un excellent site multilingue avec état de la circulation, calculateur d'itinéraire, cartes et renseignements précis sur tous les moyens de transport. L'Oyster Card (p. 214), une carte rechargeable, est le moyen le plus économique de circuler sur le réseau.

Métro, DLR et Overground

☑ **Idéal pour...** voyager rapidement, facilement et sans se ruiner.

➡ Il existe plusieurs réseaux : London

Carte de transport ou billet

L'Oyster Card est une carte rechargeable valable sur tout le réseau de transport public londonien, à des tarifs plus avantageux que les billets papier. Pour de nombreux trajets effectués dans la même journée, le coût total est plafonné à la valeur de la Travelcard correspondante (heures creuses ou heures pleines). Les billets papier en aller simple ou aller-retour existent encore mais coûtent considérablement plus cher que l'Oyster Card. Les Oyster Card temporaires sont préchargées.

➡ Passez votre carte sur le lecteur au portillon à l'entrée et à la sortie pour déduire le montant de votre trajet. En bus, passez seulement la carte en montant.

➡ L'Oyster Card est en vente (dépôt de 5 £ remboursable) et peut se recharger dans toutes les stations de métro, les centres d'information touristique et les boutiques affichant le logo Oyster.

➡ Rapportez votre Oyster Card au guichet pour récupérer votre dépôt et le crédit restant.

➡ Les billets Travelcard journaliers ne sont pas moins chers que l'Oyster Card pour le métro, le DLR, l'Overground et les bus mais (contrairement à l'Oyster Card) sont valables dans les trains du National Rail.

Underground (le "tube", 11 lignes de couleurs distinctes), Docklands Light Railway (DLR, un train automatique dans la partie est de la ville) et Overground.

➡ Les premiers trains partent vers 5h30 du lundi au samedi, et 7h le dimanche. Les derniers circulent vers 0h30 du lundi au samedi et 23h30 le dimanche.

➡ Londres est divisé en neuf zones tarifaires concentriques.

➡ L'Oyster Card est toujours moins chère que les billets individuels.

➡ Les moins de 10 ans voyagent gratuitement.

➡ Certaines stations, comme Leicester Sq et Covent Garden, sont beaucoup plus proches en réalité que sur le plan.

Bus

☑ **Idéal pour...** prendre de la hauteur, et pour les destinations non desservies par le métro.

➡ Les bus circulent généralement de 5h à 23h30.

➡ L'Oyster Card, valable sur tous les bus, y compris les bus de nuit, est moins chère que les billets individuels. Si vous ne voyagez qu'en bus, le plafond est de 4 £ par jour. Le coût des trajets en bus est fixe (sans Oyster/avec Oyster 2,20/1,30 £) quelle que soit la distance parcourue.

➡ Aux arrêts indiqués par un panneau jaune, les billets s'achètent au distributeur automatique (prévoyez l'appoint en pièces) avant de monter à bord – l'Oyster Card fonctionne aussi.

➡ Les moins de 11 ans voyagent gratuitement. Entre 11 et 15 ans, le trajet est gratuit sur présentation d'une carte d'identité Oyster.

➡ À chaque station, des plans de bus indiquent tous les itinéraires et destinations possibles.

➡ Plans de bus interactifs en ligne sur www.tfl.gov.uk

➡ Plus de 50 lignes de bus de nuit (précédées de la lettre "N") circulent entre minuit et 4h30.

➡ Une soixantaine d'autres lignes fonctionnent 24h/24 ; leur fréquence est réduite entre 23h et 5h.

Vélo

☑ **Idéal pour...** les courtes distances, mais la circulation peut être redoutable.

➡ Le nouveau Barclays Cycle Hire Scheme (www.tfl.gov.uk) est facile d'utilisation et pratique pour les visiteurs.

➡ Retirez un vélo dans l'une des 400 stations réparties dans la capitale, et déposez-le dans une autre.

➡ Le tarif est de 1/5 £ pour 24h/1 semaine, réglable par carte de crédit aux stations.

➡ Les 30 premières minutes sont gratuites,

l'heure suivante coûte 1 £, les deux suivantes 4 £, les trois heures 15 £. Compter 50 £ pour 24 h (le système encourage les courts trajets).

➡ Vous pouvez emprunter autant de vélos que vous le souhaitez durant votre créneau (24 heures/1 semaine) en laissant 5 minutes entre deux trajets.

➡ Déposez le vélo à un point d'attache libre et attendez la lumière verte signalant son verrouillage.

➡ Si la station est pleine, consultez la borne pour connaître les stations libres des environs.

➡ Il faut être majeur pour acheter un forfait, et avoir plus de 14 ans pour utiliser les vélos.

Cyclopousses

➡ Les cyclopousses pouvant transporter 2 ou 3 passagers font désormais partie du paysage de Soho.

➡ Surtout destinés aux touristes et à quelques ivrognes le samedi soir, ce n'est pas véritablement un moyen de transport.

➡ Compter 5 £ dans Soho. Pour en savoir

plus, consultez www.londonpedicabs.com.

Taxi

☑ **Idéal pour...** les sorties tardives, ou en groupe pour partager la course.

➡ Seuls agréés, les **London Black Cabs** (taxis noirs ; www.londonblackcabs.co.uk) indiquent leur disponibilité par une lumière jaune au-dessus du pare-brise. Levez le bras pour les héler.

➡ Ils sont équipés de compteurs. La prise en charge est de 2,20 £ (pour les 336 premiers mètres en semaine), et le tarif augmente de 20 p tous les 168 m suivants.

➡ Les courses sont plus chères le soir et la nuit.

➡ Vous pouvez laisser jusqu'à 10% de pourboire au chauffeur ou, comme les Londoniens, arrondir à la livre supérieure.

➡ Avec **Zingo Taxi** (☎ 0870 070 0700), votre portable repère par GPS le *black cab* le plus proche ; il vous en coûte 2 £ et le trajet du taxi pour venir vous chercher (3,80 £ maximum).

➡ Les minitaxis (*minicabs*) se commandent uniquement par téléphone ou dans un bureau (chaque quartier en possède un dans l'artère principale, et la plupart des clubs travaillent avec une compagnie à laquelle ils confient leurs clients après une soirée arrosée).

➡ De nuit, les femmes seules peuvent demander une conductrice à **Lady Mini Cabs** (📞7272 3300 ; www.ladyminicabs.co.uk).

Bateau

☑ **Idéal pour...** la vue

➡ Les **Thames Clippers** (www.thamesclippers.com) sont rapides et offrent la garantie d'une vue splendide et d'un siège libre.

➡ Ils circulent entre 6h et peu après 22h, toutes les 20 à 30 minutes, reliant le London Eye Millennium Pier aux Woolwich Arsenal Piers avec des haltes entre les deux. Les tarifs s'échelonnent de 3,50 £ à 5,50 £ pour les adultes et de 1,70 £ à 2,80 £ pour les enfants. Réductions pour les titulaires de l'Oyster Card ou d'une Travelcard.

➡ Voir p. 201 pour en savoir plus sur les croisières touristiques sur la Tamise, notamment pour Hampton Court Palace et Kew Gardens.

Voiture et moto

☑ **Idéal pour...** circuler en toute liberté.

➡ Londres a été la première grande ville au monde à créer une "taxe d'embouteillage" pour limiter la circulation dans le centre. Tous les détails sur www.tfl.gov.uk/roadusers/congestioncharging

➡ Les agences suivantes ont des enseignes dans la capitale : **easyCar** (www.easycar.com), **Avis** (www.avis.com) et **Hertz** (www.hertz.com). Réservez tôt pour obtenir les meilleurs tarifs, surtout le week-end.

➡ Si vous avez besoin d'un véhicule pour quelques heures ou une demi-journée, **Streetcar** (📞0845 644 8475 ; www.streetcar.co.uk) permet de louer des véhicules en libre service et payables à l'heure.

➡ Au Royaume-Uni, la conduite est à gauche.

➡ Le port de la ceinture est obligatoire pour le conducteur et tous les passagers, comme celui du casque à moto.

➡ Le coût élevé du stationnement, les embouteillages, le prix de l'essence et le zèle des agents de la circulation et des poseurs de sabot découragent la plupart des visiteurs.

Infos pratiques

Argent

☑ **Bon plan** Certaines grandes enseignes acceptent les euros.

➡ La monnaie du Royaume-Uni est la livre sterling (£).

➡ Une livre sterling comprend 100 pence (prononcer "p").

➡ Il existe des billets de 5 £, 10 £, 20 £ et 50 £, et des pièces de 1 p, 2 p, 5 p, 10 p, 20 p, 50 p, 1 £ et 2 £.

➡ Sauf mention contraire, les prix sont exprimés dans ce guide en livres sterling.

DAB

➡ On trouve partout des distributeurs acceptant les cartes Visa, MasterCard, Cirrus ou Maestro, et quelques autres moins connues.

➡ Les retraits d'espèces avec une carte étrangère entraînent souvent des frais.

➡ Outre les DAB des banques, certains magasins ont aussi des distributeurs qui prélèvent entre 1,50 à 2 £ par transaction (prohibitif pour les clients de banques étrangères).

Change

➡ Les bureaux de poste locaux sont le meilleur endroit où changer de l'argent : il ne prélèvent aucune commission.

➡ On peut aussi s'adresser à la plupart des grandes banques, les chaînes d'agences de voyages et les nombreux agents de change de la ville.

➡ Comparez les taux et vérifiez le montant de la commission.

Cartes de crédit

➡ Restaurants, bars, boutiques et même certains taxis... Les cartes de crédit sont acceptées presque partout à Londres.

➡ Les cartes Visa et MasterCard sont

plus communément acceptées qu'American Express et Diner's Club.

Pourboire

➡ Au restaurant, le service est souvent inclus d'office dans l'addition – l'initiative est légale mais doit être clairement indiquée. Si le service n'est pas compris, il est d'usage de laisser un pourboire de 10% à 15% (sauf si vous n'êtes pas satisfait).

➡ Dans les taxis, vous pouvez laisser jusqu'à 10% ou, comme les Londoniens, arrondir à la livre supérieure.

Cartes de réduction

➡ **London Pass** (www.londonpass.com) est un forfait coupe-file pour la plupart des grandes attractions. Détails sur le site Internet.

➡ Le tarif minimum est de 15,83 £ par jour (pour 6 jours), ou plus avec le métro et le bus.

Climat

➡ **Hiver (nov-fév)** Journées courtes et froides, pluie et parfois neige. Musées et curiosités moins bondés, prix plus intéressants.

➡ **Printemps (mars-mai)** Temps frais et humide. Les foules commencent à affluer. Les parcs sortent de l'hiver et les arbres fleurissent.

➡ **Été (juin-août)** Temps doux à chaud, longues journées ensoleillées. Vacances et saison touristique coïncident. Attractions souvent bondées, parcs splendides.

➡ **Automne (sept-nov)** Belle saison fraîche, souvent ensoleillée. Après l'été et la rentrée des classes, Londres est plus paisible.

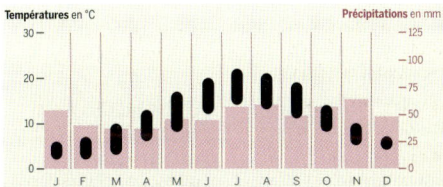

Électricité

230 V/50 Hz

Handicapés

➡ La loi prévoit que les hôtels et attractions touristiques modernes doivent être accessibles aux personnes handicapées, mais quantité de lieux historiques, B&B et pensions se trouvent dans de vieux bâtiments, difficiles (voire impossibles) à équiper.

➡ L'accessibilité s'améliore dans les transports, mais seules 62 stations de Londres sont équipées d'un accès sans escalier ou escalator.

➡ Le DLR est entièrement accessible aux fauteuils roulants.

➡ Tous les bus ont un plancher surbaissé, et les personnes en fauteuil voyagent gratuitement.

➡ Le guide *Getting Around London* publié par Transport for London et recensant les dernières informations sur l'accessibilité est téléchargeable sur www.tfl.gov.uk.

Heures d'ouverture

➡ Les horaires de chaque établissement ne sont pas précisés par l'auteur, à moins qu'ils soient très différents des indications suivantes.

Renseignements	9h-17h lun-ven
Lieux touristiques	10h-18h
Banques	9h-17h lun-ven
Magasins	9h-19h lun-sam, 11h-17h dim
Restaurants	12h-14h30 et 18h-23h
Pubs et bars	11h-23h

Jour fériés

☑ **Bon plan** Le soir de la Saint Sylvestre, les bus, métros, trams et DLR sont gratuits entre 23h45 et 4h30, ainsi que le London Overground entre 23h45 et le dernier train.

Nouvel An 1er janvier

Vendredi saint Fin mars/avril

Lundi de Pâques Fin mars/avril

Savoir-vivre

À faire

➡ Dans les escalators, se tenir à droite, et monter ou descendre à gauche.

➡ Laisser d'abord descendre les passagers du métro.

➡ Conduire à gauche.

➡ Attendre que les voitures s'arrêtent aux passages piétons.

➡ Regarder à droite avant de traverser.

Déconseillé

➡ Oublier son parapluie.

➡ Ne pas faire la queue.

➡ Omettre de tenir la porte.

May Day Holiday
Premier lundi de mai

Spring Bank Holiday
Dernier lundi de mai

Summer Bank Holiday
Dernier lundi d'août

Noël 25 décembre

Boxing Day 26 décembre

Office du tourisme

Britain Visitor Centre
(carte p. 32, C1 ; www.
visitbritain.com ; 1 Regent St
SW1 ; 🕐 9h30-18h lun,
9h-18h mar-ven, 9h-16h
sam, 10h-16h dim et jours
fériés sept-mai, jusqu'à 17h
sam juin-sept ; 🚇 Piccadilly
Circus). Principal office du
tourisme de Londres.

Visit London (📞 0870 156
6366 ; www.visitlondon.com)

Santé et sécurité

☑ **Bon plan** Conservez
passeport, argent et
cartes de crédit séparés.

➡ Londres est une ville
relativement sûre mais
respectez les précautions
de bon sens.

Téléphone

➡ Quelques cabines
publiques prennent
encore les pièces, mais la
plupart n'acceptent que
les cartes de téléphone

(en vente dans les
commerces, les bureaux
de poste et chez les
marchands de journaux)
et cartes de crédit.

Numéros utiles
(payants) :

**Renseignements
internationaux**
(📞 118 661/118 505)

**Renseignements locaux
et nationaux**
(📞 118 118/118 500)

Opérateur international
(📞 155)

**Opérateur local et
national** (📞 100)

Appels en PCV (📞 155)

À retenir :

**Code d'accès
international** (📞 00)

Prix d'un appel local
(📞 08457)

Prix d'un appel national
(📞 0870/0871)

Tarif surtaxé (📞 09).
À partir de 60 p/min.

Numéro gratuit (📞 0800)

Appeler dans Londres

➡ L'indicatif local de
Londres est le 📞 020,
suivi d'un numéro à huit
chiffres commençant par
7 (centre de Londres),
8 (Greater London) ou
3 (les deux).

**Pour ne
pas trop
dépenser**

Préférez les musées
et attractions
gratuits (p. 197)

Achetez une Oyster
Card (p. 214)

➡ Si vous êtes hors de
Londres, ou depuis un
portable, il faut composer
le 📞 020 pour joindre la
capitale.

➡ Depuis l'étranger,
faites le code d'accès
international de votre
pays, puis le 44 (indicatif
du Royaume-Uni), puis
le 20 (sans le 0) suivi du
numéro de téléphone à
huit chiffres.

Appels internationaux
et tarifs

➡ La plupart des appels
vers l'étranger peuvent
être passés des cabines
téléphoniques.

➡ Certains opérateurs
possèdent des
téléboutiques où les
communications
internationales sont
moins chères qu'avec
British Telecom (BT).

➡ Certains cybercafés
proposent des appels

internationaux meilleur marché.

➡ Pour appeler l'étranger, le moins cher consiste souvent à acheter une carte PIN pour l'international dans les magasins de quartier.

➡ Pour limiter le bruit et/ou pour des questions de bande passante, Skype est parfois bloqué dans les hôtels et les cybercafés.

Tarifs des appels locaux et nationaux

➡ Les appels locaux sont facturés à la durée. Les appels régionaux et nationaux sont facturés selon la durée et la distance.

➡ Le tarif plein s'applique de 6h à 18h du lundi au vendredi.

➡ Le tarif en heures creuses s'applique de 18h à 6h du lundi au vendredi, et le tarif week-end du vendredi 18h au lundi 6h.

Avec ou sans visa ?

PAYS	TOURISME	TRAVAIL	ÉTUDES
Zone économique européenne (sauf Roumanie et Bulgarie)	x	x	x
Australie, Canada, Nouvelle-Zélande, Afrique du Sud, États-Unis	x (jusqu'à 6 mois)	√	√
Autres nationalités	√	√	√

Téléphones mobiles

➡ Le Royaume-Uni passe par le réseau GSM 900 qui couvre le reste de l'Europe, mais n'est pas compatible avec le réseau nord-américain GSM 1900 ni la technologie japonaise.

➡ Si vous possédez un mobile GSM, vérifiez les frais d'itinérance auprès de votre opérateur.

➡ En règle générale, mieux vaut acheter une carte SIM locale dans une boutique de téléphonie

(assurez-vous que votre mobile est débloqué).

Urgences

➡ Composez le ☎999 pour appeler la police, les pompiers ou une ambulance en urgence.

Visas

Le tableau ci-dessus distingue les visas existant et ses destinataires, mais renseignez-vous sur www.ukvisas.gov.uk ou auprès de l'ambassade de Grande-Bretagne.

Hébergement

➡ Nous conseillons les environs de la National Gallery et de Covent Garden, Kensington, St Paul's et la City, et South Bank.

➡ La catégorie des bed and breakfast, située un cran sous les hôtels, offre pourtant plus de cachet, de charmantes vieilles bâtisses et un service personnalisé.

➡ Londres possède de bons hôtels pour toutes les bourses, mais ils affichent souvent complet tant la demande est grande (surtout les plus économiques) : mieux vaut réserver bien à l'avance, en particulier pendant les vacances et en été.

➡ À moins de 100 £, les hébergements sont plutôt bas de gamme, mais certains hôtels de catégorie supérieure proposent des prix abordables le week-end.

➡ Pour une semaine ou plus à Londres, les locations de courte durée et les résidences hôtelières sont plus économiques et permettent de vivre en vrai Londonien.

Catégorie petits budgets

🏠 YHA Oxford St   AUBERGE DE JEUNESSE

📞 0845 371 9133 ; www.yha.org.uk ; 3e ét., 14 Noel St W1 ; dort 16-28 £, d 51-74 £ ; @ 🛜 ; 🚇 Oxford Circus ou Tottenham Court Rd

La plus centrale des 7 auberges YHA londoniennes est aussi la plus attrayante, après une rénovation réussie en 2011. Intime, avec 93 lits seulement, elle possède aussi d'agréables espaces communs : nous avons apprécié la cuisine fuchsia et le salon lumineux. Dortoirs à 3 ou 4 lits, doubles et lits jumeaux ; boutique qui vend du café et de la bière ; accès Internet (1 £/20 min) sur des ordinateurs neufs, et connexion Wi-Fi 5/9 £ jour/semaine.

🏠 Generator   AUBERGE DE JEUNESSE

📞 7388 7655 ; www.generatorhostels.com ; Compton Pl, face au 37 Tavistock Pl WC1 ; dort/s/d/tr à partir de 15/20/40/60 £ ; @ 🛜 ; 🚇 Russell Sq

Si vous recherchez de l'ambiance, cette immense auberge jeune (plus de 800 lits) et bon marché du centre de Londres est pour vous. Le bar, avec tables de billard, et souvent des soirées à thème, est ouvert jusqu'à 2h. Dortoirs de 4 à 16 lits. Pas de cuisine, mais le petit-déjeuner compris est servi, ainsi que des dîners avantageux dans la vaste cantine (à partir de 4,50 £).

🏠 Ridgemount Hotel   HÔTEL

📞 7636 1141 ; www.ridgemounthotel.co.uk ; 65-67 Gower St WC1 ; s/d 60/86 £, avec sdb commune 48/66 £ ; @ 🛜 ; 🚇 Goodge St

Cet établissement à l'ancienne possède un sens de l'accueil qui se fait rare à Londres. La moitié des 30 chambres, assez quelconques, disposent d'une sdb. Quelques triples et quadruples sont pratiques pour les groupes d'amis et les familles. Buanderie sur place, et Wi-Fi gratuit.

⚑ YHA London St Paul's

St Paul's   AUBERGE DE JEUNESSE

☎ **0845 371 9012 ; www.yha.org.uk ; 36 Carter Lane EC4 ; dort 20-25 £, d 50 £ ; ☎ ; ⊖ St Paul's**

Cette auberge de jeunesse (208 lits) est installée à l'ombre de la cathédrale Saint-Paul et en face de la Tate Modern, dans un bâtiment classé à la superbe façade. Elle possède des dortoirs de 3 à 11 lits, des chambres à lits jumeaux et des doubles. Les familles la trouveront pratique. Cafétéria avec licence pour le service de boissons alcoolisées, mais ni cuisine, ni ascenseur (beaucoup d'escaliers) ; 7 nuitées maximum.

⚑ Meininger   AUBERGE DE JEUNESSE

☎ **7590 6910 ; www.meininger-hostels. com ; 65-67 Queen's Gate SW7 ; dort 15-27 £, s/lits jum/tr à partir de 75/70/96 £ ; ✳ @ ☎ ; ⊖ Gloucester Rd ou South Kensington**

Désormais installé dans la Baden Powell House, à côté du Natural History Museum, cet "hôtel et auberge de jeunesse de ville", tenu par des Allemands, propose 48 chambres immaculées, dont une trentaine de dortoirs (4 à 12 lits). Les 11 chambres privées s'accompagnent toutes de sdb et d'un espace de travail assez vaste. Le service est efficace et le lieu sécurisé. On trouve aussi un bar et, en été, des barbecues sont organisés sur le toit-terrasse.

⚑ Hoxton Hotel   HÔTEL DE CHARME

Plan p. 444 – ☎ **7550 1000 ; www. hoxtonhotels.com ; 81 Great Eastern St EC2 ; ch avec petit-déj 1-199 £ ; ✳ ☎ ; ⊖ Old St**

De loin le meilleur rapport qualité/prix de Londres. Au cœur de Shoreditch, cet élégant hotel de 208 chambres préfère afficher complet chaque soir plutôt que de pratiquer des tarifs exorbitants. Presque toutes les communications téléphoniques sont gratuites, de même que la connexion Wi-Fi, l'accès aux ordinateurs et imprimantes dans le hall, et le petit-déjeuner au Prêt à Manger (chaîne de restauration) voisin. Les chambres sont petites mais stylées, avec TV à écran plat, bureau et réfrigérateur garni de bouteilles d'eau et de lait gratuites. Cerise sur le gâteau, le prix : il faut être très chanceux pour décrocher une chambre à 1 £ (adjugée tous les trois mois), mais vous en obtiendrez forcément une entre 49 et 69 £, un tarif qui reste très avantageux pour les prestations assurées.

⚑ Clink261   AUBERGE DE JEUNESSE

☎ **7833 9400 ; www.clinkhostels.com ; 261-265 Gray's Inn Rd WC1 ; dort 18-22 £, d avec sdb commune 55 £ ; @ ☎ ; ⊖ King's Cross St Pancras**

Après une grande rénovation en 2010, cette auberge de jeunesse est aujourd'hui de premier ordre, dotée de dortoirs lumineux et funky, de lits superposés séparés par une cloison pour l'intimité et de casiers de sécurité. La cuisine commune semble sortie d'un magazine de design. Le salon TV et la salle informatique sont tout aussi fabuleux.

⚑ W14   AUBERGE DE JEUNESSE

☎ **7602 6600 ; www.thew14hotel.co.uk ; 16-22 Gunterstone Rd W14 ; dort 26,50-**

Sites utiles

→ **Lonely Planet** (www.hotels.lonelyplanet.com). Réservations.

→ **Centrale de réservation YHA** (☎0800 019 1700 ; www.yha.org.uk). Réservation d'auberges de jeunesse.

→ **Visit London** (www.visitlondon.com). Le site de l'office du tourisme londonien répertorie quantité d'hébergements et d'offres spéciales.

→ **LondonTown** (☎7437 4370 ; www.londontown.com). Réservations d'hôtels et offres spéciales.

34,50 £, avec sdb commune 21-27 £ ; d 105 £, avec sdb commune 58-65 £ ; @ 🛜 ; ⊖ **Barons Court ou West Kensington**

Dans une rue résidentielle calme à l'ouest d'Earl's Court (un peu perdue, mais proche du métro), cette auberge de 163 lits dégage une ambiance moderne et branchée. Bar agréable et superbe jardin à l'arrière. Dortoirs de 3 à 8 lits superposés, et 4 chambres doubles avec sdb donnant toutes sur un patio surplombant le jardin.

🛏 Stylotel   HÔTEL

☎7723 1026 ; www.stylotel.com ; 160-162 Sussex Gardens W2 ; s/d/tr/qua 60/85/105/120 £, studio/ste 142/185 £ ; ❄ @ 🛜 ; ⊖ **Paddington**

Le Stylotel privilégie le design industriel en faisant appel à l'aluminium, à l'acier inoxydable et au verre dépoli pour la décoration de ses 47 chambres. Quel plaisir de bénéficier d'un cadre propre, élégant et contemporain dans cette gamme de prix ! Les 8 suites, à deux pas de London St, sont avantageuses pour les familles ou les longs séjours.

Catégorie moyenne

🛏 Captain Bligh GuestHouse   APPARTEMENTS

100 Lambeth Rd SE1 ; www.captainblighhouse.co.uk ; s 63-75 £, d 85-90 £ ; ⊖ **Lambeth North**

Les propriétaires, très serviables mais discrets, vous demandent de séjourner au minimum 4 nuits. La maison datant de la fin du XVIIIe siècle, ancienne demeure du capitaine Bligh (qui subit la mutinerie du *Bounty*), est idéalement située pour visiter l'Imperial War Museum. Ses avantages : des chambres impeccables et calmes dans un cadre soigneusement entretenu, certaines avec cuisine. Ses inconvénients : cartes de crédit non acceptées, arrhes exigées (une nuitée) non remboursables et réservation très à l'avance. Pas d'ascenseur. Repérez une porte bleu vif.

🛏 Arran House Hotel   AUBERGE DE JEUNESSE

☎7636 2186 ; www.arranhotel-london.com ; 77-79 Gower St WC1 ; dort 30-35 £, s/d 80/120 £, avec sdb commune 70/97 £ ; @ 🛜 ; ⊖ **Goodge St**

Cette adresse accueillante à Bloomsbury présente pour le quartier un excellent rapport qualité/prix. Dortoirs spartiates ou doubles lumineuses et bien aménagées, avec sdb. Salon douillet aux vastes canapés en cuir, avec des piles de magazines et deux ordinateurs. Deux splendides jardins à l'arrière, agréables pour prendre un verre ou lire au calme. Les hôtes peuvent utiliser la cuisine, la salle à manger, ainsi que la buanderie. Wi-Fi gratuit.

Harlingford Hotel
HÔTEL

7387 1551 ; www.harlingfordhotel.com ; 61-63 Cartwright Gardens WC1 ; s/d à partir de 96/115 £ ; 🖹 ; ⊖Russell Sq

Cet hôtel georgien reconnaissable à sa façade couverte de lierre est sans doute le meilleur de la rue. Le service laisse à désirer mais le tarif est imbattable. Pas d'ascenseur, beaucoup d'escaliers !

B+B Belgravia
B&B

7259 8570 ; www.bb-belgravia.com ; 64-66 Ebury St SW1 ; s/d/lits jum/tr/ qua 99/135/145/165/175 £ ; @ 🖹 ; ⊖Victoria

Somptueusement rénové dans un style contemporain, ce B&B georgien sur 6 étages possède d'agréables espaces communs, dont un très chic salon. Les 17 chambres (avec douche ou bain) sont de taille correcte. Si vous voulez être plus à l'aise, optez pour les studios avec cuisine compacte du No 82 Ebury St (studio 99-145 £, appartement 270 £). Joli jardin à l'arrière et vélos disponibles gratuitement. Pas d'ascenseur.

40 Winks
PENSION

7790 0259 ; www.40winks.org ; 109 Mile End Rd E1 ; s/d 95/140 £ ; 🖹 ; ⊖Stepney Green

Seulement deux chambres mais un charme fou pour cette pension du quartier de Stepney Green. Aménagées dans une maison de ville du début du XVIIIe siècle, les chambres (la simple est un peu petite) ont été décorées par un expert qui a préservé l'histoire du bâtiment en lui alliant d'exquises touches modernes et une bonne dose de fantaisie. Réservez longtemps à l'avance.

Hampstead Guesthouse
PENSION

7435 8679 ; www.hampsteadguesthouse. com ; 2 Kemplay Rd NW3 ; s/d 75/95 £, avec sdb commune 65/80 £, studio s/d/ tr/f 100/125/145/175 £, petit-déj 7 £ ; ⊖Hampstead

À 20 minutes seulement en métro du centre de Londres, cette pension charmante de 9 chambres, dont le cadre original et rustique se compose de meubles anciens, de lits douillets et d'un délicieux jardin à l'arrière, a tout pour assurer un séjour des plus agréables. L'endroit a aussi un studio pouvant loger 5 personnes.

Base2Stay
HÔTEL

7244 2255 ; www.base2stay.com ; 25 Courtfield Gardens SW5 ; s/d et lits jum à partir de 95/113 £ ; ❄ 🖹 ; ⊖Earl's Court ou Gloucester Rd

Le Base2stay s'efforce d'éliminer tous les plus "non indispensables" habituellement proposés par les hôtels pour se concentrer sur des aspects plus "importants" tels les équipements de communication (Wi-Fi) et musicaux, l'aménagement des kitchenettes ou les réductions dans des restaurants locaux. Le résultat est un hôtel de 67 chambres, fonctionnel et très confortable. En outre, engagé dans le développement durable, il recycle, utilise des ampoules basse consommation, économise l'eau, se fournit en thé et café équitables, etc. Il encourage ses hôtes à faire de même et leur propose une voiture électrique (30 £ pour le week-end).

🅱 **Number 16 St Alfege's**   B&B

📞 8853 4337 ; www.st-alfeges.co.uk ; 16 St Alfege's Passage SE10 ; ch à partir de 75 £ ; 🚇 Greenwich, DLR Cutty Sark

Dans une ancienne boutique de bonbons et tenu par des propriétaires gays, ce B&B est l'adresse la plus convoitée de Greenwich depuis son apparition dans le programme Hotel Inspector de Channel 5. Les deux chambres doubles et la simple sont bien agencées et personnalisées. Chacune se double d'une sdb. Tout le monde, gay ou non, s'y sentira à l'aise, à bavarder avec les propriétaires autour d'une tasse de thé dans la charmante cuisine au sous-sol. L'entrée de la maison se trouve au coin de Roan St.

Catégorie supérieure

🅱 **Zetter Hotel & Townhouse**   HÔTEL DE CHARME

Plan p. 444 – 📞 7324 4444 ; www. thezetter.com ; 86-88 Clerkenwell Rd EC1 ; ch 222-294 £, studio 294-438 £, petit-déj 13,50-17,50 £ ; ❄ 🛜 ; 🚇 Farringdon

Le Zetter réunit deux établissements de styles différents, aussi intéressants l'un que l'autre. Le premier à avoir vu le jour dans la rue principale de Clerkenwell est

très branché, avec une touche de kitsch. Construit avec des matériaux récupérés sur le site d'un bureau désaffecté, il propose 59 chambres, petites mais bien conçues, avec TV à écran plat et clim (qui fonctionne avec l'eau du réservoir de l'hôtel). Les studios sous le toit avec une terrasse offrant une vue superbe sur la ville sont encore plus attrayants. Excellent restaurant au rez-de-chaussée (p. 206).

La **Zetter Townhouse** (49-50 St John's Sq ; ch 222-294 £, ste 438-480 £),dans un joli square à l'arrière du Zetter, ne compte que 13 chambres dans un édifice typiquement georgien. Chacune est personnalisée avec des meubles d'époque et des touches d'humour telles des têtes de lit provenant d'anciens manèges. Autres détails délicieux, de splendides baignoires anciennes et des ascenseurs peints à la main. Le fabuleux bar (p. 212) mérite une visite à lui tout seul.

🅱 **Town Hall Hotel & Apartments**   HÔTEL DE LUXE, APPARTEMENTS

📞 7871 0460 ; www.townhallhotel.com ; Patriot Square E2 ; d 348-384 £, app 402-546 £, petit-déj 15 £ ; ❄ 🛜 ⛶ ; 🚇 Bethnal Green

Ce bâtiment édouardien (1910), redécoré d'éléments Art déco dans les années 1930, fut le siège de la municipalité jusqu'en 1965, avant de se métamorphoser en hôtel design. L'esthétique de l'établissement combine avec élégance ces époques historiques à des additions résolument contemporaines. La réception en marbre et l'escalier central accueillent de manière grandiose les hôtes. Aucune chambre n'est identique. Appartements particulièrement bien équipés.

🏠 **Dean Street Townhouse**   HÔTEL DE CHARME

📞 7434 1775 ; www.deanstreettownhouse.com ; 69-71 Dean St W1 ; ch 160-310 £ ; 🚇 Tottenham Court Rd ; ❄ 📶

Au cœur de Soho, ce petit bijou georgien exhale une merveilleuse atmosphère de boudoir et des touches féminines (cosmétiques Cowshed dans la sdb, sèche-cheveux et lisseur à cheveux dans chaque chambre !). Les chambres "medium" et "bigger" sont dotées de lits de 180 cm et de baignoires à l'ancienne.

🏠 **Brown's**   HÔTEL HISTORIQUE

Plan p. 422 – 📞 7493 6020 ; www.brownshotel.com ; 30 Albemarle St W1 ; ch/ste à partir de 485/915 £ ; ❄ 📶 ; 🚇 Green Park

Un cinq-étoiles époustouflant de 117 chambres, créé en 1837 à partir de 11 maisons. Les chambres ont été personnalisées, beaucoup meublées d'antiquités et ornées d'œuvres originales. Le reste de l'hôtel est tout aussi attrayant. La traditionnelle English Tea Room a conservé ses splendides lambris édouardiens en chêne et ses cheminées que l'on allume toujours ; dans le Donovan Bar, on admire un sompteux vitrail, tandis que le restaurant, Hix at the Albermarle (où officie le célèbrissime chef Mark Hix), est décoré d'œuvres d'artistes contemporains illustres.

🏠 **Soho Hotel**   HÔTEL DE CHARME

📞 7559 3000 ; www.sohohotel.com ; 4 Richmond Mews W1 ; ch/ste à partir de 295/415 £ ; ❄ 📶 ; 🚇 Tottenham Court Rd

L'un des hôtels les plus chics de Londres, le Soho est un ancien parking, à quelques pas de Dean St. Les 91 chambres sont toutes décorées différemment, dans les tons framboise et rouge brun. D'authentiques œuvres d'art ornent l'hôtel. Wi-Fi, 20 £.

Langue

Tout le monde peut parler une langue étrangère, le tout est d'oser. La grammaire, au final, n'est pas essentielle pour se débrouiller sur place. Pour réserver une chambre, commander un plat ou simplement engager une conversation, voici 99 phrases essentielles qui vous aideront à ne pas rester muet, en toutes circonstances !

Premier contact

Bonjour.
Hello.

Au revoir.
Goodbye.

Comment allez-vous ?/
Comment vas-tu ?
How are you?

Bien, merci. Et vous ?/
Bien, merci. Et toi ?
Fine thanks. And you?

Je m'appelle...
My name is...

Enchanté(e).
Pleased to meet you.

Voici mon compagnon/
ma compagne.
This is my partner.

À propos de vous

D'où venez-vous ?
Where are you from?

Je viens de...
I'm from...

Je suis marié(e).
I'm married.

Je suis célibataire.
I'm single.

Quel est votre/ton numéro
de téléphone ?
What's your phone number?

Quelle est votre/ton adresse e-mail ?
What's your email address?

Engager la conversation

Quel est votre/ton métier ?
What's your occupation?

Je suis employé(e) de bureau.
I'm an office worker.

Je suis ouvrier/ouvrière.
I'm a manual worker.

Je suis un homme d'affaires/
Je suis une femme d'affaires.
I'm a business person.

Je suis un(e) étudiant(e).
I'm a student.

Je suis un(e) artiste.
I'm an artist.

Quel âge avez-vous ?/
Quel âge as-tu ?
How old are you?

J'ai (25) ans.
I'm (25) years old.

Aimes-tu l'art ?
Do you like art?

Aimes-tu le sport ?
Do you like sport?

Aimes-tu lire ?
Do you like reading?

Aimes-tu danser ?
Do you like dancing?

Aimes-tu voyager ?
Do you like travelling?

Sensations
J'ai faim.
I'm hungry.
J'ai froid.
I'm cold.
J'ai chaud.
I'm hot.
J'ai soif.
I'm thirsty.
Comment te sens-tu ?
Are you okay?

Transports
Est-ce le bus (pour Paris) ?
Is this the bus (to Paris)?
Est-ce l'avion (pour Paris) ?
Is this the plane (to Paris)?
Est-ce le train (pour Paris) ?
Is this the train (to Paris)?
C'est combien pour aller à... ?
How much is it to go to...?
Ce taxi est-il libre ?
Is this taxi available?
À quelle heure part-il ?
What time does it leave?
Où se trouve le centre-ville ?
Where's the city centre?
Où puis-je trouver un hôtel ?
Where's a hotel?
Où se tient le marché ?
Where's a market?

Hébergement
Où puis-je trouver un terrain de camping ?
Where's a camping ground?

Pouvez-vous me recommander un logement pas cher ?
Can you recommend somewhere cheap?
Pouvez-vous me recommander un logement de qualité ?
Can you recommend somewhere good?
Quel est le prix par nuit ?
How much is it per night?
Je voudrais réserver une chambre, s'il vous plaît.
I'd like to book a room, please.

Achats
Où est le supermarché ?
Where's the supermarket?
Où puis-je trouver une banque ?
Where's a bank?
Où puis-je acheter... ?
Where can I buy ...?
Est-ce que je peux le voir ?
Can I look at it?
Quel est votre meilleur prix ?
What's your lowest price?
Pouvez-vous écrire le prix ?
Can you write down the price?
Puis-je avoir un reçu, s'il vous plaît.
I'd like a receipt, please.

Photographie
Je voudrais une carte mémoire pour cet appareil.
I'd like a memory card for this camera.
Avez-vous un câble pour cet appareil ?
Do you have a cable for this camera?

Où puis-je trouver une batterie pour cet appareil ?
Where can I find a battery for this camera?

Je voudrais graver mes photos sur un CD.
I'd like to put my photos on a CD.

Combien coûte le tirage papier des photos de cette carte mémoire ?
How much is it to print out the photo on this memory card?

Quand cela sera-t-il prêt ?
When will it be ready?

Sortir

J'aimerais aller au cinéma.
I feel like going to the movies.

J'aimerais aller au théâtre.
I feel like going to the theatre.

J'aimerais aller à un concert.
I feel like going to a concert.

Où y a-t-il des discothèques ?
Where can I find clubs?

Où y a-t-il des boîtes gays ?
Where can I find gay venues?

Où y a-t-il des pubs ?
Where can I find pubs?

Visites touristiques

Quand a lieu la prochaine excursion à la journée ?
When's the next day trip?

L'excursion dure combien de temps ?
How long is the tour?

L'entrée est-elle comprise dans le prix ?
Is the admission charge included?

À quelle heure doit-on rentrer ?
What time should we be back?

Où se restaurer/ Prendre un verre

Pouvez-vous me conseiller un restaurant ?
Can you recommend a restaurant?

Pouvez-vous me conseiller un café ?
Can you recommend a cafe?

Servez-vous des plats végétariens ?
Do you have vegetarian food?

Y a-t-il un restaurant végétarien par ici ?
Is there a vegetarian restaurant near here?

Je voudrais une table pour (5) personnes, s'il vous plaît.
I'd like a table for (five), please.

Y a-t-il un espace fumeurs ?
Is there a smoking area?

Pouvez-vous me conseiller un bar ?
Can you recommend a bar?

Faire ses courses

Combien coûte (un kilo) ?
How much is (a kilo)?

J'en voudrais (200) grammes.
I'd like (200) grams.

J'en voudrais (6) tranches.
I'd like (six) slices.

Quelle est la spécialité locale ?
What's the local speciality?

Commander à manger/à boire

Puis-je avoir la carte des boissons, s'il vous plaît.
I'd like to see the drinks list, please.

Puis-je avoir le menu, s'il vous plaît.
I'd like the menu, please.

Qu'est-ce que vous me conseillez ?
What would you recommend?

Un café (avec du lait).
A cup of coffee (with milk).

Un thé (avec du lait).
A cup of tea (with milk).

L'addition, s'il vous plaît.
I'd like the bill, please.

Au bar

Qu'est-ce que vous désirez ?
What would you like?

Je vous offre un verre.
I'll buy you a drink.

Une bière.
A glass of beer.

Un verre de vin blanc.
A glass of white wine.

Un verre de vin rouge.
A glass of red wine.

Champagne.
Champagne.

Santé !
Cheers!

Santé

Au secours !
Help!

J'ai besoin d'un médecin qui parle français.
I need a doctor who speaks French.

Est-ce que je peux voir une femme médecin ?
Could I see a female doctor?

Je n'ai plus de médicaments.
I've run out of my medication.

Où y a-t-il un dentiste par ici ?
Where's the nearest dentist?

Où est l'hôpital le plus proche ?
Where's the nearest hospital?

Où y a-t-il une pharmacie de garde par ici ?
Where's a night pharmacy?

En coulisses

Vos réactions ?

Vos commentaires nous sont très précieux et nous permettent d'améliorer constamment nos guides. Notre équipe lit toutes vos lettres avec la plus grande attention, et chacun de vos commentaires est transmis directement à l'auteur. Pour nous faire part de corrections et suggestions, rendez-vous sur : **lonelyplanet.fr/contact**

Nous reprenons parfois vos commentaires pour les publier et les intégrer dans nos guides, sites web ou produits numériques. Si vous ne souhaitez pas que vos commentaires soient repris ou que votre nom apparaisse, merci de nous le préciser. Pour connaître notre politique en matière de confidentialité, connectez-vous à : www.lonelyplanet.fr/_html/confidentialite

À nos lecteurs

Un grand merci à ceux qui ont utilisé la précédente édition de ce guide et ont pris la peine de nous écrire pour nous communiquer informations, commentaires et anecdotes :

Craig, Stefan Carlsson, William Cookson, Ken Drake, Jos Jennekens, Jennifer Nickless, Denise Pulis.

Un mot de l'auteur

Damian Harper tient à remercier Daisy Harper, Bill Moran, Daniel Hands, Matthew Scudamore et George Whitman, ainsi que Jo Cooke et tout le personnel de Lonely Planet. Un grand merci à Timothy et Emma - vous êtes les meilleurs.

Remerciements

Photographie de couverture : London Eye et palais de Westminster à la tombée de la nuit/Richard l'Anson. La plupart des photos publiées dans ce guide sont disponibles auprès de Lonely Planet Images : www.lonelyplanetimages.com

À propos de cet ouvrage

Cette 3e édition française de *Londres En quelques jours* est une traduction-adaptation de la 3e édition de *London Pocket*, commandée par le bureau de Londres et mise à jour par Damian Harper. Les éditions précédentes étaient l'œuvre de Joe Bindloss et Sarah Johnstone.

Traduction Marine Héligon et Mélanie Marx **Direction éditoriale** Didier Férat **Coordination éditoriale** Marjorie Goussu **Responsable** **prépresse** Jean-Noël Doan **Maquette** Laurence Tixier **Cartographie** Cartes originales adaptées en français par Martine Marmouget **Couverture** adaptée en français par Annabelle Henry

Merci à Dolorès Mora pour ses conseils et sa relecture attentive du texte.

Index

Consultez aussi les index :

⊗ **Se restaurer p. 237**

🍷 **Prendre un verre p. 238**

★ **Sortir p. 238**

🔒 **Shopping p. 239**

🍷 Prendre un verre

⭐ Sortir

Les auteurs

Damian Harper

Né non loin du Strand, d'où l'on entend sonner les Bow Bells (par vent favorable), Damian a grandi à Notting Hill bien avant que le quartier soit "découvert" par Hollywood. Ancien de Winchester College, il a été libraire chez *Shakespeare and Company* et deux fois diplômé en langues. Auteur de guides Lonely Planet depuis la fin des années 1990, Damian vit actuellement dans le sud de Londres avec son épouse d'origine chinoise et leurs deux enfants.

Auteurs contributeurs

Émilie Filou a contribué aux chapitres suivants : Westminster Abbey et Westminster, National Gallery et Covent Garden, British Museum et Bloomsbury, Un samedi à Notting Hill, Promenade dans Hampstead Heath, Regent's Park et Camden, Envie de…, Carnet pratique.
Vesna Maric a participé au chapitre Le meilleur de Londres.
Sally Schafer a contribué à Une soirée à Shoreditch, Saint Paul et la City.

Londres en quelques jours
3e édition
Traduit et adapté de l'ouvrage *London Pocket, 3rd edition, May 2012*
© Lonely Planet Publications Pty Ltd 2012
© Lonely Planet et Place des éditeurs 2012
Photographes © comme indiqué 2012
Dépôt légal Septembre 2012
ISBN 978-2-81612-128-5
Imprimé par L.E.G.O. Spa (Legatoria Editoriale Giovanni Olivotto), Italie

En Voyage Éditions   un département   place des éditeurs

MIXTE
Issu de sources responsables
FSC® C003309